# 世界の憲法・日本の憲法

編 ——

新井 誠
上田 健介
大河内 美紀
山田 哲史

## 比　較　憲　法　入　門

有斐閣

# PREFACE

　グローバル化の進展により，あらゆる国々で人類共通の課題に取り組む姿勢がこれまでになく見られるようになっています。たとえば，人権保障や民主主義の実現は世界の多くの国々における共通の関心事であると考えられますが，それらをすでに実現している国々でも，日々起きている様々な法的課題の解決方法を，国を超えて見出そうとする時代です。さらに国際的な人権保障といった視点からの世界的な取決めなどが増えたことも，国を超えた課題に取り組む大きな要因でしょう。そのなかで，それらの諸価値を実現するために各国が，それぞれどのような憲法を定め，いかなる運用をしているのかを他の国が学び取る「比較憲法」の重要性は，これまで以上に増しています。

　他方，日本はこれまで比較憲法の取り組みを積極的に行ってきましたが，そこでは，日本の近代化に必要な情報を確保するために対象国を主に米英独仏として，比較から理論的な普遍性を見出そうとする傾向が強かったように感じられます。これに対して現在，世界的に進行する比較憲法学の大きな潮流の1つとなっているのが，より広範な国々を特定の目的にとらわれずフラットに検討するスタイルです。このような「比較憲法のグローバル化」が生じている時代に，日本の憲法を学ぶなかで知り得た人権や統治に関する諸制度が，世界のあらゆる国々でどのように設計され運用されているのかを，広く概括的に観察できる比較憲法の入門書があったらよいと考えたのが，本書の企画の発端となっています。

　以上を踏まえて，本書ではいくつかの工夫をしました。

　第1に，近年の比較憲法研究の動向を見ながら，諸外国の憲法を

国別に並べて一方的に参照するのではなく，憲法学の主要な論点ごとに項目を立てて日本との相互比較をした点です。これを通じて，世界的に共通する問題に各国がどのように取り組んでいるのかを知りながら，日本の憲法の理解をさらに深められることを重視しました。したがって本書は，比較憲法の入門書としてだけでなく，日本国憲法を学ぶ場でも教材として用いることができます。

　第2に，これまでの日本の比較憲法書に比べて，欧米先進国以外の動向を積極的に取り入れた点です。これにより，現在の世界で，憲法をめぐりいかなる関心が持たれているのかを概観できます。さらに興味を抱いた方は，本書の最後の「**参考文献**」(273頁) に掲載された各国憲法の解説書などをご参照ください。本書とあわせて学習することで，より深遠な比較憲法の世界を知ることができます。

　第3に，多くの章にテーマに関連する「**COLUMN**」を設置し，学習の拡がりを期待している点です。**COLUMN** に挙げた話題も各国の重大な憲法問題とつながっており，日本の国内問題とも関連しています。あわせて関心を持っていただけると幸いです。

＊

　本書が成るにあたり，執筆をお願いした各先生には，企画の意図を的確にくみ取っていただき，大変素晴らしいご論稿をお寄せいただくことができました。お礼申し上げます。また本書の出版は，有斐閣の大原正樹氏からのご相談を受けて実現したものです。貴重な機会をいただき改めて感謝します。

　2022年4月1日

編者を代表して

新井　誠

## EDITORS

新　井　誠　**ARAI, Makoto**　広島大学教授

上　田　健　介　**UEDA, Kensuke**　上智大学教授

大河内　美紀　**OKOCHI, Minori**　名古屋大学教授

山　田　哲　史　**YAMADA, Satoshi**　岡山大学教授


## AUTHORS
（執筆順）

植　松　健　一　**UEMATSU, Kenichi**　立命館大学教授

横　大　道　聡　**YOKODAIDO, Satoshi**　慶應義塾大学教授

岡　野　誠　樹　**OKANO, Nobuki**　立教大学准教授

片　桐　直　人　**KATAGIRI, Naoto**　大阪大学准教授

芦　田　淳　**ASHIDA, Jun**　国立国会図書館主任調査員

館　田　晶　子　**TATEDA, Akiko**　北海学園大学教授

岡　田　順　太　**OKADA, Junta**　獨協大学教授

奈　須　祐　治　**NASU, Yuji**　西南学院大学教授

西　山　千　絵　**NISHIYAMA, Chie**　琉球大学准教授

柴　田　憲　司　**SHIBATA, Kenji**　中央大学准教授

石　塚　壮太郎　**ISHIZUKA, Sotaro**　日本大学准教授

山　崎　友　也　**YAMAZAKI, Tomoya**　金沢大学教授

# CONTENTS

## PART 1　比較憲法とグローバル化

## PART 2　統治のしくみ

## PART 4　憲法保障

**用語解説**

＊外国の憲法条文の邦訳は，執筆者が訳出したもののほかは，原則として
　初宿正典＝辻村みよ子編『新解説世界憲法集〔第5版〕』（三省堂・
　2020）に依拠した。これら以外の訳を用いた場合は，依拠した資料名を
　示した。

＊各国の判例の判例集や事件番号等の情報は本文では省略し，判例索引で
　示している。

## CHAPTER 1

# 憲法の役割

## INTRODUCTION

　右は 1789 年 8 月 26 日に憲法制定国民議会によって採択された「人及び市民の権利宣言」（フランス人権宣言）のポスターである。左上の女性は「フランス」で，鎖（アンシャンレジームを意味する）を断ち切ろうとしている。右上の女性は「法律」で，左手人差し指で人権宣言の条文を，右手に持った笏で，真ん中の「理性の最高の眼」を指し示している（石井三記「1789 年フランス人権宣言のテルミノロジーとイコノロジー」法政論集 255 号〔2014〕44頁）。フランス人権宣言

（出所：Paris Musées/Musée Carnavalet, Histoire de Paris）

は革命の基本理念を示した条文形式の文書である。この後にいくつもの憲法典がつくられたが，革命後の政治的な混乱の中でどれも長続きしなかった。現在のフランスでは 1958 年に制定された第 5 共和制憲法が妥当しているが，その前文には「1789 年宣言が定める人権および国民主権の原理……を遵奉する」と書かれ，現在，人権宣言は憲法の一部分であると理解されている。本章では，憲法の役割は何なのか，考えてみたい。

**KEYWORDS**　権力の正統化　権利保障　権力分立　国家目標規定　社会的権力

1

# I. 憲法を制定することの意味

「憲法」というと，多くの人は，「日本国憲法」や「アメリカ合衆国憲法」といった，条文の集まりである法典（憲法典）を想像するだろう。「憲法」には，憲法典以外の重要な意味もあるが（☞ **COLUMN**），さしあたり，憲法＝憲法典として，その役割を考えてみよう。

まず，憲法を制定することにどういう意味があるのか。1つは，国家そのものを創設しまたその政治権力を正統化する役割を果たす意味がある。歴史的にみても，たとえばアメリカ合衆国憲法（1789年施行）は，独立宣言（1776年），連合規約（1781年）を踏まえ，独立戦争の勝利後に制定されたものであるが，合衆国の成立を決定づけるものであったといえる。また，最新の独立国である南スーダンでも，2011年7月11日の独立とともに，南スーダン憲法が発効している。このように，憲法が国家を創設するという考えは，ロック（1632〜1704）の社会契約論，すなわち，生まれながらにして平等な人間が，合意（社会契約）に基づき，その固有権（property）を守るために有している自然の権利を放棄して共同体の手に委ねることにより，政治社会（国家）が生まれるのだという議論に影響を受けたものだと考えられている。

また，国家そのものは継続しているが，従来の政治体制を覆し新たな政治体制を作るため憲法を定めることもある。たとえば，革命で新政府が樹立されたような場合や，戦争に敗れて政治体制の変更を求められた場合（たとえば，第二次世界大戦後の日本やドイツ），あるいは権力をもつ者は変わらないが政治制度を大幅に作り変える場合（たとえばド・ゴールによるフランス第5共和制憲法の制定）である。これらも，新たな政治体制を作り，その権力の正統性を導く役割を憲法がもっている点では新国家創設の場合と同様に考えられる。

もう1つ，歴史をさかのぼると，すでに政治権力をもっていた君

主が，民主主義が強まる中で，これと折り合いをつけつつ自己の権力を維持するために，憲法を制定する場合があった。19世紀のドイツ諸邦の憲法そしてドイツ帝国憲法がこれに当たる。ここでは，上記のロックの社会契約論は妥当せず，すでに王権神授説に基づき政治権力をもっている君主が，権力行使を自己拘束する意味で定めて臣民に与えた文書が憲法ということになる。

## II. 権力の拘束

### 1. 権利保障と権力分立

　次に，憲法の内容に着目して，その役割を考えてみよう。アメリカ合衆国憲法をみると，当初定められた内容は，連邦政府の組織と権限であった。第1条が議会，第2条は大統領，第3条は司法部についての定めであり，また各条は，「この憲法によって付与される立法権は，すべて合衆国連邦議会に属する」「執行権は，アメリカ合衆国大統領に属する」「合衆国の司法権は，1つの最高裁判所，および連邦議会が随時制定し設置する下級裁判所に属する」という文言で始まる。権力分立に関する定めである。また，制定後すぐの1791年に，第1修正から第10修正までの条文が加わっているが，これらは，信教の自由や言論・出版の自由，デュープロセス（適正手続）の保障といった権利保障の定めである。このように，アメリカ合衆国憲法は「権力分立＋権利保障」の定めを設けている。そして，この定め方が，これ以降に世界中で広がっていく憲法典で一般的になる。同時期に制定されたフランス人権宣言16条は，「権利の保障が確保されず，権力の分立が定められていないすべての社会は，憲法をもたない」と定める。

　この「権力分立＋権利保障」を憲法で定めることには，どういう意味があるのだろうか。権力分立は，アメリカ合衆国憲法の場合，立法権，執行権，司法権をそれぞれ議会，大統領，裁判所に帰属さ

せ，また関連する諸権限を適切に3つの部門に分配することで，各部門が行使できる権力に枠をはめる（だから「権限」といわれる）とともに，互いにその権力行使を牽制，抑制させることを狙いとしていた。つまり，権力分立に関する憲法の条文には，権力を拘束する狙いがある。そして，権利保障も，それを守らなければならないのは国家権力である。たとえば，アメリカ合衆国憲法第1修正は，「連邦議会は，国教を樹立し，または宗教上の行為を自由に行うことを禁止する法律，言論または出版の自由を制限する法律……を制定してはならない」と定め，この条文を守らなければならないのは連邦議会だと明言している。権利保障に関する憲法の条文にも権力を拘束する意味があるわけである。このように，権力分立や権利保障などを通じて権力の発動を適正なものにしようという考え方を立憲主義とよび，またこのような内容をもつ憲法を「近代的意味の憲法」「立憲的意味の憲法」とよぶ。

## 2. 違憲審査制と硬性憲法

ここでもう1つ重要なのが，違憲審査制である。アメリカ連邦最高裁判所は，マーベリー対マディソン事件（1803年）で，憲法が「最高法規」であるとする条文（合衆国憲法6条1項），また司法官に憲法尊重擁護の宣誓を義務づけた条文（同条2項）そして司法権が「憲法……の下で発生する……事件」に及ぶと定めた条文（3条2節1項）から，法律が憲法に違反するか否かを判断し違憲の法律を無効とする権限（違憲審査権）をみずから導きだしたことが知られる。権力を拘束する憲法の定めが法律などにより破られようとするときには，裁判所がそれを違憲無効とすることで，憲法による権力の拘束を保障するのである。現在，違憲審査制は──その詳細は国により違うものの──多くの国で採用されている（☞ **CHAP. 22**）。

また，憲法典は，通常，法律よりも改正が難しい。アメリカ合衆

国でも，法律の改正は上下両議院の過半数の議決で成立するのが原則であるのに対し，憲法の改正には，両議院の3分の2以上の賛成による発議のうえ，4分の3以上の州（州議会または州の憲法会議）での承認が必要となる（5条）。権力を拘束するルールを，時の政治的多数派によっては簡単に変更することができないようになっているわけである（☞ **CHAP. 24**）。

### 3. 人権保障と憲法・法律との関係

このように，憲法は，権力の拘束をその内容とするものであると考えるならば，憲法の定めを守らなければならない者（「名宛人」という）は，国家（公権力）である。個人（私人）は，もっぱら国家（公権力）に対して人権を主張する立場にあることとなる。他方，私たちの感覚としては，法は私たちを縛っているもので，法の名宛人は私たち個人である，というものであろう。この両者の関係はどのように理解すればよいだろうか。

私たち個人（私人）を拘束しているのは，法律である。憲法は人権を保障しているといっても，その人権も性質上無制約のものではないものが多い。たとえば，非常に重要な人権である表現の自由を考えてみても，他人の名誉を傷つける表現まで自由だとして認めてはいけないだろう。そこで，刑法で名誉毀損罪を設けて，これを規制することになる。これは，表現の自由をもつ個人の権利と，名誉権をもつ他人の権利の調整を法律で図っているとみることができる。さらに，財産権があるからといって自分の土地で大気汚染や土壌汚染を引き起こすことは許されないとして環境規制が法律で行われることを考えれば，法律による調整は，他人の権利に限られず，大勢の人々の薄い利益の集まり，ひいては社会全体の利益（公益）との間でも行われることがわかるだろう。このように，法律は，人々の権利を，他の人々の権利や公益（これらを「公共の福祉」ということが

できる）との調整のために規律（制限）する役割を果たしている。

しかし，法律がこの調整に失敗して，公共の福祉を理由に過度に個人の権利を制限してしまうおそれがある。そこで，**2.**でみた違憲審査の出番ということになる。法律は，議会が制定するものであり，議会は公権力であるから，その公権力の行使，そしてその「成果物」としての法律は，憲法によって拘束されるわけである。

## III. その他の役割

### 1. 経済生活・経済秩序に関する規定

これに対し，憲法（憲法典）で，権力の制限以外の条文を設ける例もある。1つは，経済生活や経済秩序に関する規定を置くものである。ドイツ・ワイマール憲法（1919 年）が「経済生活」の章を設けたのを嚆矢とする（現在のドイツの憲法に当たる連邦共和国基本法では「社会的な国家」という原則だけを定め〔20 条 1 項〕，社会的権利の定めはなくなっている）。ワイマール憲法の影響を受けてアイルランドの 1939 年憲法やブラジルの 1934 年憲法が同様の規定を設けた（アイルランド憲法は現行法で 45 条に詳細な規定がある。ブラジルの現行法は 1988 年憲法であるが，6 条〜 11 条に詳細な規定がある）。第二次世界大戦後に制定された憲法にも，同種の規定がある。たとえば，大韓民国憲法は，第 9 章に「経済」という章を設け，その冒頭の 119 条では，1 項で「大韓民国の経済秩序は，個人および企業の経済上の自由ならびに創意を尊重することを基本とする」としつつ，2 項で「国家は，均衡ある国民経済の成長および安定ならびに適正な所得の配分を維持し，市場の支配および経済力の濫用を防止するとともに，経済主体間の調和を通した経済の民主化のために，経済に関する規制および調整をすることができる」と定める。そして，以降の条文で，農業漁業の保護育成，中小企業の保護育成，科学技術の育成などを掲げる。これは，アメリカでニューディール政策を進めた

者たちの思想が反映されたものである。

　なお，社会主義国では，社会主義体制がその根幹であるから，当然に憲法の中にその旨の規定が設けられる。たとえば，中華人民共和国憲法は1条2項で「社会主義体制は，中華人民共和国の根本的システムである。いかなる組織ないし個人も社会主義体制を破壊することを禁止する」と定め，6条以下で社会主義経済の詳細を定める。2019年キューバ憲法も，「経済的な基礎」という章を置き，「キューバ共和国は……社会主義的な経済システムによって統治される」(18条)，「国家は，……経済活動を指導，規律および監視する」(19条)などの条文を設ける。これらは，自由主義経済そのものを否定するものであり，経済秩序に関する規定といっても，その意味は，自由主義経済を前提とする上記の諸憲法と全く異なる点に注意が必要である。

## 2. 国家目標に関する規定

　経済生活の規定もその一種といえるのであるが，国家が果たすべき目標を憲法の条文で掲げる場合がある（国家目標規定）。たとえば，ドイツ基本法20a条が知られる。

　　　国は，来たるべき世代に対する責任を果たすためにも，憲法的秩序の枠内において立法を通じて，また，法律および法の基準にしたがって執行権および裁判を通じて，自然的生存基盤および動物を保護する。

　これは，端的にいえば，環境保護を国の目標とする規定である。権利（自由権）の規定は国家がしてはならないこと（自由の侵害）を定めるのに対して，国家目標規定は，国家がするべきことを定めるものである。

　もっとも，国家目標規定を設けることには，①国家目標の実現に

は，上の条文でも明らかなとおり，立法など国家による権力の発動が必要になるところ，それによって人々の権利が過度に制限されることになってしまわないか，②国家目標を本当に国家が実現できるかはわからないところがあり，守れない目標を憲法で定めることにより，憲法に対する人々の信頼性が失われるのではないか，といった懸念を示す論者もいる。

## 3. 社会的権力に関する規定

　現代の私たちの生活では，企業による差別やプライバシー侵害を考えればわかるとおり，民間（私人）でも，公権力による人権侵害に匹敵する深刻な被害を個人にもたらすことがある。近代的意味（立憲的意味）の憲法（☞ II.）は，個人を国家による権力の濫用から守るものなので，この趣旨を貫けば，私人による加害行為に憲法は無関係ということになる。しかし，それでよいのか問題としうる。この点，ドイツでは，次のような説明が行われる。私人 A が私人 B に加害行為をしたとき，これを直接に規律するのは法律（たとえば民法の不法行為に基づく損害賠償を定める規定）である。しかし，B は，国家に対して人権（ドイツでは基本権という）をもっているところ，このことは，国家が，その基本権で保護する利益（法益）を侵害してはならない義務だけでなく，この法益を積極的に保護する義務を負うことをも意味している。そこで，国家の一部である裁判所は，B の法益を保護するように法律を解釈しなければならない。他方，A も国家に対して基本権をもっているので，裁判所は，A の法益を侵害しないようにも法律を解釈する義務を負う。このようなかたちで，裁判所が法律を解釈する際に憲法が関係するという論理である。これは基本権保護義務論と呼ばれ，日本でもこの論理が妥当すると主張する学説もある。

　しかし，さらに進んで，外国の憲法の中には，力をもつ私人（国

家権力に並ぶものとして「社会的権力」と呼ばれる）をも規範の名宛人とする条文を設けるものも出てきている。たとえば，フランス第5共和制憲法1条2項は，「法律は，選挙によって選出される議員職と公職，ならびに職業的および社会的要職に対する男女の平等なアクセス〔参画〕を促進する」と定める。「職業的および社会的要職」とは，企業など民間の職のことである。具体的な規律は法律によるとはいえ，憲法が社会的権力も規範の名宛人として取り込もうとしていることがうかがえる。

　また，憲法で政党に関する定めを設ける国もある。政党とは，あくまで個人が任意に集まって作られる私的団体である。しかし，党員から国会議員を出している政党や，さらに与党として政権を担っている政党を考えれば，政党は公的な存在だとみることもできる。そこで，ドイツ基本法21条1項では，「政党は，国民の政治的意思形成に協力する。政党の結成は自由である。政党の内部秩序は，民主制の諸原則に合致していなければならない。政党は，その資金の出所および用途について，ならびにその財産について，公的に報告しなければならない」と定め，内部組織や資金，財産について規律する。また2項では「自由で民主的な基本秩序」を侵害する政党などを違憲とする。フランス第5共和政憲法4条も政党に国民主権と民主主義の原理の尊重を要請している（☞**CHAP. 14**）。

　このほか，社会的権力とは性質が異なるものの，個人の生にとって逃れられない家族に関する規定を憲法で設ける例もある（☞**CHAP. 15**）。たとえばアイルランド憲法41条は，「国家は，家族を，社会における，自然の，第一次的でかつ根本的な集合として，またすべての実定法に先行しかつ優位する，不可譲の，時効により消滅することのない諸権利をもつ道徳的な制度として，承認する」（1項）と定めるとともに，婚姻制度に特別な配慮を要する旨，また一定の要件を充足した場合に離婚を承認する旨などを定める。そして近年，

「婚姻は，性別による区別なく，2人の個人により，法に従って締結できる」（4項）という条項を加えて，同性婚を承認したことが知られる。

## Ⅳ. 国民の義務に関する規定

他方で，憲法の中に国民の義務に関する規定を設ける例もないわけではない。日本国憲法にも，教育（26条2項），勤労（27条），納税（30条）という3つの義務の定めがある。このほか，ドイツ基本法12a条では，国防その他の役務に従事する義務が定められている。イタリア共和国憲法でも，兵役の義務（52条）や納税の義務（53条），共和国に対する忠誠義務や憲法および法律の遵守義務（54条）などの定めがある。韓国憲法にも，教育（31条2項），勤労（32条2項），納税（38条）という日本国憲法と類似する規定のほか，国防の義務の定めがある（39条）。

国民はその所属する国家の統治権力に服するものであって，たとえば法律に従わなければならないのは当然のこととされている（Ⅰ.でみたとおり，このことを正統化するために，憲法が制定されている面もある）。これと同様に納税の義務を負うのも当然のことといえる。他方，たとえば憲法に納税の義務が定められていても，現実に租税を課すには，法律で要件や手続を明確に定めることが必要になり，またその法律の定めは財産権や平等といった憲法が保障する権利と抵触するものであってはならない。このように，国民の義務は，憲法に規定がなくても存在し，これを強制するには法律の定めが必要であるならば，これを憲法で定める意味はないともいえる。権力を拘束しその濫用から国民の権利を守るという立憲主義の観点からみると，国家の統治権力が無限定に国民に及ぶかのような誤解を与えないためにも，国民の義務に関する規定を置くとしても限定するべきだとも考えられる。

## COLUMN 憲法典はないが憲法はある国・イギリス

　本文では，憲法＝憲法典という前提のもと，憲法典の条文とその意義について みた。しかし，世界の中には，数は少ないが憲法典をもたない国もある。たとえばイギリスである。イギリスには，「イギリス憲法」のような名の法典は存在しない（歴史をさかのぼれば，17世紀半ば，イギリスがピューリタン革命後に共和国であった時期にクロムウェルが「統治章典（Instrument of Government）」という憲法典を定めたことがあったが，3年で廃止となった）。しかし，イギリスは，権力分立や権利保障という立憲主義の理念につながる制度や思想を中世から徐々に発展させてきた国である。他国では憲法典に書かれている規範は，イギリスにも存在し，法律（議会制定法）やコモン・ロー（判例法），憲法習律のかたちで存在している。法律としては，1689年権利章典，1701年王位継承法，庶民院と貴族院の関係を規定する1911年および1949年の議会法，地域への権限委譲を行った1998年スコットランド法や1998年ウエールズ法，欧州人権条約を編入する1998年人権法などがある。また，不法な身体拘束に対しては人身保護令状に基づき身柄を解放しなければならないことなどの規範は，コモン・ローという，裁判所の判決の積み重ねの中で形成されてきた法として存在する。憲法習律とは，裁判規範にはならないが，国王，大臣や議員など公権力の担い手たちが守るべき規律だと認識され，これに違反すれば強い非難の対象となる規範である。庶民院の信任を失った内閣は総辞職をしなければならないことや，大臣はアカウンタビリティを負うことなどが挙げられる。憲法典はないが，憲法の規範そのもの（「実質的意味の憲法」と呼ばれる）は存在するのである。

### BOOK GUIDE

□小嶋和司『憲法学講話』（有斐閣・1982）第1講，第2講
□工藤達朗『憲法の勉強』（尚学社・1999）Ⅰ，Ⅱ
□井上武史「日本国憲法と立憲主義」法律時報86巻5号（2014）12頁以下
□ Dieter Grimm, Types of Constitutions, in Michel Rosenfeld & András Sajó eds., *The Oxford Handbook of Comparative Constitutional Law* (Oxford University Press, 2012) Ch.4.

［上田健介］

## CHAPTER 2

# 国際法規範と憲法の関係

## INTRODUCTION

ウェストファリア会議の舞台となった，ミュンスター市庁舎（2020年9月13日。撮影：山田哲史）

　近代立憲主義の課題の1つである人権保障は，第二次大戦以降，国際的な関心事として国際法，とりわけ国際人権法の規律対象となっている。したがって，憲法による人権保障を考える上でも，国際的な人権保障のありように目を向けないわけにはいかない。国際人権法と憲法の間の縦の関係での比較と，各国の憲法との横の比較である比較憲法との違いは何だろうか。さらに，昨今のグローバル化の進展は憲法を論じるにあたって国際法を考慮する要請をより強いものとし，人権分野以外でも，国際社会において形成される法規範を国内法秩序においてどのように扱うべきなのかも大きな問題となっている。そこで本章では，国際法と憲法の関係について簡単に見ておくことにしたい。

**KEYWORDS**　主権国家体制　国際法と国内法の関係　国際人権法　グローバル化

## Ⅰ. 国際法と国内法の関係──つなぎ目としての国家・憲法

### 1. 一元論と二元論

　ドイツ三十年戦争の講和条約であるウェストファリア条約にその基礎が見出される近代の主権国家体制において，主権国家は相互に独立し，主権国家内においては公権力が国家によって独占され，国家権力は一国内では最高の存在であるとされている。このような主権国家間相互の関係を規律するのが国際法であり，国内法とは，対外的には独立し，対内的には最高の，国家権力の創設とその統制を担う憲法を最高法規とする法秩序である。こうして，国家，そして，国家の基本構造を決定する憲法は，国内法と国際法のつなぎ目として位置づけられることとなる。

　以上のような理解を基礎にすれば，国家というつなぎ目を共有しているとはいえ，国際法と国内法は規律の対象を異にする相互に無関係な法秩序であるととらえるのは１つの素直な理解ともいえる（二元論）。もっとも，それぞれの秩序を同じく「法」と呼んで，規範的な体系として位置づけるのであれば，その時点で相互に無関係な秩序と理解することはできないはずだと二元論を批判する見解は，両者を同一の規範秩序の一部をなすものであると理解する（一元論）。そしてこの一元論も，両者を法という１つの秩序の中に括ることができる，あるいは，論理的に括らざるを得ないとするものの，実際の規律の対象やありようは，国際法と国内法で異なることを認め，どちらかの法秩序が別の法秩序を有効な法秩序として成立することを根拠づける関係にあるとするだけである。したがって，一元論のうち有力な国際法優位の一元論も，しばしば誤解されるように，個別の具体的な国際法規が，憲法を含む，あらゆる具体的な国内法の上位に位置づけられることを要求するものではない。国際法優位の一元論も，各国の国内法秩序における法規範の序列の中で，個別具

13

体的な国際法規がどこに位置づけられるかは各国の国内法秩序に
よって決定されるとしている。

## 2. 国内法秩序における国際法の序列

　国内法秩序における各法形式の序列というものは，まさに国内法
秩序の基本構造に関わるものであり，明文で憲法典に規定が設けら
れているかはともかく，実質的意味の憲法の規律対象となる。国際
法規範といっても，大きく分けて条約や慣習国際法の違いがあり，
さらに，広い意味での条約の中には，議会の締結承認を必要とする
ものと，執行府限りで締結可能なもの，個別の行政機関によって締
結されるものなど様々であるし，それぞれの法形式についての国内
法秩序における序列づけも国により様々である。ただし，形式面に
注目することなく，判例上憲法への国際条約の優位が確立している
とされるベルギー，ルクセンブルクのような例もあるものの（濱本
正太郎「なぜ条約が憲法に優位するのか」法律時報 90 巻 12 号〔2018〕66
頁以下参照），憲法典に特段の規定がない場合は，原則として，当該
国際法の成立，国内への受容の手続が国内法の諸形式のうちいずれ
に類似しているかによって，国内法上の地位が決定されると言って
良いように思われる（なお，フランス第 5 共和制憲法の下では，条約締
結の承認は法律と同様の手続で行われるが，その 55 条が条約の法律への優
位を明示している）。

　例えば，ドイツにおいて，（地域的なものではない）慣習国際法に
ついては法律に対する優位が憲法上認められている（ドイツ連邦共
和国基本法 25 条）が，このような規定がなく，連邦法律によって締
結が承認される条約（59 条 2 項）については，連邦法律と同位，連
邦法律による締結承認が要求されない行政協定については，命令と
同位と扱われている。

　また，条約が憲法と同位と位置づけられる（場合がある）と日本

で紹介される国についても，まず，オランダ王国基本法（憲法に相当）91条3項は，両議院の3分の2以上の賛成があれば，基本法の内容に抵触する条約を締結できるとする。これは，憲法改正よりは手続が緩和されているものの通常の法律の制定手続よりは要件の加重された形式的側面に着目していると言える。次に，オーストリアにおいては，憲法改正に必要な特別多数による賛成をもって，憲法としての形式的効力を有することを明示した条項については，憲法としての形式的効力を有するとされており，成立の形式に照らして形式的意味の憲法が憲法典以外にも点在するオーストリア独特の仕組みにも照らせば，こちらは完全に形式的側面に着目した処理となっている。加えて，ドイツにおいても，学説上争いはあるが，条約の承認への同意法律を基本法改正の形式によって制定することを通じて基本法改正を行った例がある（1990年の東西ドイツの統一条約）。なお，近年，オーストリアの憲法裁判所の判例は，EU基本権憲章について，オーストリアの形式的意味の憲法の一部をなす欧州人権条約との内容面での類似性などを理由に，憲法法源性を認めたことには留意する必要がある。

　この点に関連して，日本においては，国際法一般について，国際協調主義を根拠に，憲法より下位であるが，法律には優位すると考えられている。もっとも，慣習国際法の少なくとも一部については，憲法に優位するという政府見解も述べられている（第33回国会参議院予算委員会〔1959年11月17日〕における林修三内閣法制局長官の答弁）し，国会の締結承認を経ないいわゆる行政取極については，実際には，法律に劣位するものとして処理されている嫌いがある。なお，憲法98条2項にいう「確立された国際法規」とは慣習国際法を指すと解されている一方，この答弁では「確立された国際法規」を「国際自然法」とも呼んでおり，慣習国際法一般よりは狭い範囲のものを指すと理解することもできるように思われる。また，この答

弁が直接対象としているのは，あくまで「確立された国際法規」を内容とする条約であり，慣習国際法ではないことにも留意しておく必要がある。

## II. 国際人権法とその特殊性

I. で見たような，伝統的な近代主権国家体制下の国際法構想において，個人は国際法の主体とは位置づけられず，各国の国内における個人の取扱いは，内政事項となる。各国内にマイノリティとして取り残される少数民族の保護などを皮切りに，戦間期から人権に対する国際的な関心の萌芽が見られ，第二次大戦中の人間の尊厳を蹂躙するような残虐な行動を目の当たりにした国際社会は，国際的な人権保障に目を向けることとなった。人権や基本的自由の尊重は国際連合（国連）の目的の1つに挙げられており，国連内部での人権保障のための枠組みの構築が進められたほか，まずは法的拘束力のない世界人権宣言（1948年），続いて，包括的な国際人権条約としての2つの人権規約が国連の枠組みにおいて採択された（1966年）。これらが各国の批准を経て，発効に至ったほか，その後は，個別問題領域ごとの人権条約の作成が進められ，現在では，2つの国際人権規約と7つの人権条約が成立している。国連に基礎をおいた人権条約の整備とは別に，ヨーロッパ，中南米，アフリカにおいては，人権裁判所の設置を含む，地域的な人権法の整備もなされている。地域的な人権裁判所に加えて，国連の枠組みで形成された普遍的人権条約も，それぞれ，自由権規約人権委員会を嚆矢とする，条約監視機関を有しており，条約の解釈，履行に関する一般的な意見や，締約国の履行状況の監督，個人から通報に基づく違反の有無の裁定を行っている。こうして，国際人権の領域においては，（準）判例法を含む，豊潤な国際的な先例や見解が蓄積されている。

　人権は本来普遍的なものとして想定されているから，少なくとも

一般論のレベルでは，国内憲法における人権保障と国際的な人権保障は，軌を一にするものであり，憲法上の人権規定の解釈，適用にあたって，国際人権法，あるいはそこにおける先例を参照すべきであるという見解が有力に説かれることとなる。I. で触れた，一部の国際法規範を憲法より上位あるいは同位に位置づける処理も，人権保障という内容に着目して，人権条約にこれを認める場合が多い（なお，憲法典にまとまった権利章典が設けられておらず，人権条約に人権保障をいわばアウトソーシングしている例もある〔オーストリア〕）。また，国内法上の序列はともかく，憲法の人権規定の解釈において国際条約を参照することを憲法上明文で要求している国（南アフリカ憲法39条1項 b。なお，同項 c は，外国法の顧慮が・で・き・る〔may〕とする）もある。

　一般論として，国際人権法を——そして，人権の普遍性を強調するのであれば，他国における人権保障のありようも——，積極的に参照していく必要があるとはいうのはその通りである。他方で，闇雲に国際人権法を参照すべきだと言っていれば良いともいえないだろう。国際人権条約の参照を積極的に行っているとされる国家，あるいはそれらを国内法秩序における序列上，憲法と同位やそれより上位としており，国際人権に友好的な国家であるとされる諸外国においても，その実態を詳しく見れば，国内憲法における権利章典の不備など各国独特の状況のもと，欧州人権条約など特定の条約については積極的な援用が行われているものの，自由権規約については極めて冷淡な扱いがなされている場合も見受けられるところである。例えば，オーストリアでは欧州人権条約については形式的意味の憲法の一部とされるところ，自由権規約については自動執行性を否定し，ほぼ考慮を及ぼしていない。また，ドイツでは欧州人権条約は法律としての形式的効力を有するにとどまるが，基本法の国際法親和性原則を根拠に基本権規定の解釈に当たって，欧州人権裁判所の

判例を含めて参照する義務があるとされ，そこからの逸脱には裁判所に説明責任が生じるとされるが，その一方で，自由権規約については無視にも近い扱いである。EU は，2009 年以降，EU 基本権憲章を EU 条約，EU 機能条約に並ぶ EU 一次法に位置づけ，ヨーロッパでは，基本権保障をめぐって，各国憲法の基本権規定を解釈適用する各国の最上級裁判所あるいは憲法裁判所，EU 基本権憲章を解釈適用する欧州司法裁判所，欧州人権条約を解釈適用する欧州人権裁判所が並び立つ状況が生じている。国際的な人権保障の枠組みが充実していれば万事うまくいくというわけではなく，裁判所間，さらには諸制度間の相互の協力，調整も，現代では大きな課題となっている。

　結局，国内の機関による人権問題の処理を念頭に置く場合には，他の憲法的価値との間や，人権相互の対立の可能性も踏まえて，例えば，当該国家において拘束力のあるものであるか，あるとして，国内法秩序においてどのような位置づけをされるものであるのかなど，参照する個別の国際人権法の性質，解釈・適用を行う機関の性質にも気を配りながら，参照のあり方について枠付けを行うことが憲法学，あるいは国際（公）法学も含めた広い意味での公法学には求められているのではないだろうか。

### III. グローバル化と主権国家体制の揺らぎ

　I. で説明したような主権国家体制は，もともと理念型であり，過去においても実際にその通りの国際秩序が存在したわけではないとされるが，現在，グローバル化が進展する中でさらに大きく揺らいでいる。II. で触れた国際人権法の発展もその一例であり，むしろ，その先駆けとして整理されるべきであるが，ヒト，モノ，カネ，情報の国境を跨ぐ流通と，科学技術の発展にともなう問題の地球規模化によって，従来は一国内で処理されていた事柄が，国際的な関心

事となり，場合によっては国家や国家間組織以外の私的なアクター（NGOやグローバル企業など）も取り込んで形成される地球規模の枠組みによって，規範形成やその適用，紛争処理が行われるようになってきている。しかも問題は，このようなグローバルな枠組みが，公衆衛生や貿易・通商など問題領域ごとに，それに加えて場合によっては人権のように，物理的な地域ごとに，独自のレジームを形成していることである。問題領域ごとのものとはいえ，裁判所などの履行確保，紛争解決のための機関をも，国際的なレジームが有することになっていることについては，グローバルな立憲主義の登場を見出して，肯定的に論じる論者も見られる一方で，国際法学においては「国際法の断片化」として問題視もされている。なお，「グローバル立憲主義」の定義については論者によってもまちまちで，例えば，Ⅱ. との関係でいえば，近代立憲主義の重要な要素である人権保障の国際的，あるいはグローバルな展開として，国際人権保障の進展をグローバル立憲主義と位置づける見解もある。問題領域ごとの断片化に加えて，そもそも伝統的な国際法からの質的変容も生じつつあることを踏まえると，各レジームそれぞれの規範体系をどのように捉えるのか，それを法体系として捉えることは可能か，レジーム相互の対立やルール抵触が生じる場合にはいかに調整すべきなのかといった問題に取り組むことが必要になってきている。このうち，ヨーロッパにおける，基本権保障機関の併存と相互の関係の調整の必要性が生じていることについては，すでにⅡ. で指摘した。さらに，法体系の捉え方をめぐっては，主権国家から解放された「憲法」を構想する見解もあるなど，憲法概念の大きな見直しを迫る可能性すら秘めている。

　この最後の点に関して，Ⅰ. で見た従来の国際法・国内法の関係に関する一元論，二元論の問題を再度考え直す必要が出ているように思われる。従来の二元論は，各国の国内法秩序と国際法秩序を別秩

序として捉える見解であり，他国の法秩序との関係でもそれぞれ別秩序だと捉えることになろうから，厳密にいえば多元論として整理されるべきものである。そうすると，この応用で，レジーム毎の法もまた別の法秩序として捉えればよく，従来の二元論を拡張するような形で理解するのが簡明だということになるかもしれない。他方で，一元論についても，やはり同じ「法」というカテゴリーで括ることができるかが問われるべきこととなり，国内法秩序，国際法秩序，さらには，各レジームの法秩序を包括し，その妥当性を基礎付ける根本規範を見出すことができるのか，そういったものがあると想定すべきなのかが問われることとなろう。グローバル立憲主義のうち，それによる規範的要求を限定する見解は，ある意味では，法秩序と呼べるために必要最小限の規範的要求を括り出そうとする試みとも理解でき，この方向性を一元論の試みとして評価することも不可能ではないだろう。

さらに，I. では触れなかったが，一元論，二元論の折衷的見解として，等位理論あるいは調整理論（☞用語解説①）と呼ばれる見解が，日本においても，また，国際的にも強い支持を集めているとされる。ある論者によれば，調整理論は，基本的には二元論の枠内にとどまる議論であるとの批判も受けているものの，多元化する法秩序間の実際上の抵触処理，調整の必要性に着目し，調整のための枠組の提示に努める見解であると整理されており，レジーム間の対立・抵触の調整の理論へと発展する可能性もないわけではない。

---

**COLUMN　EU 法と国内法**

---

　EU の構造を規定し，あるいはその機関によって生み出される法規範（EU 法）と国内法との関係について，一般の国際法とは異なった取扱いを

することが，現在の欧州司法裁判所の判例を通じて認められてきた。すなわち，EU 法は加盟国の国内法秩序において直接効をもち（リーディングケースとして，1963 年 2 月 5 日の Van Gend & Loos 事件欧州司法裁判所判決），憲法を含む加盟国法に優位する（同じく，1964 年 7 月 15 日の Costa/ENEL 事件欧州司法裁判所判決）とされてきたのである。なお，「直接効をもつ」とは加盟国内における個別の受容手続なくして国内法上の効力を有することを意味する。それを超えて，国内での具体化を必要とせず，個別の事案に適用可能であるという意味での直接適用可能性が認められるためには，直接効の存在を前提とした上で，当該規範の名宛人であるとか，その適用を行う機関に照らして，一義的で明確，そして制限のない義務内容を有していることが必要とされる。EU 条約や EU 機能条約に基づいて EU の機関が発することの認められている法令（二次法）のうち，規則と決定は直接適用可能性を有するが，指令は国内法への変形義務が生じるのみで，直接適用可能性は有しないとされる。また，EU 法の優位といっても，これに反する規定を無効とする効果はもたず，反する国内法の適用を排除するにとどまると理解されている（参照，1998 年 10 月 22 日の Ministero delle Finanze v. IN.CO.GE.'90 事件欧州司法裁判所判決）。各加盟国の裁判所は，各国の憲法上のアイデンティティ（広義）を害するような EU 法についてはこの優位を排除することができるという判示を重ねており，2009 年発効のリスボン条約による改正後の EU 条約においても各国の憲法アイデンティティの尊重が謳われるに至った（4 条 2 項）。

---

用語解説

①**等位理論／調整理論**：国際法，国内法をそれぞれの分野において最高であり，法体系としての抵触は生じないが，義務の抵触は生じうるため，各法秩序において義務の調整が行われるなどとする見解。

---

**BOOK GUIDE**

巻末の参考文献（273 頁）のグローバル関係，国際人権法関係の文献のほか，
□松田浩道『国際法と憲法秩序——国際法の実施権限』（東京大学出版会・

2020)

□横大道聡「グローバル立憲主義？」同ほか編『グローバル化のなかで考える憲法』（弘文堂・2021）3頁以下

□寺谷広司「『調整理論』再考」江藤淳一編『国際法学の諸相』（信山社・2015）105頁以下

□寺谷広司「グローバル化時代における法の把握——調整理論の現代的展開」論究ジュリスト23号（2017）27頁以下

[山田哲史]

# CHAPTER 3

# 「比較憲法」を比較する

## INTRODUCTION

　日本で憲法を学習する場合には一般的に，一国内で制定された憲法（典）である日本国憲法の解釈論を学ぶことが求められる。他方，世界各国の憲法の解釈や運用を学び，それらの比較検討を通じて多くの国に共通して見ることのできる憲法価値を追究したり，違いを認識したりしていく作業が求められる場合がある。この一連の作業は，前者の憲法解釈論とは区分され，一般的に「比較憲法（学）」と呼ばれる。比較憲法は日本憲法学において重要な地位を占めてきており，今もなおそれを学ぶ意義は色あせていない。とはいえ現代では，近代的な国家形成のために日本がかつて積極的に参考にしてきた諸外国自体が多様な姿を見せてきており，それらの憲法運用や理論を単に後追いするだけでは十分な知恵が得られるわけではなくなってきている。

　本章では，「比較憲法」とはそもそもいかなる学問であるのかといったことを考えるにあたり，①比較憲法の状況を概観し，②「比較」の意味を再確認すると同時に，③グローバル化時代に突入した現代においてふさわしい比較憲法のあり方について少し考えてみよう。

**KEYWORDS**　比較憲法方法論　各国の比較憲法

## I. 日本における比較憲法（学）の特徴

### 1. 大日本帝国憲法の時代

　明治時代に突入する直前期の日本が，欧州型の近代国家への道のりを歩み始めたことはよく知られる。そうしたなかで，大日本帝国憲法（明治憲法）の起草に至る前の日本には，すでに外国の憲法事情が多く伝えられていた。そこから見える欧州諸国の憲法をめぐる動きを踏まえて，同憲法が制定された。その起草にあたっては，後に日本の初代内閣総理大臣となる伊藤博文をはじめとする人々が憲法調査を理由としてヨーロッパに派遣されている。そして，ドイツで見られた君主制憲法のあり方が，その起草にあたり参照されていることは有名である。

　そうしたなかで日本における「諸外国の憲法参照」という作業は，学問の世界にも大きな影響を及ぼしてきた。明治憲法制定後の「帝国大学」（1886～1897年。現・東京大学）では，「国法学」に加えて「憲法」の講座が設置されるにあたり，国法学講座が（一国に限らない）一般的な公法理論を論じる場として位置づけられた。一方，憲法講座が大日本帝国憲法の解釈などを中心とする個別憲法の解釈論を講じる場として機能した。そして前者の国法学が，現在の比較憲法学の系譜に一般的に位置づけられている。

　明治期の日本における比較憲法学では，ドイツの憲法研究が主に行われながら，それを基盤とする大日本帝国憲法の理解が示されるようになった。当時の憲法学の主流派といわれた立憲学派では，その傾向が顕著であった。例えば，美濃部達吉によって提唱された天皇機関説は，ドイツの国家法人説を基盤とするものであることはよく知られている。そうした立憲学派の考え方が，大政翼賛政治の前段階において日本の立憲君主制や議会政治を発展させる機動力となっていた。他方で明治期には，ドイツ以外の比較憲法研究は少な

く，あるとしても英仏といった特定国に限られる傾向にあったことが特徴的である。

## 2. 日本国憲法制定以降の状況

　第二次世界大戦後，新憲法（日本国憲法）の制定やそれ以降に大きな影響力を持ったのが，アメリカの憲法やその理論である。もっとも，政治システムに関しては，アメリカの影響を受けた違憲審査制の導入の他にも各国の憲法制度や憲法論が参照されている。例えば議院内閣制の導入にはイギリスの憲法運用に関する知識などの影響があったといえる。また，日本国憲法の人権諸規定をめぐっても，社会権や国家賠償請求権といった，どちらかといえばヨーロッパ由来のものを確認することができる。いずれにしても，戦後日本の憲法体制の形成においても諸外国の憲法や政治制度に係る知識や運用が大きく影響していたと見ることができる。

　そうしたなかで，戦後の憲法学では外国憲法・比較憲法研究は，質量ともに増大していった。比較すべき国々としては，戦前から強い影響を受けてきたドイツの他，上述のように，違憲審査制に基づいて裁判所が示す判例のなかに見られる人権理論などを参照しようとしてアメリカが追加された。さらに，フランス革命などの歴史的展開から近代国家形成の主要な論点を導くべくフランス憲法学が参照されたり，議会制の母国として名高いイギリスの憲法運用がそれまで以上に研究されたりしながら，戦後の日本では，英米独仏の4か国の比較を基軸とする比較憲法学が形成された。

## 3. 全般的特徴

　以上を踏まえて，日本の比較憲法学の従前の全般的特徴をまとめると次のようになる。第1に，歴史的に見た場合，日本の法学はもともと，西洋法に学び，それを日本に導入する使命があり，憲法学

もいわば外来の学問であったという点である。第2に，それを前提としながらも「比較」の効用をどのように考えるべきかといった議論が長いこと続けられているという点である。

**(1) 科学としての比較憲法（学）**

この第2の点を詳しく述べておきたい。憲法学では伝統的に，実定憲法の関連条文の解釈をする他に，憲法理論や憲法現象をありのままに観察する作業があるとされ，それら前者・後者を意識的に区分して研究する姿勢が見られた（「憲法の解釈」と「憲法の科学」の二分法）。この二分法に関して，比較憲法研究は，特に後者の役割に資することが求められてきた。戦後日本を代表する比較憲法体系書の金字塔として定評のある樋口陽一『比較憲法〔全訂第3版〕』（青林書院・1992〔初版・1977〕）は，比較憲法学を「諸外国の憲法現象を比較の観点から対象としてとりあげる科学」（3頁）であるとする定義を与えている。この「科学」という言葉には，様々な意味合いが盛り込まれているものの，あえて単純化するならば，解釈を加えず現実を客観的に認識する，といったことを指すことになろう。そこで比較憲法学は，理念的には，諸外国をありのままに眺める（各国の法文化を知る）作用に資するものとされてきた。このことにより，比較憲法を通じて学んだ知識を憲法解釈にとっての有用な情報として理解してきたことも実際には多く見られながら，一方で比較憲法が，具体的な憲法解釈論に資するための学問分野であると積極的に捉えることを諫める言説も多く示されてきた。

**(2) 日本固有の比較憲法（学）**

そうなると，多様な国々の憲法典や憲法現象を広く研究することこそが客観的なようにも思える。しかし，日本における従前の比較憲法研究では，その対象が主に英米独仏に絞られてきたのが実際である。こうした理由の1つには，近代立憲主義の模範国から普遍的価値を学ぶ対象としてそれらの特定国が適切であるといった考え方

があったからであろう。他方で，多数の諸国における憲法典とその条文の文言を機械的に比較する作業が憲法改正論へとつながることを警戒する憲法研究者が，形式的な比較ではなく，より動態的かつ歴史文脈的な理解をするために，社会科学伝統の長いヨーロッパの特定諸国を選択して実質的検討を行うことを目指したという理由もあったように感じられる。

上述した樋口の比較憲法書は，「西側民主主義諸国」（4頁）のみの憲法史と現行憲法を扱い，「社会主義国や第三世界の憲法については全くふれていないし，資本主義国のなかでもごく限られた数の国しかとりあげていない」（6頁）のだが，同書によれば，「戦後憲法学は，日本国憲法の『護教の学』ともいうべき性格を濃厚に帯びることになったのであ」り，「『人類普遍の原理』をすでに実定化したはずの憲法のもとでなお，憲法学は，その原理からかけはなれていく解釈運用を抑制するために，諸外国の実例を援用する必要に追われた」（18頁）のだと。すなわち比較憲法（学）で比較すべき国々の取捨選択は，偶然的なものだとはいえなかった可能性がある。

しかしまた，この最後の「諸外国の実例を援用する必要に追われた」という指摘こそ，日本における比較憲法学の存在意義をめぐる固有の事情であったように思われる。ただし，比較憲法の作用として普遍性を求めながらも，その参照先を限られた数か国とすることは，その対象国の選出に主観的な判断が入ることにもなり，一定のパラドクスを生み出しかねないことに注意が必要である。

近年は，参照国を広げて議論される場面も多くなってきており，例えば，従前の英米法との対比比較としてカナダなどが，ヨーロッパの別の国としてイタリアやスペインなどが，それぞれ参照される。さらに，東アジアの憲法動向を見据えた比較憲法研究も徐々に増えつつある。他方で今なお，アフリカや南西アジア，中南米といった諸国を比較対象とする憲法研究は少ないのが実情である。

## II. 比較憲法方法論

### 1. 日本における伝統的な比較手法

　以上のような背景を持つ日本の比較憲法学では，その「比較」をどのように実施すべきなのか。この点をめぐり，これまでいろいろな類型論が示されてきた。ある著名な比較憲法書では，比較の意味につき，①「静態的比較」，②「機能的比較」，③「歴史的方法」といった分類がなされている（阿部照哉編『比較憲法入門』〔有斐閣・1994〕13頁）。同書によれば，①「静態的比較」とは，「憲法現象を比較するにあたって，表面的な共通性または差異を記述する」と，②「機能的比較」とは，「憲法が実際の政治社会の中でいかなる機能を果たしているかを比較分析する方法である」と，それぞれ説明されている。これらを対比的に扱い，例えば「人権保障の条文比較は静態的比較であり，人権の侵害・救済の実態を視野に入れた機能的比較が要請される」としている。以上の他，「憲法は歴史の所産であるから，それが置かれている歴史社会との関連において意味のある比較が行われなければならない」として，③「歴史的方法」が挙げられている。

　これら3類型のなかでも，従前の日本の比較憲法学では，特に②，③が重視されてきた。すなわち，近代の市民革命などを経て，立憲主義や民主主義を確立してきた諸国における憲法史のなかに，日本における憲法理解の淵源を求め，そこから参照に値する諸国を厳選したうえで機能的比較が試みられる，といった具合にである。他方で，①の手法は手薄であったばかりでなく，どちらかというと消極的に評価されるきらいもあった。上記『比較憲法入門』も，①の手法については，「憲法制度・条文の形式的異同を問題にし，数量的・統計的比較に重点をおくものであるが，これは比較分析の第1段階であり，さらに比較を深化しなければならない」としており，

②や③に比べて，①の手法が「浅い」研究手法であるかのような評価をしている。特に，近代立憲主義の歴史的経過を重視する視点からは，参照国を絞らない多面的比較に対して，③を踏まえないばかりか，②を見ずに形式的比較になっているとして批判が展開されることがこれまであったように感じられる。

## 2. 現代の世界で見られる比較手法

このように，静態的手法よりも機能的手法や歴史的方法を踏まえた実質的比較手法が主流的地位を占めてきたことが，これまでの日本の比較憲法学の特徴の1つであったといえそうである。

他方で，現代の世界における学問的潮流としては，例えば政治学において計量的手法が重視されてきているなかで，比較憲法学もまた，②や③の手法のみが重視されているとはいえない状況になってきている。特に①に連なる計量的比較の手法への注目度が高いといえる。そこでは，憲法典の条文の種類や単語，字数などが注目されるとともに，対象を特定国に限らないことが特徴的である（トム・ギンズバーグ等の研究チームによる比較憲法プロジェクトなどが有名）。また憲法現象を研究するにあたり一国固有の現象に囚われずに議論を展開する場合も見られる。

## III. 各国比較憲法論の比較

以上では，日本における比較憲法学の特徴を概観し，それと現代世界における比較憲法論との間の「距離」を示してきた。それでは逆に，日本が長年重視してきた比較対象国では，どのような比較憲法論が展開されてきたのか（詳しくは☞ **BOOK GUIDE**：新井ほか（2016）293頁以下〔アメリカ〕，314頁以下〔フランス〕）。

## 1. アメリカ・英語圏

アメリカでは，憲法学としては，従前，判例分析を中心とする法律学的な解釈論が中心的であった。したがって法学としての憲法学で比較憲法論が深まることが少なかったといえそうである。こうしたなかで，アメリカにおける憲法や法律の解釈を展開するにあたり，裁判所が外国における法制度や法実践を参照することがどの程度可能なのかといった議論が一部見られることになった。これについては，その意義を認める論者がいる一方で，外国法参照を不適切なものと捉える論者もいる状態である（☞ **CHAP. 8**）。

他方でアカデミックな空間では，一定の特質を有する比較憲法学が，21世紀に入ってからさかんに行われるようになっている。この特徴としては，主に次の2点が挙げられよう。第1に，比較対象国の拡大化である。比較憲法研究をめぐっては，その情報の膨大さを踏まえ，かつては一部の国を取り上げて議論することが主流であった。しかし，そもそもどの国を採用するのかについては常に恣意性が伴っていたことへの疑問があったことに加え，情報処理技術の発達により多数の国々を同時に調査できるようになったという事情があり，比較対象国が多様化されたといえる。第2に，比較憲法学の政治学化である。先に見たように，従前のアメリカ憲法学の手法は判例分析を中心とするものであったがゆえに，比較憲法も（判例分析を中心とする）憲法学の一部として行われていた。他方で，現代の比較憲法（学）は，より各国の政治体制などを全体的に検討する比較政体研究のような方向に向かっており，こうした研究が政治学的に実施されているといえる。

加えて注目されるのは，米英などの英語圏を中心に，世界各国の（英語を母語としない）憲法研究者を巻き込んだうえでの，英語による比較憲法書が多く出版されている現象である。これを支えている原因の1つには，グローバル化のなかでの英語優位という点もあろ

う。そうした「共通語」を獲得した世界が，英語を母語とする国に留まらない比較憲法学サークルを形成し始めている。

## 2. フランス

　フランスの場合，同国内において数多くの憲法体制や憲法運用を経験しているなかで，一定の比較憲法の伝統も見られたといってよい。なかでもイギリスにおける憲法や議会政のあり方が意識されていたように思われる。フランスでは一時期，英国政体賛美の時代も経験するなかで，有名な憲法（史）学者であったアドマール・エスマンによる『フランス及び比較憲法要論』（初版，1895年）では，イギリス由来の憲法原理とフランス由来の憲法原理とが，憲法の基礎理論の双璧として展開されている。第二次大戦後には，政治学的憲法学の担い手として著名なモーリス・デュヴェルジェにより，西洋の民主主義諸国や社会主義・共産主義国の憲法体制の他，非ヨーロッパ諸国における憲法現象などが紹介されている。他方で，法律学的憲法学の担い手によっても一定の比較憲法的手法が用いられている。たとえば，憲法院の人権保障機能に注目し，フランスにおける違憲審査制に関する研究で有名なルイ・ファヴォルーは，憲法院判決を，諸外国のなかの判例法学のサークルに位置づけることを目的として，比較憲法的手法を重視している。

　近年では，フランスがEU法やグローバル化の影響を受けた結果，憲法学そのものが国際的思考を前提とする議論を展開しており，外国由来の憲法理論もまた国内的に内在化されつつある。また，フランス国内で刊行される憲法学博士論文のシリーズを見ると，かつては素材としてフランスのみを扱うものが多かったのに対して，2000年代に入ると，フランス以外の諸外国を複数取り上げた研究手法が多くなってきている。ただし，比較対象国としては，フランス周辺のドイツ，イギリス，スペイン，イタリアなどに加えてアメリカな

どが挙げられることが多く，全方位的であるわけではない。

　他方でフランスの場合，旧宗主国としての影響からかアフリカ諸国に関する（憲）法研究が行われている傾向を見て取れる。この点で，各国で比較憲法の対象国がどのように選ばれるのかといったこと自体，興味深いことであるが，それぞれの国の事情を反映していることに留意が必要である。

## Ⅳ. グローバル化時代の比較憲法——日本における今後のあり方

　日本では明治期より，比較憲法（外国憲法）研究が盛んであり，長年，比較憲法の効用を意識した憲法研究が行われてきたことから，世界的に見ても，量的にも質的にも比較憲法研究が盛んな国であることを推察できる。もっともそこでは，日本（憲法学）にとって必要な普遍性の追究がなされており，基本的には日本国内のみに向けた発信が行われてきたことから，日本に固有の比較憲法学が形成されてきた面がある。それには一定の意義があるものの，他方で現代のグローバル化のなかで進展する，世界的な比較憲法学の潮流との間で，一定の断絶があることも否めない。特に日本の場合，日本語による発信が国内的有用性を強く持っていることから，逆に，国際的なサークルにおける発信が遅れる状況も見ることができる（この点，山元一「覚書：グローバル化時代における『市民社会』志向の憲法学の構築に向けて」法律時報 90 巻 10 号（2018）78 頁も参照）。

　日本で固有に発達してきた日本憲法学の意義やメリットを失わないようにしつつ，今後いかに国際的発信をし，世界的な比較憲法学サークルのなかで現代的な比較憲法研究が展開できるのかという点も，比較憲法研究をめぐる日本の大きな課題となっている。

## COLUMN　世界のなかの日本憲法研究

　本文でも見たように，世界における比較憲法の現代的潮流として，比較対象国の多様化，全方位化の現象が見られる。そのようななかで，外国に関する憲法への言及が少なく，国内の憲法現象について触れる場合が多かった各国の憲法書でも，近年では諸外国への言及が見られるようになった。そのなかで，日本の憲法制度やその運用について触れられる機会も増えてきている。特に日本の場合，戦後のアメリカによる占領や憲法体制の変換を経験するなかで，一定レベルの自由で民主的な国家を形成したことが，1つの国家形成モデルとして参照される。また，天皇制が世界的には立憲君主制の1つとして位置づけられており，その特徴が世界に紹介される場合もある。

　かつて日本研究といえば，歴史や文学，日本語研究――いわゆる人文学研究――が中心であった。しかし近年では，より広く，現代日本の憲法や政治を検討する諸外国の社会科学研究者が増えている現象も見ることができる。日本語の読解を駆使して日本内外で日本憲政研究に従事する研究者も多い。

　他方で，世界的に中国の影響力が強まっており，アジア研究の枠組み内で日本研究の相対的影響力が弱まっている状況が各国で見られるという現実も注視したい。

## BOOK GUIDE

□新井誠ほか「欧米諸国における日本憲法研究の状況」広島法科大学院論集 12 号（2016）277 頁以下

□横大道聡＝吉田俊弘『憲法のリテラシー――問いから始める 15 のレッスン』（有斐閣・2022）〔特に，第 1 章，第 2 章，第 5 章，第 11 章～第 13 章内の比較憲法・比較法に関連する部分〕

□山元一「憲法解釈と比較法」公法研究 66 号（2004）105 頁以下

［新井　誠］

# CHAPTER 4

# さまざまな民主主義のかたち

## INTRODUCTION

スイス・グラールス州の州民総会 (Landsgemeinde) (2013 年。EPA = 時事)

　民主主義・選挙支援国際研究所 (IDEA) によれば，世界の約 8 割の国で国民投票などの直接手続が法制化されているという (2021 年時点)。実際，国論を二分する政治的争点について，国民投票で決着をつける例は少なくない。2016 年の EU 残留をめぐるイギリスでの国民投票 (通称「ブレグジット」) は，当初の予想を覆す離脱派の勝利で世界を驚かせた。台湾の同性婚法制化 (2019 年) やニュージーランドの安楽死幇助の合法化 (2021 年) も，国民投票を経て実現している。スイスでは大麻合法化も国民投票に諮られた (2008 年と 2021 年。結果はいずれも否決)。なぜ選挙という民意確認の機会があるのに，直接手続が求められるのだろうか。この点を考えるために，本章では各国憲法における直接手続の制度設計をみていく。さらに，選挙とは別の「民意」表明の手段としての請願にも着目し，実効的な請願処理制度を持つ国の運用を紹介する。

**KEYWORDS**　全員総会　国民発案と国民投票　カウンター・デモクラシー
請願の処理制度

## I. 憲法における民意確認の制度設計
### ——直接制・代表制・半直接制

### 1. 本来の直接制としての全員総会

　民主制は市民の民意に基礎を置く政治体制なので，政治の方向性や個別の争点についての「民意」を確認する制度が必要となる。憲法は，どのような民意確認の手続を設けるかによって直接制と代表制（間接制）に大別できる。それぞれの特徴を押さえておこう。

　直接制は，市民（政治的意思能力者）が自らの手で政治的共同体の意思形成を行う形態である。直接制の本来の姿は，市民による全員総会である。古代ギリシャの都市国家の意思決定は，民会と呼ばれる「市民」（奴隷・外国人を除く成人男性）の全員総会の場で行われた。J. J. ルソーの『社会契約論』においても，民会は民主制の本来型として描かれている。現在のスイスでも，2つの州（1つは準州）で州民総会（Landsgmeinde）が開かれている。自治体レベルになるとスイスの約8割の自治体が住民総会制を設けている。アメリカの住民総会（Town Meeting）も建国期以来の伝統として良く知られている。マサチューセッツ州では現在，351自治体中259団体が全住民総会を採用している（外山公美「マサチューセッツ州の住民総会制度」経済学論纂58巻3・4号〔2018〕121頁以下）。もっとも，ルソー自身も認めるように，近代国家規模での全員集会には無理がある。マサチューセッツ州憲法が全住民総会を必置と定めるのは人口6000人未満の自治体であり，この程度の人口が全員総会の限度だろう。それすら定例開催は困難なので，スイスの州民総会も現在では年1度の伝統祭事の面が強くなっている。

### 2. 代表制から半直接制へ

　代表制には，立法府構成員の全部または一部を公選とする型と，

それに加えて執政府の長も公選とする型（大統領制が一般的だが，1992〜2001年のイスラエルのように首相公選制の例もある）がある。近代憲法は代表制を基本とする。そこでは「民意とは代表の活動を通じて表明・形成されるもの」と解された。「純粋代表」と呼ばれるこの代表観は，代表制の直接制に対する（人口規模など物理的理由にとどまらない）原理論的な優位性を説明するのに役立った反面，制限選挙の正当化に利用された。

第一次大戦後には，代表制を直接手続で補完する半直接制と呼ばれる憲法体制が登場する。男女普通選挙や大統領公選のような代表制の民意確認機能を実質化するための制度と併せて，直接手続も積極的に採用したドイツ・ワイマール憲法（1919年）は，その先駆け的存在である。半直接制の下では，直接制＝全員総会制とは異なり，市民の関与は意思形成過程の重要局面に限定される。その具体的な手段は，①憲法改正案や法律案を市民が提案する直接発案（イニシアティブ）と，②憲法改正案や法律案の是非を市民が投票で決める直接表決（レファレンダム）に大別されるが，さらに③市民による公職者解職（リコール）も直接手続に含める分類法もみられる（以下，各国の具体的制度を指す場合，直接発案を「国民（州民）発案」，直接表決を「国民（州民）投票」と呼ぶ）。

第二次大戦後に制定された憲法典の多くは半直接制の特徴を持つが，とくに20世紀後半以降，世界的に直接発案や直接表決の実施頻度が高くなっている。その背景事情として，選挙を基礎とする代表制に対する有権者の不満が指摘されている。選挙では有権者は政党が提示するパッケージ化された政策と党首の人物評を基準に投票先を決めなければいけないため，個別の争点への是非を上手く表明できない。直接発案や直接表決は，選挙では明確化されない民意（あるいは公約違反により裏切られた民意）の表明機会として期待されているのである。

## II. 半直接制の制度と運用

### 1. 直接手続の類型

直接発案と直接表決の類型整理をしておこう。両者とも憲法改正，法律の制定改廃，条約承認などが対象となるが，憲法で国民投票の可能対象を限定列挙する場合（フランス第5共和制憲法11条1項）や禁止対象を明示する場合（租税・予算，大赦・減刑，条約批准法律を除外するイタリア共和国憲法75条2項）もある。過去の例からは，①欧州統合のような主権移譲に関する問題，②徴兵制や原子力政策のような重要な国政上の問題，③同性婚や安楽死のような個人の価値観・倫理観に関わる問題などが対象となる傾向が確認できる。国歌の選択を国民投票に諮ったオーストラリアの例もある（1977年。選択肢4曲の中から"Advance Australia Fair"が採択された）。

直接発案は一定数の署名で成立するが，①成立をもって自動的に直接表決が実施される直接型と，②議会に発案内容の審議を義務づける間接型（ただし，議会の否決をもって直接表決が実施される議会審議前置型も多い）がある。

直接表決は，次のように分類ができる（複数の型を併用する憲法も多い）。(a)実施に関する裁量の点で，①法令に基づき必ず実施が必要な義務型と，②発議権者の裁量による任意型，(b)発議の点で，①執政府（大統領や首相）主導型，②有権者主導型，③議会主導型，④州・自治体主導型，(c)有権者主導型発議の場合の性質と時期の点で，①立法の方向性または具体的な立法案の是非を問う立法型，②法令公布後の一定期間内にその是非を問う拒否型，③既存の法令の廃止を問う廃止型，(d)法的効果の点で，①拘束型（裁可型）と②非拘束型（諮問型）である。

## 2. 代表的な国の制度

### (1) スイス・イタリア・フランス・台湾

スイスの直接発案・直接表決の伝統は有名であろう。すでに1848年憲法で憲法改正の国民発案・国民表決を，1874年憲法では法律国民投票も導入している（一方でスイスでの女性参政権の実現は遅く，連邦で1970年，州民総会を置くアッペンツェル・インナーローデン準州で1989年である）。現行のスイス連邦憲法（1999年）も憲法改正，同165条の緊急法律，一般法律，議会決議，条約承認に関する国民発案・国民投票を設けている（138条〜142条）。法律国民投票は，法律案の官報公示後100日以内に有権者5万人の請求または26州中8州の要求で実施される拒否型を採用する。国民投票は年数回の頻度（1回に複数提案の場合もある）で実施されており，現行憲法下（2000〜2022年5月現在）で72回，2021年だけで4回13件（同性婚法制化の是非も含まれ，賛成多数の結果となった）を数える。

イタリア共和国憲法も，憲法改正国民投票（138条）と法律国民投票（75条）を設けている。前者は拒否型（発議権は①両院いずれかの院の議員5分の1，②50万人の有権者，③5つの州議会），後者は廃止型（発議権は①50万人の有権者，②5つの州議会）に分類でき，いずれも拘束型である。非拘束の法律発案ならば，有権者5万人で可能である（71条）。イタリアも国民投票の頻度の高い国であり（1948〜2021年で憲法改正・法律廃止合わせて23回72件），選挙法改正（1993年），政党国庫助成廃止（同年），国会議員定数削減（2020年）などが国民投票を経て実現しているが，投票率（法律国民投票の成立要件は投票率50％以上〔国民投票法37条〕）低下が問題になっている。国民投票における憲法裁判所の果たす役割もイタリアの特徴で，署名要件を充たしていながら投票適格性の点で憲法裁判所により無効とされる案件も少なくない。

フランスでは帝政期のプレビシット（☞用語解説②）の教訓から，

第3共和制憲法下（1875〜1940年）では直接手続を排していたが，第4共和制憲法（1946年）では憲法改正国民投票を導入した。現在の第5共和制憲法（1958年）は「人民は，その代表者を通じておよび人民投票により主権を行使する」（3条）と民意確認手段としての直接表決を積極的に位置づけ，憲法改正国民投票（89条）と法律国民投票（11条）を設けている。ただし発議において（政府・首相や国会・国会議員の関与または競合的権限はあるものの）大統領主導型の性格が強く，初代大統領ド・ゴールのプレビシットに利用された（そのド・ゴールも1969年には自ら提案した国民投票に敗北し，辞職に追い込まれている）。2008年の憲法改正は国民投票の対象事項を拡大するのと同時に，国会議員と有権者の合同発案制（RIP）を創設した（11条3項）。国会議員5分の1の発案に基づき有権者の10分の1の賛同で成立する設計なので，「合同」といっても議会少数派権の性格が強いが，大統領が関与しない発議のルートができた点は重要である。また，RIPは賛同署名をオンラインで行う点にも特色がある。ただし有権者の10分の1（約470万人）というハードルの高さに加えて，従来型の署名活動を伴わないオンライン署名の難点も指摘されている（井口秀作「『合同発案による国民投票』と2019年5月9日フランス憲法院判決」愛媛法学会雑誌46巻1・2号〔2020〕117頁以下）。2019年にはパリ空港民営化に反対する野党がRIPの手続を開始したが，期限（9か月）内に署名が規定数に達せず不成立に終わっている。

　台湾では2003年の公民投票法に基づき国民投票と住民投票を導入した。国民投票の発議権は①有権者，②行政院，③立法院，④総統にある。有権者主導型の採用は東アジア初の試みである（中央アジアを除くアジア地域では有権者主導型は少ない）。当初は有権者発議の要件の厳しさ（選挙人の0.5%）が活用を妨げていたが，2018年の法改正で発議要件が「有権者の0.01%以上」（約19万人）へと大幅に

引き下げられ，有権者発議も急増している。

### (2) アメリカ・ドイツ・イギリス

アメリカやドイツは連邦レベルでの直接手続を採用していない。とくにドイツは，ナチス期のプレビシットの反省から半直接制的な要素を自覚的に憲法制度から排除した。ただし，両国とも州・自治体レベルでは直接手続をむしろ積極的に活用している。ドイツの全州に州民発案・州民投票の制度が存在する。アメリカでも州憲法改正の州民投票はアラバマ以外の 49 州，州法に関する直接手続は 28 州で制度化されており，とくにカリフォルニアやコロラドなど西部の大規模州では州民発案や州民投票が盛んである。

イギリスも「議会主権」の伝統から，直接手続には消極的な国であった。ただし「議会主権」法理の確立に寄与した 19 世紀後半の公法学者 A. V. ダイシー自身は，1890 年代からは国民投票に好意的な立場に転じている。実際にも，1975 年の EC 残留（可決），2011 年の下院選挙制度改革（否決），2016 年の EU 残留（否決）と，与野党の内部でも意見が割れる重要争点において諮問型国民投票が用いられてきた。スコットランドやウェールズへの権限移譲などを争点とした住民投票も実施されている。

### 3. 直接手続の課題点

直接手続の活性化は民主主義にとって歓迎すべきことではあるが，同時にその課題点も直視しておきたい。最も注意すべきは，①プレビシットの危険である（選挙によるプレビシットもあるので，直接手続だけの問題ではないが）。国民投票を利用した独裁的・権威主義的な体制の例は，過去にも現在にも数多くみられる。同じく常に指摘されるのが，②不正確な情報による拙速な判断のおそれや，感情対立の助長による国民分断のおそれである。フェイク情報が飛び交い，投票結果も僅差となったイギリスの「ブレグジット」は，その象徴

的な例といえよう（ネットによる投票運動に対する各国の規制状況は，「〈小特集〉国民投票運動におけるインターネット利用の規制」レファレンス 2021 年 12 月号参照）。ほかにも次のような問題点がある。③イスラム建築物の建設反対を争点とした 2009 年のスイスの国民投票のように，マイノリティ抑圧的な性格を持つ事例も少なくない。④アメリカ諸州では直接発案の署名集めがビジネス化し，純粋な市民の運動というよりは圧力団体や利益団体の政治的道具と化している。⑤国民投票が頻繁なスイスやイタリアでは投票率の低下が著しい。⑥投票の設問次第では投票結果の「民意」を判断しにくい。同性婚を争点とした台湾の国民投票では，「民法典上の異性婚制維持への可否」と「特別法での同性婚制創設の可否」が同時に問われたこともあり，こうした問題が発生した（蔡秀卿「台湾における公民投票制度とその実態——国政レベルを中心に」政策科学 27 巻 4 号〔2020〕267 頁以下）。なお，オランダでは 2002 年に導入したばかりの国民投票を 2018 年に廃止してしまった。複雑すぎる制度設計が表向きの廃止理由だが，国民投票運動が排外主義的な反 EU 運動に利用されることへの危惧も背景にはある。

## 4. 日本の状況

　日本国憲法は憲法改正の義務的国民投票（96 条）のほかは，地方特別法への義務的住民投票（95 条）を置くにとどまる（79 条 2 項の最高裁判所裁判官国民審査をリコール制と捉えるかは議論がある）。半直接制といっても国会中心主義（41 条）の性格が強い憲法といえる。法律国民投票の法制化については，拘束型は違憲だが非拘束型については許容されると解するのが現在の通説といえる。他方，自治体レベルでは直接手続が充実している。地方自治法には条例の制定改廃，監査，議会解散，議員や長の解職などの住民請求制度が設けられている（74 条〜88 条）ほか，「大都市地域における特別区の設置

に関する法律」や「市町村合併の特例に関する法律」にも住民投票の規定がある。1980 年代以降は条例に基づく住民投票も数多く実施されてきた。近年増えている常設型の住民投票条例の中には，投票資格を未成年（岩手県西和賀町は 15 歳以上，神奈川県大和市などは 16 歳以上）や永住外国人（川崎市は住民登録が 3 年を超える在留資格者）に拡げる試みもみられる。ただし，これらの住民投票は法的拘束力を欠くため，首長や議会が結果に従わない場合の問題も発生している。

　地方自治法 94 条は，町村議会に代えて町村総会の設置を認めている。実例はごく短期間で廃止された 2 件の例があるだけだが，高知県大川村（2018 年で人口約 400 人）では，人口減少による村議会議員のなり手不足を背景に，村民総会導入が議会で検討され（最終的に見送られたが）注目された。

## III. 選挙とは別ルートで表れる「民意」

### 1. カウンター・デモクラシー

　近年，P. ロザンヴァロンのカウンター・デモクラシー論が注目を集めている。これは，選挙での投票という民主主義の持つ権力信任の側面とは別の，選挙以外の時期にも市民が公権力を監視し，拒否し，審判するという民主主義の持つ権力不信の要素に脚光を当てた議論である。カウンター・デモクラシー論が示唆するのは，選挙では汲み尽くせない「民意」の果たす役割である。本章でみてきた直接手続はこの意味でも重要な役割を持つが，そうした制度的な手続だけが「民意」確認のルートではない。「民意」は日常的なデモ・抗議行動や集会，ビラ配布，SNS 上の発信などを通じて表明される「市民の声」としても可視化されるのであり，これらの「声」も政策決定に影響を与える資格と可能性を常に秘めている。これは，議員・政党への陳情，議会や官庁への請願，行政機関への情報公開

請求，省庁が募るパブリック・コメントへの参加といった市民による地道な活動にも当てはまる。さらに政策形成型訴訟と呼ばれる裁判も，当事者の権利救済を越えて，「民意」形成に貢献しうる。日本でも住民訴訟（地方自治法242条の2）や国家賠償請求訴訟の中には政策形成型訴訟の性格を持つ事例が少なからずみられる。これら様々な次元での「民意」の表明のためにも，表現の自由，知る権利，集会・結社の自由，裁判を受ける権利などの保障は重要なのである。

## 2. 請願の「民意」表明手段としての意義と，その「誠実な処理」

　そこで以下では，請願に焦点を当てる。多くの憲法は請願の権利を保障する（日本国憲法16条，アメリカ合衆国憲法第1修正など）。市民革命期以前の国王への恩恵的請願に由来する請願権は，参政権や表現の自由の定着に伴い重視されなくなっていたが，現在その再評価が進んでいる。請願は，①個別具体的な要求や意見を伝達できる点，②署名集めなど誰でも日常的に取り組める点，③参政権のない未成年者や外国人にも認められる点など，カウンター・デモクラシーとしての「民意」表明の手段として有益だからである。デモ規制の厳しい日本において考案された「国会請願デモ」（国会議事堂周辺でのデモは通常は許可が下りないが，議事堂内の面会所で待つ議員に集団で請願書を届ける「請願行進」ならば認められてきた）は，請願を利用した規制当局へのまさに「カウンター」といえる。とはいえ，総じて日本の請願処理の状況は，請願に誠実に向き合っているとは言い難い。官公署は請願を「受理し誠実に処理しなければならない」（請願法5条）はずなのだが，通常は審査結果が請願者に回答されることはなく，その処理状況は不透明である。国会への請願も議員の紹介が要件とされ（国会法79条），敷居は高い。請願の「誠実な処理」には，それを担保する制度がやはり必要であろう。

　この点ではドイツの仕組みが参考になる。ドイツ連邦議会は請願

処理に約 80 名もの議会職員を配置しており，迅速で誠実な請願処理を可能にしている。議会に請願委員会が常設されている点も重要である。この委員会はドイツ連邦共和国基本法 45c 条の定める連邦議会の必置機関で，請願検討のために議会の他の委員会への意見聴取，省庁等への文書や情報提供の要請，請願者や有識者からの意見聴取などの権限を持つ。検討結果は委員会所見と共に議会に報告され，1 つの会派か 5％の出席議員の要求があれば本会議の討論議題となる。検討結果は理由を付記して請願者に回答されており，全体の処理状況も詳細な年次報告書により公表されている。

　オンライン請願も請願の可能性を拡げている。アメリカ大統領官邸の請願専用サイト "We The People" では，10 万筆に達した請願を回答の対象としている（海洋自然保護を理由とする日本の辺野古基地建設中止の請願は 20 万筆を越えた）。イギリスでは，議会と政府の共同システムによって立法請願と行政請願を一体的に扱うオンライン請願が 2015 年から運用されており，1 万筆に達すれば政府が回答し，10 万筆に達すれば下院の一般議員活動委員会に送付される（今井良幸「請願権の再検討──イギリスにおける電子請願制度からの示唆」名城法学 66 巻 1・2 号〔2016 年〕1 頁以下）。ドイツ連邦議会の「公開請願」も，議会と「民意」とを接続するルートとして注目に値する。これは連邦議会ウェブサイトの専用ページ上に寄せられた請願を提案理由付きで公開して市民のコメントや署名を募る制度で，4 週間以内に 5 万筆のオンライン署名を集めた請願の提出者には請願委員会での陳述が認められる。請願や署名の簡便さに加えて，コメント投稿を通じた市民間の「議論」の場としても機能し，またそれが議会審議の回路にも繋がっている点において，民意表明の観点からは魅力的な制度設計といえる。

## COLUMN　外国人住民評議会

　グローバル化の下，外国籍住民の「民意」の汲み上げも不可欠である。ドイツやフランスの多くの自治体には，外国籍住民（EU 域内出身者には自治体選挙権が付与されるので，ここでは EU 域外出身者）のための外国人住民評議会が設置されており，選挙や抽選で選ばれた外国人住民の代表（外国人支援団体等の代表もメンバーに含む場合がある）が，市政への提案や答申を行っている。日本でも 1996 年の川崎市の「外国人市民代表者会議」を最初として，神戸市などで類似の会議体が設けられているが，全国的な広がりは今後の課題である。

用語解説

②**プレビシット**：執政権者が自己の権力基盤の確立・維持のために直接手続や選挙を利用すること。ナポレオン 1 世・3 世やヒトラーの実施した国民投票がプレビシットの典型例である。オーストラリアでは，重要政策国民投票を意味する価値中立的な用語である。

## BOOK GUIDE

□福井康佐『国民投票制』（信山社・2007）
□国立国会図書館調査及び立法考査局「諸外国の国民投票法制及び実施例〔2019 年度版〕」（2019）
□ピエール・ロザンヴァロン（嶋崎正樹訳）『カウンター・デモクラシー』（岩波書店・2017）
□民主主義・選挙支援国際研究所（IDEA）〈https://www.idea.int/data-tools/data/direct-democracy〉

［植松健一］

**CHAPTER 5**

# 選挙制度

## INTRODUCTION

📷 2020 年 11 月のアメリカ大統領選挙におけるワシントン州の投票所の様子（AFP＝時事）

　世界の多くの民主主義国では，公職者（議員や行政の長）を選挙で選ぶシステムが採用されている。もっとも，選挙制度に関していかなる憲法規定を置いているのか，その下で具体的にどのような選挙制度を採用しているのか，といった点は各国で違いがある。

　選挙の結果しだいでは各国の政治を左右することからも，適正な選挙制度を構築することは各国の重要課題である。あわせて，その国や地域に住む人々にとって公正で効果的な代表とは何かといったことも重要な要素であり，それを満たす制度設計が求められるであろう。以上のことを踏まえ，本章では，各国における選挙をめぐる憲法論とその周辺事情を比較検討する。

‖ **KEYWORDS**　選挙原則　選挙・投票制度　選挙のルール　　　　　　　　　　‖

## I. 憲法典における選挙事項の規律とその密度

### 1. 規律密度の強弱の意義

　選挙は，その国の政治を具体的に動かす人々を選出する重要な役目を持っており，民主主義を支える重要な制度である。選ばれた人々は国や地域における政治で権力を有することになるからこそ，そうした人々に都合のよい形で選挙制度が不当に作られることを防ぐ必要がある。多くの国々では，選挙の基本的ルールを，一定程度，憲法典のなかにあらかじめ示しておく場合が多い。他方，議会が制定する通常の法律（議会制定法）に委ねられている部分もある。

　では，その区分をそれぞれの国ではどのようにしているのか。また実際に，憲法典にどの程度，選挙に関する規律を置くのか。これについては一般的に，選挙に関する諸原則や選挙への参加資格などを憲法事項とするのが多数である一方，具体的な選挙の手法については議会制定法に記されることが多い。

### 2. 憲法典における様々な選挙規律：アイルランド

　選挙に関する規律が比較的詳しく憲法典に記される国の例として，アイルランドを挙げたい。アイルランド憲法では，二院制の議会（ウラクタス）が採用され，議会下院の組織方法（16条・17条）と上院の組織方法（18条・19条）について規定する。このうち，議会下院の被選挙人資格を21歳（16条1項1号），選挙人資格を18歳（同項2号）と定めるなど，選挙年齢を憲法事項にする。この他，被選出人数全体は法律で定めることになっているものの，被選出者1人あたりの人口比として，3万人に1人未満であってはならず，また，2万人に1人以上でなければならない（同条2項2号）といった人口比例原則に関する規定を盛り込む。さらにそうした数値の決定直前に国勢調査をすることを努力目標としながらも，12年に1回のペー

スでの選挙区の改編などを求めている（同項4号）。

上院にはさらに特徴的な憲法規定がある。60名からなる上院は，11名の任命議員と49名の選挙による選出議員で構成されることが憲法に明記される（18条1項）。このうち11名の任命議員は，事前の指名の下で首相によって任命される。他方，選出議員には，アイルランド国立大学から3名，ダブリン大学から3名といった，「大学代表」も設置される（同条4項）（☞ **CHAP. 6**）。また選出議員選挙については比例代表制による単記移譲式投票および無記名郵便投票によって行われることが記載されているなど，憲法に具体的な選挙方法に関する細かい規律があることが特徴である。

### 3. 憲法典上の選挙規律の変化：フランス

憲法典における選挙規律の歴史的変化の側面から見た場合，特徴的なのがフランスの大統領選挙である。現在の第5共和制憲法（1958年）には，大統領が国民の直接選挙によって選ばれ，その任期は5年であると規定される（6条1項）。そして，その任期は2期までとある（同条2項）。また，大統領選挙の投票に関しては絶対多数による選出が規定され，第1回投票で絶対多数が得られない場合，第1回投票で多数票を得た上位2名による決戦投票が14日後に行われる（7条1項）。フランスの場合，議会選挙も含めて，このような2回投票システムの伝統が見られるのが1つの特徴である。さらに大統領が欠けた場合などの選挙の実施やその延期などに関する諸規定が憲法に見られる（同条5項～7項）。

大統領選挙に関する諸規定のいくつかには，第5共和制の開始当初からの伝統ではないものもある。第5共和制憲法の制定当初，大統領は，国会議員の他，県議会議員や海外領土議会議員，そして市長村長のなかから選出された全国約8万人の選挙人団による間接選挙で選出された。この間接選挙における有権者は地域（地方）を基

盤とする人々で構成され，有権者団の構成は，現在でも間接選挙を用いている元老院（上院）議員のそれに酷似していた。というのも，大統領の選出について保守的な地方を基盤としたいとの思惑があったからだとされている。もっとも，第5共和制の成立後の早い時期に，大統領と元老院との間での対立が起き，大統領は，元老院の力を抑え込むため，新たな権力基盤を確立する制度改正を望み，それが大統領の直接選挙制度の導入につながった。その手続には，通常の憲法改正手続規定（憲法89条）ではなく人民投票（11条）への付託という手法が用いられ，大統領を直接選挙で選出するための憲法改正がなされるに至った。この付託は成功し，実際に大統領が直接選挙で選ばれることになった。

　もう1つ重要な憲法改正として大統領任期がある。フランス憲法では当初，大統領の任期が7年であった。この任期は長いことが特徴的であったのと同時に，国民議会（下院）議員との任期の制度的ずれがあることで，大統領を選出したときの政治勢力と国民議会議員を選出した際の政治勢力との間での「ねじれ」（保革共存，コアビタシオン）が生じ，政治の停滞が見られることが課題となっていた。そこで2000年の憲法改正により，任期が5年となり，国民議会議員と任期が同じになった（6条1項）。このように憲法典に定める選挙事項を積極的に変えていく事例も世界的には多く見られる。

## II.　選挙に関する資格の比較

### 1.　選挙年齢の低年齢化傾向

　人々の政治参加を一層促すための世界的傾向の1つに選挙権保障年齢の拡大がある。現在，世界の約9割の国や地域における選挙権年齢が，18歳（あるいはその一部はそれ以下）となっている。選挙権年齢はかつて，もう少し上の年齢に設定されることが多かった。指摘（☞ **BOOK GUIDE**：那須（2015））によれば，低年齢化の傾向は，まず

は 19 世紀から 20 世紀初頭にラテンアメリカ諸国において見られ始め，欧米諸国では 1970 年代前後，21 歳から 18 歳に引き下げられるようになった（イギリス〔1969 年〕，ドイツ〔1970 年〕，アメリカ〔1971 年〕，フランス〔1974 年〕）。その背景には，政治的成熟と社会的負担に見合った権利を若年層にも付与すべきであるという考え方が広がったという事情がある。現在，選挙権年齢が低い国であるオーストリアの場合，2007 年より 16 歳以上となっている。

　日本では，1945 年の衆議院議員選挙法改正による男女普通選挙が導入されて以降，選挙成年の年齢は，公職選挙法で満 20 歳以上とされてきた。その後，18 歳選挙権を導入すべきとする声も上がっていたが，長らく改正には至らなかった。しかし，2015 年 6 月の公職選挙法改正により，満 18 歳以上の日本国民に選挙権が保障されることになった（翌年 6 月より施行）。2016 年 7 月 10 日に施行された第 24 回参議院議員通常選挙では，当時の 18 歳，19 歳（1996 年〜1998 年生）約 240 万人が新たな有権者となった。

　日本で 18 歳選挙権が導入されたのは欧米諸国の潮流の影響もあるが，より現実的には，2007 年 5 月に成立した「日本国憲法の改正手続に関する法律」の制定が大きい。同法では，憲法改正の国民投票の投票権者を満 18 歳以上（3 条）と定めたが，選挙成年年齢が満 18 歳に引き下げられるまでは満 20 歳以上とされていたことから，早めの選挙成年年齢の引下げが求められたという事情がある。

### 2. 立候補資格をめぐる特徴

　多くの国々の憲法典では，立候補に年齢資格が示されている場合が多いが，その他の特徴も見られる。アメリカ合衆国憲法 2 条 1 節 5 項は，アメリカ大統領の立候補資格を「出生により合衆国市民である者，またはこの憲法採択の時に合衆国の市民である者でなければ，大統領にあることができない。年齢 35 歳に達しない者および

14年間合衆国内に居住したことのない者は，大統領になることができない」と規定する。各国で自国の国籍者のみに立候補資格を与えることは珍しくないなかで，合衆国憲法では，第14修正1節において合衆国市民となる条件を「合衆国において出生しまたは帰化し」と規定する，いわゆる出生地主義を原則とした資格付与がなされた。そのため時折，立候補者が実際にアメリカ合衆国内で生まれているかどうかが問題視される。2011年には，オバマ（元）大統領が立候補をするにあたってその出生地が問われ，ハワイ州の出生証明書を公表したことが知られる。

　一方，地方レベルの議会における立候補を外国人にも認める場合が各国で見られる（☞**CHAP. 13**）。その場合，大きく2つの類型がある。まずEU諸国では，EU市民である場合に限り，他国の地方議会における立候補を認める場合が多く見られる（フランス，ドイツなどはこれに属する）。他方で，北欧諸国（ノルウェー，デンマーク，スウェーデン）などは，一定の居住要件などにより立候補を認める。

## III. 選出方法の比較

### 1. 選挙法原則の比較

#### (1)　強制投票制度：オーストラリア

　選挙の法的性質をめぐって日本では一般的に権利性と公務性があることが指摘される（二元説）。このうち，権利性を重視すれば，選挙での投票はまさに個人の権利であるとされ，投票に参加しなくてもそれは個人の自由であると考えられる。他方，公務性を重視した場合，それは国（地方）の代表を選出するための投票という公務（職務）であり，その放棄もまた，一定の公務の放棄と捉えられる可能性がある。こうしたなかで，投票を任意にすべきか否かといった点が，各国の選挙制度設計において議論される。

　日本の投票制度では投票の棄権にペナルティは設けられていない。

他方，選挙における投票を人々に義務づけ，放棄した場合に罰金を科す国の1つが，オーストラリアである。これは，憲法典ではなく，現行の1918年連邦選挙法245条に規定される。オーストラリアの場合，18歳以上の国民が正当な理由なく投票を怠ると，州や地域によって違いはあるものの，最低額のところで20（オーストラリア）ドルを払うことになる（52項c号(ⅲ)）。こうした強制投票制度は，ベルギーやルクセンブルクにもある。

### (2)　直接選挙と間接選挙

　日本国憲法には，国政選挙の実施に関して直接選挙，間接選挙といった具体的要請は明記されていない。これに対して，少なくとも衆議院には直接選挙が要請されると考えられる一方，参議院にも直接選挙を要請する説が強いが間接選挙を許容する学説も見られる。実際には現在の日本では衆参両議院ともに直接選挙が法律上採用されている。

　この点，世界の国々では間接選挙を実施する国も見られる。例えばフランスの元老院（上院）の選挙は，間接選挙で実施されることを憲法が要請し（24条4項），具体的には，国会議員や各地域の議会議員，市町村長などが有権者となる。その前提には，元老院が「地方公共団体の代表」としての位置づけを憲法上与えられているといったことがある。衆参両院を「全国民の代表」と規定する日本国憲法との違いをどのように評価するのかが1つのポイントである。


## 2. 多様な選挙制度

### (1)　選挙区選挙と比例代表選挙

　具体的な選挙制度の設計は諸外国でそれぞれであるが，地域を基盤として代表者を選出する「(地域) 選挙区制」と，政党などを前提として原則的に政党への投票数により当選者数を確定する「比例代表制」のどちらか，あるいはその混合型が採用される場合が多い。

　こうしたなかで，伝統的に単純小選挙区制のみからなる選挙制度を採用するイギリス庶民院（下院）の場合，一選挙区で1名の当選者しか出せず，その当選者以外に投票した人の票は「死票」となることから民意の反映が不十分ではないかといった議論も見られる。そこで2011年に，単純小選挙区制に代わる優先順位付き連記投票制の導入をめぐる国民投票がなされたものの，結果的には否決された。また，フランスの国民議会（下院）では，小選挙区制ではあるものの単記2回投票制が採用されている。これは1回目の投票の上位2名の決戦投票を認める制度であり，イギリスとの違いがある。他方，日本などを含む国々では，1つの議会体を選ぶ選挙で選挙区制と比例代表制とを混合的に用いる。

**(2)　選挙区設定において採用される諸要素のバランス**

　地域を基盤とする選挙区の設置をめぐっては，その国の各議院の代表基盤をどのように理解するのか（全国民代表かそれとも地域代表か）により，何を重視した選挙区設定とするのかが変化する。定数等の設定に人口比例原則を重視するシステムも数多く存在するなかで，例えば，アメリカの上院では，「各州代表」を連邦に送り込む理念から，各州における人口の多少に関わらず，各州2名の議員が選出される。

　他方で，人口比例原則と領域の広さとを両方重視し，選挙区を設定することを憲法上規律する国もある。ノルウェーでは長らく両院制を採用していたが，2007年憲法改正により一院制を採用した。その憲法ではノルウェー議会（ストーティング）の議員定数を169名と固定し（57条1項），国を19の選挙区に分割する（同条2項）。そして，150名を各選挙区からの代表者として選出し，（得票率と獲得議席との間の乖離調整のため）19名を全国民からの代表として選出する（同条3項。なお，各19選挙区が当該全国民代表の議席を1つずつ持つ〔同条4項〕）。そして，各選挙区から選出される議会議員数は，各選

挙区の住民数および表面積と，全国土の住民数および表面積との間の比率計算に基づいて決定されるものとし，各住民は 1 ポイント，1 平方キロメートルは 1.8 ポイントとして計算される。この計算は，8 年ごとに行うものとしている（同条 5 項）。このような住民数と各選挙区の面積をポイント化し，各選挙区における選出人数の調整に用いる制度もまた，比較憲法的に注目される。

**(3)　憲法上の政党条項と選挙**

日本国憲法には政党に関する規定はなく，政党を含む結社の自由は憲法 21 条 1 項で保障される。他方で世界の国々の憲法には，政党条項も多く見られる（☞ **CHAP. 14**）。ドイツ連邦共和国基本法 21 条は有名だが，その他にも，フランス第 5 共和制憲法 4 条 1 項，イタリア共和国憲法 49 条がある。ドイツの場合，「国民の政治的意思形成に協力する」と，イタリアの場合，「民主的な方法で国の政策の決定に協力する」とそれぞれ規定される。また，フランスの場合，「選挙による意思表明に協力する」とあり，選挙との関係性を明示する。他方で，以上の 3 か国ではどれも，比例代表選挙の導入と政党の関わりなどを明示する憲法上の規定は存在せず，法律事項主義を採ると考えられる。

## 3. 選挙のルール

**(1)　選挙運動としての戸別訪問**

選挙の実施には，「選挙の自由と公正」への侵害を防ぐルールが必要とされる。とはいえ日本では特に厳しい規制が見られる。その代表格が，選挙運動における戸別訪問の禁止である。国によっては，戸別訪問が「草の根民主主義」を達成する手法と捉えられていることから，これを妨害してはならないとする場合もある（カナダ）。他方で日本では，戸別訪問が選挙買収の温床として考えられており，最高裁もその規制を合憲としている（最判昭和 56・7・21）。

## (2) 供託金制度

日本の一定の選挙では，売名行為等を理由とする当選する意思のない立候補者の濫立を防ぐため，立候補制度に供託金制度を導入する。その額は，衆参の比例代表選挙では1名につき600万円，衆議院小選挙区では1名につき300万円である。この供託金は一定の得票がないと没収される。日本の高額な供託金制度は，資産の少ない人が立候補することを阻害するとも指摘される。供託金は，アメリカ，フランス，イタリア，ドイツなどの国では設定自体がない。また，スイスやスウェーデンなどでは，一定数の支持者による署名提出を立候補条件としており，こうした手法で立候補者の濫立を防ぐべきだとする意見も見られる。

## IV. 日本国憲法の特徴
### ——選挙事項法定主義を中心とする制度形成

以上見てきたように憲法典自体に選挙関連の詳細な規律を持つ国に比べ，日本国憲法はそうした詳細な規定を持たないことが特徴的である。日本国憲法において内容が特定的な選挙に関する規定としては，衆議院議員の任期を4年（45条），参議院を6年とし，3年ごとに議員の半数を改選すること（46条）といった任期規定の他，両議院議員の兼職禁止（48条）や地方公共団体の長や議会議員に関する地方公共団体住民による直接選挙（93条）くらいに留まる。他方，日本国憲法は，選挙年齢に関する具体的設定はなく，あるのは「成年者による普通選挙」（15条3項）という記述のみであり，具体的な選挙年齢を定めるのは公職選挙法という国会制定法である。また，選挙人の資格等は憲法44条に，「選挙区，投票の方法その他両議院の議員の選挙に関する事項」は同47条に，それぞれ「法律でこれを定める」と規定され，広範な選挙事項法定主義を採用する。

日本では，これまで選挙方法に関する重要な改正（たとえば，衆

議院議員選挙における中選挙区制から小選挙区制への転換）も国会制定法で行ってきている。以上を踏まえると，日本で憲法改正が少ない理由の1つには，重要な統治機構改革の一環としての選挙制度改革も憲法レベルで行う必要がないからだといった評価も可能となろう。

---

**COLUMN　公権力行使者の「当然の法理」？**

　日本政府は，「法の明文の規定が存在するわけではないが，公務員に関する当然の法理として，公権力の行使または国家意思の形成への参画にたずさわる公務員となるためには，日本国籍を必要とするものと解すべきである」(1953年3月25日内閣法制局) とする，いわゆる「当然の法理」を採用する。そこで，国，地方を問わず，公職選挙の投票資格を外国人には法律上認めず，憲法も選挙権を保障するものではないという立場にある。

　もっとも，比較憲法的に見ると，「当然」性に関する興味深い事象も存在する。欧州の小国には，裁判官が，自身の親族や知人などを裁くことになるのを避けるため，あえて外国人を裁判官に迎える制度がある（サンマリノでは，イタリア人が裁判官となる）。この現象は，該当国の個別の歴史的経緯や地域的事情によるものであり単純な比較はできないものの，当然の法理における「当然」性を考える上で参考になる（この点につき，横大道聡＝吉田俊弘『憲法のリテラシー──問いからはじめる15のレッスン』〔有斐閣・2022〕136頁以下も参照）。

---

**BOOK GUIDE**

□大林啓吾＝白水隆編『世界の選挙制度』（三省堂・2018）
□駒村圭吾＝待鳥聡史編『統治のデザイン──日本の「憲法改正」を考えるために』（弘文堂・2020）〔特に第2章「代表」，第3章「議会」〕
□那須俊貴「諸外国の選挙権年齢及び被選挙権年齢」レファレンス 2015年12月号 145頁以下

〔新井　誠〕

**CHAPTER 6**

# 議会制度

## INTRODUCTION

およそ現代のほとんどの国家は，法律の制定や予算の決定を主たる職務とする，複数名の議員により構成される合議制の機関である「議会」を設けている。議会制度には，大別して，1つの院のみで議会が構成される一院制と，相互に独立して意思決定をおこなう権限を有する2つの院によって議会が構成される二院制（ないし両院制）がある。二院制議会の場合，権限の強いほうの院，あるいはより国民に近い院を「第一院」ないし「下院」，もう一方の院を「第二院」ないし「上院」と呼ぶのが通例である。日本国憲法に引き付けて言えば，「国会」という名称の議会を構成する第一院が「衆議院」，第二院が「参議院」である。

フランス革命期の思想家エマニュエル・シェイエス（1748 〜 1836）

韓国の国会議事室。現在の韓国議会は一院制をとるが，かつて二院制をとっていたこともあった。

(topit-tp/PIXTA)

は，「第二院は何の役に立つのか，もしそれが第一院に一致するならば，無用であり，もしそれに反対するならば，有害である」と語ったとされる。これは，第一院の行った判断に異議や疑問を投げかけたりすることを本質とする第二院の存在意義そのものを否定する言明であるが，世界中を見渡してみると，二院制を採用する国の数は少なくなく，中には最近になって二院制に移行した国すらある。それではなぜ各国は，そのような批判もある二院制を採用しているのだろうか。

本章では，まず，議会制度のデザインについての統計データを見たうえで，二院制というデザインについて考察することにしたい。なお，以下で取り上げる国名は，正式国名ではなく通称ないし略称の場合がある。

**KEYWORDS** 二院制　一院制　エリート代表　地域代表　職能代表　国民代表　混合代表

# I. 統計からみる議会制

　まずは，1889 年に創設された各国議会の国際的交流組織（現在の会員は 178，準会員が 14）である「列国議会同盟（Inter-Parliamentary Union, IPU）」がウェブ上で提供している，世界各国の議会の様々な情報を調べることができる"Parline"というデータベースの統計データから各国議会の比較を見てみよう。いずれも 2022 年 4 月段階，世界 192 か国を対象としたもので，そのうち，一院制を採用する国は 111 か国（約 58%），二院制を採用する国は 81 か国（約 42%）である（最終閲覧日は 2022 年 4 月 19 日。データは頻繁に更新されるので是非直接ウェブサイトものぞいてみてほしい）。

## 1. 議員の任期・選出方法・数①——一院制議会と二院制議会の下院

　一院制議会の議員と二院制議会の下院議員の任期の長さは **Fig. 1** のとおりである。なお，暫定議会を設置している 5 か国（一院制のブルキナ・ファソ，チャド，ギニア，リビア，マリと，二院制の南スーダン）はデータから除かれている（合計 186 か国）。

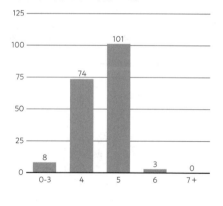

**Fig. 1**　一院制議会の議員と二院制議会の下院議員の任期の長さ（単位：年）

　その主たる選出方法が **Fig. 2** である。直接選挙による場合がほとんどであるが，任命が 7 か国（ブルネイ，ブルキナ・ファソ，チャド，ギニア，マリ，サウジアラビア，南スーダン）や，間接選挙が 3 か国（中国，エリトリア，ソマリア），その他が 1 か国ある（アラブ首長国連

邦。40人の議員のうち，20人が選挙人団による間接選挙で選ばれ，20人が各首長国の首長によって任命される）。なお，ハイチやエリトリアのように，選挙が停止されて現在行われていない場合もこの統計に含まれていることには注意が必要である。

法定の議員数（実際の議員数ではないことに注意）を示したのが **Fig. 3** である。最も多いのが中国（3000人）であり，2番目に多い北朝鮮（687人）を大きく上回ってい

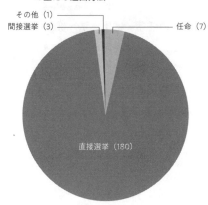

**Fig. 2** 一院制議会の議員と二院制議会の下院議員の主たる選出方法

その他（1）
間接選挙（3）
任命（7）
直接選挙（180）

**Fig. 3** 一院制議会の議員と二院制議会の下院議員の法定議員数

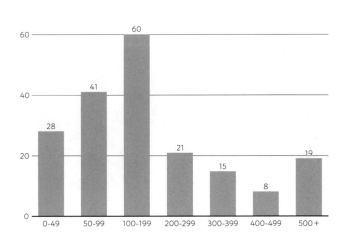

る。他方，最も少ないのがミクロネシア連邦（14人）である。G7構成国（いずれも二院制）を見ると，多い順に，イギリス（650人），イタリア（630人），ドイツ（598人），フランス（577人），日本（465人），アメリカ（435人），カナダ（338人）となっている。

### 2. 議員の任期・選出方法・数②──二院制議会の上院

次に，二院制議会の上院について見ていこう。まず，任期の長さを示したのが **Fig. 4** である。なお，この統計からは，任期が一定ではない国や，任期の定めのない国など8か国（オーストリア，カナダ，ドイツ，マレーシア，ロシア，南スーダン，イギリス，イエメン）が除かれている（合計73か国）。

そして，その選出方法を見ると，**Fig. 5** のとおり，直接選挙で選ばれる割合は一院制議会の議員および二院制議会の下院議員と比べると大きく減少し，任命や間接選挙の割合が増加している。G7構成国間でも，カナダ，ドイツ

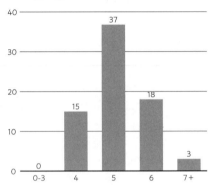

**Fig. 4** 二院制議会の上院議員の任期の長さ（単位：年）

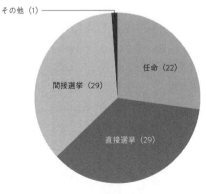

**Fig. 5** 二院制議会の上院議員の主たる選出方法

その他（1）
任命（22）
間接選挙（29）
直接選挙（29）

ツは任命，イギリスは任命＋世襲，フランスは間接選挙，イタリア

**Fig. 6　二院制議会の上院議員の法定議員数**

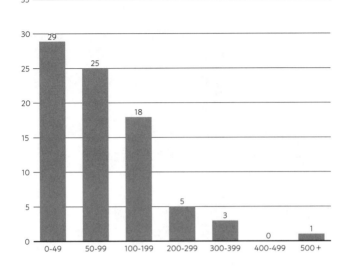

は直接選挙＋任命，日本とアメリカが直接選挙であり，やはり多様である。なお，「その他」に分類されているのはレソト王国であり，33 人の上院議員のうち，11 人が国務院の推薦に基づき国王が任命し，22 人は主たる部族の長が務める。

　そして，二院制議会の法定上院議員数が **Fig. 6** である。総じて，一院制議会の議員および二院制議会の下院議員の数よりも少ないことがわかる。最大がイギリス（800 人），最小がセントルシア（11 人）である。G7 構成国の場合，多い順に，イギリス，フランス（348 人），イタリア（321 人），日本（248 人），カナダ（105 人），アメリカ（100人），ドイツ（69 人）となっている。

## 3.　女性議員

　一院制議会および二院制議会の下院において女性議員が占める割合が **Fig. 7** であり，全体の平均は約 26％である。50％を超える国は

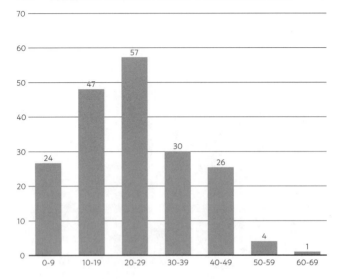

Fig. 7 一院制議会と二院制議会の下院において女性議員が占める割合

5 か国であり，上から順に，ルワンダ（約61％），キューバ（約53％），ニカラグア（約52％），アラブ首長国連邦（50％），メキシコ（50％）である。なお，この統計からは，2019 年に予定されていた選挙が実施できず，2020 年 1 月に下院議員全員が任期切れで失職したハイチと，1997 年から選挙が実施されておらず，2002 年 2 月以降は議会すら招集されていないエリトリア，データなしのベネズエラは除かれている（合計 189 か国）。

　他方，二院制議会の上院において女性議員が占める割合が Fig. 8 である。その平均は約 25％であり，一院制議会および二院制議会の下院において女性議員が占める割合と大差ない。5 割を超える国家は 3 か国であり，上位から順に，ボリビア（約56％），オーストラリア（約53％），アンティグア・バーブーダ（約53％）である。

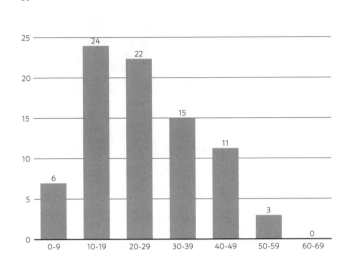

**Fig. 8** 二院制議会の上院において女性議員が占める割合

## 4. 議席の割り当て

　特定のグループに対して議席を割り当てる制度をクオータ制という が，事実上のものを含め，クオータ制を導入している国は少なく ない。一院制議会および二院制議会の下院において，女性について クオータ制を設けている国は105か国，若者に対するクオータ制を 設けている国は10か国，先住民族など特定グループに対するク オータ制を設けている国は46か国ある（ここには，在外国民のための 議席を割り当てているイタリアなども含まれる）。二院制議会の上院の 場合，順に，34か国，1か国，18か国となっている。

## II. 二院制というデザイン

### 1. デザインの環境

　憲法の制定は，革命や独立などの大きな変化が生じた場合に行わ れることが多い。そのため憲法は，制憲時における主要アクター

（議会，執行府，制憲会議，国民，軍，君主，外国政府，国際機関，専門家など）による妥協と調整の産物としての側面が少なくない。一院制か二院制かもまた，そのような妥協と調整の中で採用されたものであり，必ずしも何らかの理論的根拠に基づいて導入されたわけではないことに注意が必要である。そのことを踏まえつつも，以下では，二院制のデザインについて理論面から整理してみたい。

## 2. 第二院の機能

　見てきたように，ほとんどの国家において，第一院は民選された議員によって構成される一方，第二院の議員の選出方法は多様であった（**Fig. 2** と **Fig. 5**）。第一院が民意を代表することに主眼が置かれた機関であるとすれば，第二院は，その民意の中では十分には反映されない「別の何か」を代表することで，第一院の決定に対して「再考」や「熟慮」を促すことに主眼が置かれた機関であるといってよい。そして「別の何か」は，第二院にいかなる機能ないし役割を期待するのかによって異なるのであり，それを反映して第二院のデザインが各国各様のものとなる。

## 3. エリート代表型と地域代表型

　二院制議会の源流はイギリスであるが，イギリスの第二院である貴族院は，その名の通り，もともとは貴族という特定の社会階層を代表する機関であった。しかし，貴族院改革が進んだ現在では，血筋に基づく世襲の貴族院議員の数は大幅に減少し，能力と政党バランスなどを考慮して任命（爵位を授与）された「一代貴族」が多数を占めている。このように貴族院の性格は当初から大きく変容しているが，「エリート」から選出するという基本コンセプトは現在においても維持されている。

　他方，イギリスからの独立に際して貴族制度を受け継がなかった

アメリカの場合，上院の議員は，各州から2人ずつ選出される（アメリカ合衆国憲法2条3節1項）。このようにアメリカの第二院は，「地域（連邦を構成する各州）」の利害を代表する機関として位置づけられている。

　そして，イギリスのようなエリート代表型の第二院の数は減少しているのに比べ，アメリカのような地域代表型の第二院の数は多い。

### 4. 地域代表型の第二院

　ところで，連邦制国家は地域代表型の二院制を採用するといわれることがある。確かに連邦制国家の多くは二院制を採用しているが，アラブ首長国連邦，ベネズエラ，イラク，そしてセントクリストファー・ネービス，ミクロネシア連邦，コモロ連合は一院制であり，連邦制国家＝二院制という構図は必ずしも成立しない。なお，一院制を採用する連邦制国家における「地域」の利害は，第一院の中にそのための議席を用意することなどによって反映されている（たとえば，**1.1.** で触れたアラブ首長国連邦を参照）。

　また，単一国家における第二院においても地域代表型が採用されることもある。たとえばフランスの第二院である元老院は，憲法上，共和国の地方公共団体（海外県を含む）を代表する機関と位置づけられている（フランス第5共和制憲法24条4項）。したがって，連邦制国家であっても二院制を必ず採用するわけではなく，また第二院を地域代表として設けるわけでもなければ，単一国家であっても第二院を地域代表として設けてはならないわけでもない（☞**CHAP. 10**）。

### 5. 職能代表型と混合代表型

　第二院に，エリートや地域ではなく特定の「職業」の意見を反映させようとする，いわゆる職能代表型の国もある。たとえばアイルランドの第二院は，定数60人のうち，11人が首相から任命され，

49 人は間接選挙で選出されるが，その内訳は，アイルランド国立大学，ダブリン大学によって各々 3 人ずつ選出（主に卒業生の国民が選出）され，残りの 43 議席は，①文化芸術，教育，②農業，漁業，③労働，④商工業，⑤自発的社会活動を含む行政及び社会サービスという 5 つの分野ごとに候補者を選出し，その名簿の中から下院議員や地方議会議員らによって選出される（アイルランド憲法 18 条☞ **CHAP. 5**）。

さらに，これまでに見た様々な仕組みを組み合わせて第二院を構成する国もある。たとえば，モロッコの第二院の定数 120 人（憲法は 90 人以上～ 120 人以内と規定）のうち，5 分の 3（72 人）は「地域代表」とされており，各地域ごとに人口比例で議席が配分される。残りの 5 分の 2（48 人）のうち，20 人は各地域における農業，商工・サービス業，芸術・工芸，海洋漁業の各団体から選出された者で構成される単一の選挙人団により選出，8 人は各地域の代表的な被用者団体から選出された者で構成される選挙人団により選出，そして残りの 20 人は全国レベルで被用者から成る選挙人団によって選出される（モロッコ憲法 63 条参照）。このようにモロッコの第二院は地域代表型と職能代表型の混合型と位置づけることができよう。

### 6. 国民代表型

そして，日本（日本国憲法 43 条 1 項）やイタリア（イタリア共和国憲法 57 条）のように，第二院の選出を第一院と同じ選挙人団による直接選挙によって選出する国もある（なおイタリアには大統領が任命する終身議員も少数ながら存在する〔憲法 59 条〕）。この国民代表型の第二院に対しては，同じく国民全体を代表する院をもう 1 つ用意することの意味が問われることになるが，第一院とは異なった時期に異なった方法で選挙することにより，多角的に民意を国政に反映させることができることなどが，その正当化根拠に挙げられている。

### 7. 権限配分と権限行使

理論的には，第二院に期待する権能ないし役割に応じて，第二院にいかなる権限を配分するかが決定されることになる。

この点，国民代表型の第二院の場合，民主的正統性が第一院に必ずしも劣後するわけではないために，第一院と同等の権限が配分される結果，「強い第二院」となる傾向があると指摘される。たとえばイタリアは，両院の権限がほぼ対等とされている。それが政治的停滞を産み出す主要因となっているとして，第二院の性格を国民代表から地域代表へと変更し，それとともに第二院の規模と権限を縮小——予算承認権や不信任決議権の剥奪など——するといった内容の憲法改正が試みられたが，国民投票で否決されたことがある(2016年)。二院制の権能や権限は憲法に規定されることが少なくないため，その改革は容易ではないことが少なくないのである。

なお，憲法上配分される第二院の権限が実際にどのように行使されるかは，その国家の政治的・文化的，社会的状況にも大きく依存するものであり，憲法や法律の条文だけ見てもわからないことが多い。たとえば，建前上は第一院の庶民院と同一の権限を有するイギリスの貴族院は，政府与党がマニュフェストに掲げた政策を拒否しないという「ソールズベリー慣行」といった憲法習律（☞ **CHAP. 1 COLUMN**〔11頁〕）によって規律されている。

二院制議会における立法権をはじめとする各種の権限行使の実際を知るためには，憲法をはじめとする制度設計を踏まえつつも，その国の政治の実態にまで切り込んでいくことが求められる。日本の第二院である参議院の改革を考えるにあたっても，いかなる役割を期待し，どのような権限を配分し，それが現実にどのように行使されているかなどを踏まえたうえで，多角的見地から検証しなければならない。

## COLUMN　コロナとリモート議会

　2019 年末頃から始まった新型コロナウイルス（COVID-19）の世界的流行により，人々の行動や社会活動が大きく変容した。議会もまたその例外ではない。IPU の調査によると，2020 年末の段階で，報告書を提出した 91 か国（の 116 の議院）のうち，65％がオンラインないしハイブリッドで委員会を開催（オンラインのみでの開催は 30％），33％がオンラインないしハイブリッドで本会議を開催したという（IPU, World e-Parliament Report 2020）。

　従来通りに委員会・本会議を開催した国（の 73 の院）もあったが，その理由として，「必要がなかった」「セキュリティ上の問題」「予算上の問題」「法的に許されない」といった理由が挙げられている。「法的に許されない」に着目すると，それが法律上の要請であれば法改正により対応可能であり，実際，法律の改正を行って対処した国もあった。他方，物理的な場所で現実に議員が出席することが憲法上の要請とされている場合には，憲法改正を要する。たとえばアイルランドの国民議会は，「憲法によりオンラインでの議会開催は許されない」とする公式見解のもと，議員同士のソーシャル・ディスタンスを保つ必要性から，ダブリン・コンベンションセンターに議場を移すという対応策を採った。2020 年 6 月から 2021 年 7 月までの利用で 250 万ユーロ（約 320 億円）費やしたという。

　日本でも，リモート国会の開催の可否が話題になったが結局実施されなかった。リモート国会は憲法上可能なのか否か，不可能だとしたらどのような対応策があり得るのか。諸外国の実践から学べることは少なくない。比較憲法の意義はこうした点に存している。

### BOOK GUIDE

□列国議会同盟〈https://www.ipu.org/〉

□岡田信弘編『二院制の比較研究——英・仏・独・伊と日本の二院制』（日本評論社・2014）

□アレンド・レイプハルト（粕谷祐子 = 菊池啓一訳）『民主主義対民主主義——多数決型とコンセンサス型の 36 カ国比較研究〔原著第 2 版〕』（勁草書房・2014）

□ Richard Albert, Antonia Baraggia & Cristina Fasone eds., *Constitutional Reform of National Legislatures* (Edward Elgar, 2019)

［横大道　聡］

## CHAPTER 7

# 執政をめぐる比較

## INTRODUCTION

　G7サミット（主要国首脳会議）は2人の「大統領」と5人の「首相」で構成される
（ベルギー，2022年。dpa/時事通信フォト）

　「行政」とは違い，「執政」とは耳慣れない言葉かもしれない。権力分立という
ときも，「立法・司法・行政」の三権と習っただろう。ただ，「行政」というと，
各省庁ではたらく官僚・役人やその仕事のイメージもある。本章では，これらを
束ねる首相・大臣や大統領といった政治家とその役割に着目するので，政治を執
り行うという意味で，「執政」という言葉を用いる。

　執政を担う官職に着目すると，大きく分けて，首相（内閣）がいる国と大統領
がいる国とがある。首相と大統領の違いは何なのだろうか。また，首相といって
も，日本の首相は，最近では安倍首相（第2次政権）のように7年半の長期間務
めた例もあるが，多くは1〜2年で頻繁に替わり，国際的にみて存在感が低いと
いわれることもあるのに対し，イギリスでは一般的に首相の在任期間が長く，国
際的にその存在がよく知られる。このような違いはどこから出てくるのだろうか。

**‖ KEYWORDS**　大統領制　議院内閣制　半大統領制　リーダーシップ　解散権　**‖**

# I. 執政と議会との関係

## 1. 議院内閣制

　執政（執政部）のあり方は，議会（立法部）との関係により大きく左右される。この観点から各国の執政のあり方をみると，大きく3つないし4つに分類できる。

　第1は，議院内閣制（一元型議院内閣制）である。イギリスがその母国である。首相は議会（下院）の中から，その過半数の支持が得られる者（通常は与党の党首）が任命され，さらに首相の助言に基づき大臣が任命される（なお，イギリスには女王がおり，現在でも若干の政治的権力をもっているが，首相等の任命にその意向が反映されることはまずない）。首相・大臣の任期はとくに定められていないが，下院の総選挙で与党が変わった場合には総入れ替えとなる（政権交代）。内閣は議会（とくに下院）に対し連帯責任を負い，下院による内閣不信任決議があった場合には総辞職しなければならない。他方，かつては国王が下院の解散権をもち，首相の助言に基づきいつでも解散を行えたが，現在，解散できる場合は法律で限定されている（☞ **COLUMN**）。ほぼすべての大臣は議員（多くは下院議員）が務めるので，大臣は自らが所属する議院の審議に参加し，また議員として採決にも加わる。また，大臣は法案提出権をもつ。さらに，大臣の中には議事日程の調整など議院運営への関与を任務とする者もいる（"Whip" と呼ばれる）。

## 2. 大統領制

　大統領制をとる国としては，アメリカが知られる。アメリカでは大統領は議会とは別に選挙で選出される（厳密には，国民が各州で選挙人を選び，選挙人が大統領を選出する間接選挙であるが，選挙人を選ぶ段階で政党ごとに誰を大統領として投票するかが事実上決まっているため，

実質的には国民の投票により大統領が決まる。アメリカ合衆国憲法〔米憲〕2条1節・第12修正参照）。大統領の任期は4年で固定されており，議会による不信任決議の制度はない（2条1節1項・第20修正。弾劾され有罪の判決を受けたときはその職を免ぜられる〔2条4節〕が，今まで免職された例はない。大統領が死亡，辞職等した場合には，副大統領が大統領となる〔第25修正〕）。大統領は議員との兼職が認められておらず（2条1節2項），議員が連邦政府の公職に就くことも認められていない（1条6節2項）。大統領には法案提出権も認められていない。上下両院で議決された法案に対する拒否権をもつが，各院で3分の2の議決により覆される（同条7節2項）。さらに，大統領は議会の解散権ももたない。大統領が議会に入るのは，年頭教書や予算教書を読むときに限られる（2条3節）。大統領制においては，執政部と立法部とは，組織上も，また任務上も，それぞれが分離，独立しているわけである。

### 3. 半大統領制

　半大統領制は，執政の組織に着目すると，国民から直接に選出される大統領と首相が共に存在するところに特徴がある。半大統領制をとる国としては，フランスがある。フランスでは，大統領は，直接普通選挙により選出される（フランス第5共和制憲法〔仏憲〕6条1項）。その任期は5年で固定されており，「明らかにその職務の執行と両立しない違反行為の場合」にのみ，高等法院（国会の中で組織され下院議長が主宰する）により3分の2の多数決で罷免される（67条・68条。なお，再選は2期までとされる〔6条2項〕）。大統領は，首相そして他の閣僚の任命権をもち（8条），内閣構成員は議員との兼職が禁止される（23条）。ここまでは，大統領制に類似する。他方で，議会（下院）は内閣不信任決議権をもち（49条2項・50条），大統領は下院の解散権をもつ（12条1項）。首相は法律案提出権をも

ち（39条1項），また一定の範囲で優先的に議会の議事日程を決めることもできる（48条2項・3項）。内閣構成員は両議院に出席することができるが（31条），質問や各種の調査委員会などを通じた議会の監督に服する（24条1項参照）。これらは，議院内閣制に類似する。このように，半大統領制は，大統領制と議院内閣制とをかけ合わせた制度となっている。

### 4. 議会支配制

　スイスでは，連邦議会が連邦の最高機関として位置づけられており（スイス連邦憲法148条1項），行政・司法に対して優越する地位を認められている。これは，スイスがカントン（都道府県に相当する地域）の集まりとして形成され，カントンにまたがる重要事項はすべて「盟約者団会議」という議会に当たる組織で処理されてきた歴史に由来する。執政に当たる内閣（連邦参事会）も，議会の下の委員会のような存在であった（美根慶樹『スイス――歴史が生んだ異色の憲法』〔ミネルヴァ書房・2003〕97頁，99頁）。

　内閣は7名からなり（175条1項），両院合同会（スイスは国民議会と全州議会の二院制であり，各議院が独立して審議するのが原則であるが，例外的に両院の議員が集まり審議を行うことがある）で1名ずつ選挙により選出される（157条1項・175条2項）。その際，自由民主党2名，キリスト教民主党2名，社会民主党2名，国民党1名と，四大政党に内閣の構成員を配分する「魔法の公式」と呼ばれる独特の慣習があった。その内容は，2003年以降に政党の勢力分布に合わせて変化したが，政党で内閣構成員を分け合うやり方は維持されている。また，スイスには連邦大統領もいるが，大統領は内閣構成員の中から1年任期で選挙され，再任はないというもので，内閣の形式的な長にすぎない。議会は内閣不信任決議権をもたないが，これは，議会が意思決定の中心で内閣はその実施を議会各派から人を出して管

理するだけという統治構造の中で，不信任をするまでもないという発想に基づくもののようである。もちろん，内閣は議会の解散権をもたない。

　もっとも，現在，連邦の事務が増えたため，内閣の存在感が高まっており，内閣が議会に従属しているとみることに疑問も出されている（国立国会図書館調査及び立法考査局「各国憲法集(6) スイス憲法」〔2013〕2頁）。

## II. 統治のリーダーシップ

### 1. 大統領と首相との比較

　リーダーシップとは，広辞苑を引くと「①指導者としての地位または任務。指導権」「②指導者としての資質・能力・力量。統率力」という2つの意味が出てくる。ここでは，純粋に個人的な能力（②の意味）は除き，法で公式に認められている任務・権限に加えて，与野党の関係や与党内部における大統領・首相の地位，また選挙などを通じた国民との関係を踏まえ，大統領・首相がみずからの施策を実現できる能力という意味で使いたい。

　大統領と首相とどちらがこの意味でのリーダーシップがあるかと問うたとき，大統領と答える人が多いかもしれない。これは，おそらく，大統領が1人で執政権を担うこと（独任制）ことから，強いリーダーシップを発揮できるイメージがあるからだと思われる。

　これは，半分は正解である。アメリカの例でみると，執行権は大統領に属するほか（米憲2条1節1項），大統領は軍の総司令官であり（同条2節1項），恩赦（同項），外交使節の接受（同節3項），公務員の任命（同項。大使や裁判官等は上院の助言と承認が必要〔同節2項〕）等の権限をもつ。これをみれば，たしかに大統領が強いリーダーシップを発揮できそうであることは間違いない。ただ，予算を含む法律の制定は連邦議会が行うものであり，重要な公務員の任命や条

約の締結には上院の助言と承認が求められる。それゆえ，連邦議会の多数派を大統領と同じ政党が占めている場合には，大統領はその政策実現に必要な法律制定等も容易であるのに対し，連邦議会の多数派を野党が占めている（「ねじれ」が起きている）場合には，大統領は大きな制約を受けることになる。アメリカの政党は議員に対する規律があまり強くなく，議員個人が法案などへの賛否を判断することも多いので，大統領は，野党議員と交渉して議会の過半数の支持をとりつけることも可能であるが，その際に妥協を強いられることも多い。このように，連邦議会の多数派を与野党のどちらが占めるかによって，大統領のリーダーシップのあり方は大きく左右される。

これに対し，議院内閣制の場合には，議会（下院）の多数派が常に内閣を支持する図式となるので，この支持が揺らがない限り，内閣（首相）はその政策実現に必要な法律や予算の制定を議会にしてもらうことができる。イギリスのような二大政党制であれば，与党（政権党）は1つで首相はその党の党首であるので，議会多数派の支持を得ることは容易である（**2.** も参照）。それゆえ，アメリカの大統領とイギリスの首相とでは後者の方が強いリーダーシップを発揮できるとみることもできるのである。

もっとも，議院内閣制における執政は，厳密にいえば首相ではなく内閣である。内閣は，（首相を含む）複数の大臣からなる合議体である。それゆえ，この点を強調すれば，意思決定は内閣として行うものである以上，首相のリーダーシップには執政の内部で大きな制約がはたらくという見方もありえる。もっとも，イギリスの場合，閣議の運営は主宰者である首相の強いコントロールのもとにあるので，首相の意向を反映させるかたちで内閣の意思決定を行いやすく，また閣議にかけずその下部組織である委員会で内閣としての決定を行うこともできる。さらに，大臣の議会に対する連帯責任の内容に

は，自分が関与していない決定にも従うことも含まれる。首相のやり方に満足できない大臣は，大臣を辞職して与党議員の立場で首相を牽制することとなる。そうだとすれば，結局は首相と与党との力関係の問題だということになりそうである。

最後に，半大統領制は，議会と大統領が同じ政治勢力で占められている場合，議院内閣制と同じように動くといわれる。すなわち，大統領がトップで，首相はその副官のような存在となり，大統領は，首相を通じ議会多数派を従わせるかたちで，議会を動かすことができる。これに対し，議会と大統領とが異なる政治勢力で占められる場合，大統領制に類似するが，大統領制における「ねじれ」の場合の大統領以上に限定された権力しか行使できないこととなる。執政部が議会多数派の支持を受ける内閣（首相）と大統領とに二分され，大統領はもともと大統領に付与された権限しか自由に行使しえなくなるからである。

## **2.** 議院内閣制の中の「多数決型民主主義」と 「多極共存型民主主義」

同じ議院内閣制に分類される国の中でも，首相のリーダーシップには強弱がある。オランダやベルギーでは，伝統的に首相のリーダーシップが弱い。その理由の1つとして，両国では議会の選挙に比例代表制を採用していることが考えられる。オランダの両議院は比例代表制で選出されると憲法で規定されており（オランダ王国基本法53条1項），下院（150議席）は全国1区の比例代表制で国民による直接選挙，上院（75議席）は州議会議員による間接選挙で選出される。ベルギーの下院（150議席）は，憲法上，フランス語圏とオランダ語圏に選挙区を分けて，比例代表制により選挙することとされている（ベルギー憲法43条1項・62条。選挙区は11ある。なお，上院は，全60議席のうち50議席が州・市町村の議会による間接選挙で，10議

席は上院議員により選出される）。比例代表制をとることによって，多くの政党が議員を出すことになり，執政部は連立政権が必至となる。このように比例代表制をとる背景には，両国が多様な宗教や言語をもつ人々からなるという事情がある。オランダでは，伝統的にカトリック，プロテスタント（カルヴァン派），そして19世紀末からは社会主義の勢力が，それぞれ独自に政党や学校，農民団体や労働組合，新聞社などを組織して，人々を束ねてきた。ベルギーでは古くからのカトリックとプロテスタントとの対立に，保守派と労働者階級との対立が加わり，さらに第二次大戦後にはオランダ語地域とフランス語地域の対立が激しくなって，言語地域により分ける連邦制が導入された経緯がある。多党制ゆえ比例代表制となったともいえるし，比例代表制が多党制を促進したともいえそうである（オランダ・ベルギーの事情については，馬場康雄＝平島健司編『ヨーロッパ政治ハンドブック〔第2版〕』〔東京大学出版会・2010〕などを参照）。

　オランダ生まれの政治学者であるレイプハルトは，小選挙区制をとり二大政党制となっているイギリスをモデル化した多数決型民主主義（ウエストミンスター型）民主主義と，比例代表制をとり多党制となっているオランダやベルギーをモデル化した多極共存型（コンセンサス型）民主主義とを対比させる分析を提示した（☞ **BOOK GUIDE**）。このモデルは，裁判所との関係や国・地方関係なども要素に入れ，また対象国に大統領制の国も加える包括的なものであるが，議会や政党システムと執政のリーダーシップのあり方との関係に絞ってみても，興味深い。

## 3. 首相の「大統領制化」

　近年，多数決型民主主義の国であるイギリスに限らず，多くの議院内閣制の国で，首相のリーダーシップが強まっているとの指摘が政治学でなされている。有名なのは，ポグントケとウェブによる

「首相の大統領制化」という分析である（☞BOOK GUIDE）。そこでは，①執政における首相の権力資源（他の者を自分の判断に従わせるための材料）と自律性（他の者から邪魔されずに決められるということ），②政党における党首（＝首相）の権力資源と自律性，③選挙過程の個人化，という3つの要素に着目する。①②は，首相（党首）の権力資源・自律性が増大すればそれだけリーダーシップのあり方は大統領に近づき，③は，選挙の際に党首に「選挙の顔」として注目が集まる結果，選挙に勝利すれば，党首＝首相は，国民がみずからを選んだのだとして，与党議員に対して優位に立つことができる結果，リーダーシップのあり方が大統領に近づくという理解である。

　ドイツは，中道右派のキリスト教民主同盟・キリスト教社会同盟（バイエルンを拠点とする）と中道左派の社会民主党という二大政党に，緑の党や自由民主党という政党が加わり，必要に応じ連立政権を作る緩やかな多党制の国であるが，①もともと首相は基本方針決定権限（ドイツ連邦共和国基本法65条）をもち，また大きな首相府により補佐されている。連邦制のもと州（その代表の集まりである連邦参議院）との調整事項が増える中で，逆に連邦と州との調整役として首相は内閣や与党から自律して行動するようになり，EU等での外交の拡大も伴って，その存在感が高まっている。また，②選挙運動の中心が政党本部から離れて党指導者とその周囲に移っている。社会民主党では党首選挙を党員投票で行うようになっており，キリスト教民主同盟でもメルケル前首相が党首となったのは党員集会での発言や支持がきっかけとなったことが指摘される。③早い時期から二大政党は党首を首相候補者としてアピールして議会選挙を戦い，またメディアも首相候補者個人に光を当てた報道をしてきている。

　ベルギーやオランダでも，①首脳会談など外交の増加，閣内会議・二者間会議による意思決定の増加，首相補佐機構の拡大により，執政内部における首相の権力・自律性が高まっている。②政党との

関係では，党の政策形成や議員候補者選定の党指導者への集権化が進み，党員による党指導者の直接選挙が導入されたことで党指導者の正統性も強化されている。③政党は選挙運動で首相候補の資質や能力を強調し，メディアも首相候補に焦点を当てるようになっている。こうして，両国でも，「大統領制化」が一定程度進んできているという。

「大統領制化」という分析には，法制度それ自体は議院内閣制であること，また分析の根拠が客観的な数値等で測りづらいものであることに注意が必要であるが，現実の政治においては執政部，とりわけ大統領・首相に注目が集まっているのではないかという感覚に合致していることもたしかである。リーダーシップの強弱の議論には政党のあり方など法制度の外の要素が加わるが，選挙制度や政党助成制度など憲法を構成する法制度と無関係というわけでもない。憲法論の一部といってよいだろう。

---

**COLUMN　議会の解散**

　議院内閣制において，執政と議会との関係を考える際に注目されてきたのは議会の解散権である。イギリスでは，昔から国王（実質的には首相）に下院の解散権があり，その行使に制限がなかった。このことから，自由に行使しうる解散権が，権力分立の観点からは，執政が議会を牽制するための手段として，民主主義を加味した観点からは，執政と議会との対立を国民（有権者団）によって解決するための手段として，重要であるとの議論があった。他方，解散権の行使を無制約に認めると，執政は自己の党派に都合のよい時期を選んで議会（下院）の解散を行うおそれもある（なお，コモンウェルスの一国であるカナダでは，現に議会の任期満了前でないのに政府の判断による解散が頻繁に行われている）。イギリスでは，2011 年議会任期固定法により，解散は，任期満了に伴う自動解散のほかは，下院が 3 分の 2 以上の多数決で総選挙実施を可決したときか，下院が内閣不信任決議を可決した後 14 日以内になんらかの信任決議を可決しないときに限られることとなった。こ

のことを捉え，イギリスで議院内閣制のあり方は大きな変容をこうむったとの評価も出される。

　しかし，イギリスでは，もともと解散は議会任期の4～5年目に行われるのが通例であり，その背後には，与党が自己に有利な時期に解散を行うのは不公平であるとの考えがあったといわれる。また，フランスでも大統領のもつ下院解散権には，総選挙後1年以内と非常事態中の解散ができないという制限があるものの（仏憲12条4項・16条5項），第5共和制下で解散権が行使されたのは5回だけで，1997年以来，行使されていない。イタリアでも，大統領の解散権（両院または一院を解散できる）には，大統領の任期の最後6か月間は解散できないという制限があり（ただし立法期＝議会の任期の最後6か月と重複するときは解散できる。イタリア共和国憲法88条2項），1948年から2017年まで17回の解散があるが，多くは議会の5年の任期満了が近づいての解散で，残りも政府信任案が否決されたり少数与党で政権運営が行き詰まったりしての解散となっている（高澤美有紀「主要国議会の解散制度」調査と情報923号〔2016〕）。

## BOOK GUIDE

□ T. ポグントケ＝P. ウェブ編（岩崎正洋監訳）『民主政治はなぜ「大統領制化」するのか──現代民主主義国家の比較研究』（ミネルヴァ書房・2014）

□アレンド・レイプハルト（粕谷祐子＝菊池啓一訳）『民主主義対民主主義〔原著第2版〕──多数決型とコンセンサス型の36カ国比較研究』（勁草書房・2014）

［上田健介］

**CHAPTER 8**

# 裁判の中の外国法

## INTRODUCTION

　グローバル化が法学に対しても多くの課題を提起することは，近時ますます注目されるようになっている。その影響は，各国の国内裁判所にも当然に及んでいる。本章では，特に国内裁判所による外国法の参照に注目してみたい。

　その一例として，日本の最高裁が 2008 年に下した国籍法違憲判決（最大判平成 20・6・4）を挙げることができる。同判決は，準正を届出による日本国籍取得の要件としていた国籍法 3 条 1 項を，憲法 14 条 1 項に反すると認める重要な判断を示した。本章が注目したいのは，その理由づけであるが，以下に抜粋したように「国際的な社会的環境」の変化に言及されている。もう一歩踏み込んで具体的に言及された事情をみると，日本が批准した条約の規定を別とすれば，外国法の一般的動向や改正例など，日本の国内法秩序には位置づけを与えられない事情であった。ここにみられるような外国法の参照が，本章の主題ということになる。

　日本の最高裁は，外国法の参照に対して，伝統的には消極的な姿勢を示していたので，国籍法違憲判決は，転換の可能性を示すものとして注目された。その後，本当に消極姿勢が転換したのか，外国法が参照されるならば一貫性のある方法論的基礎が必要なのではないか，といったポイントについて，議論は継続中である。

　こうした外国法の参照は，各国の裁判所でも行われており，グローバル化の風を受けて，実務的にも学問的にも関心が高まっている。対応は国ごとに一様でなく，結果として，各国の裁判制度の特徴をよく映す論点になっているように思われる。

＊

　「……諸外国においては，非嫡出子に対する法的な差別的取扱いを解消する方向にあることがうかがわれ，我が国が批准した市民的及び政治的権利に関する国際規約及び児童の権利に関する条約にも，児童が出生によっていかなる差別も受けないとする趣旨の規定が存する。さらに，国籍法 3 条 1 項の規定が設けられた後，自国民である父の非嫡出子について準正を国籍取得の要件としていた多くの国において，今日までに，認知等により自国民との父子関係の成立が認められた場合にはそれだけで自国籍の取得を認める旨の法改正が行われている。

　以上のような我が国を取り巻く国内的，国際的な社会的環境等の変化に照らしてみると，準正を出生後における届出による日本国籍取得の要件としておくことについて，前記の立法目的との間に合理的関連性を見いだすことがもはや難しくなっているというべきである。」（最大判平成 20・6・4 より抜粋）

**KEYWORDS**　国内裁判所による外国法参照　グローバル化　司法審査の正統性

## I.「外国法」の「参照」とはなにか

　本章では，比較対象としてアメリカ連邦最高裁とカナダ最高裁とを取り上げる。国際比較における一般的評価でいえば，前者は外国法参照に消極的な裁判所の代表とされ，後者は逆に積極的な外国法参照を通じて国際的プレゼンスを高めている裁判所として称賛を受けている。それぞれの外国法参照の実態と対照することで，日本の最高裁の場合について議論すべき課題を明確化できよう。

　本格的な検討に進む前に，本章の主題である国内裁判所における外国法の参照について，その意義を明確化しておきたい。まず，「外国法」とは，基本的に他国の実定法を指し，判例を含む。それが参照国の法秩序において法的拘束力を認められない場合に，なお自発的に判決等の理由づけ中で明示的に言及される場合を，広く「参照」として捉える（したがって，渉外事件について管轄権を有する国内裁判所が，自国の牴触法ルールからの要請に従い，準拠法とされた外国法を適用するような場合は，本章の射程外である）。また，国際法については，しばしば外国法と一括りに国内裁判所による参照が論じられるが，本章の検討対象には原則として含めない（このような限定に対する例外につき☞ II.1., III.2.(1)）。

## II. アメリカにおける，裁判所の外国法参照に対する反発

### 1. 一般的傾向の概観

　アメリカについて興味深いポイントは，裁判所による外国法参照の正統性に対して，強い反発がみられることである。そうした反発は，世紀転換期から 2005 年前後をピークとして噴出した。しかし，外国法参照という実践自体は，この時期まで行われていなかったわけではない。Simon の研究（The Supreme Court's Use of Foreign Law in Constitutional Rights Cases, 1 *J.L. & Cts.* 279 (2013)）によれば，建国期

から 2012 年までの約 225 年の間に，合衆国憲法上の権利が争点と
なった事件で外国法を参照した連邦最高裁の多数意見の数は，63
件である。参照例が現れるペースは 1870 年代以降長期にわたって
かなり安定しており，10 年ごとにみたとき，1960 年代が 11 件でや
や突出しているが，それ以外は 2 〜 6 件で推移している（なお，こ
れらの数字には，イギリス法の参照は含まれていない。アメリカ法にとっ
てのルーツとして，外国法とは評価しないという判断である）。

## 2. Roper 判決

このように，裁判所による外国法の参照は，たしかに広汎に行わ
れてきたとまでは言えないものの，持続的に例がみられた実践であ
る。それが 21 世紀を迎えるタイミングで，急に論争の的になった
のは，一体なぜか。その消息を知るために，一連の論争のクライ
マックスとも言うべき 2005 年の連邦最高裁判決，Roper v.
Simmons を検討してみよう。

事案は，18 歳未満の少年に対する死刑が合衆国憲法第 8 修正の
禁じる「残虐で異常な刑罰」に当たるかが問題になったものであっ
た。法廷意見はこれを肯定する判断，つまり違憲判断を示すのであ
るが，その判断過程で外国法が参照される。

ここで，多少の迂回になるが，法廷意見の判断枠組を確認してお
くことが，有益であろう。①判例上，第 8 修正の「異常で残虐な刑
罰」該当性は，「成熟した社会の進歩を示す品性という発展する基
準」を参照して判断されるべきだとされてきた。②その際，もう一
段具体的には，まず州立法を中心に，全国的なコンセンサスの客観
的な現れが探られる。③論争的なのは次のステップで，やはり「発
展する基準」を探る第二段として，裁判所自身の判断が組み入れら
れるべきかという問題があり，Roper 判決法廷意見はこれを肯定的
に解している。④この枠組に従って，少年に対する死刑が不均衡な

刑罰として違憲であるという判断に至ったその後で，「確認」とし
て，国際的な動向が援用される。外国法の参照が行われるのも，こ
の段階である。

外国法参照に対して激しい攻撃を浴びせた Scalia 裁判官執筆の
反対意見は，以上すべての点に対し批判的であった。特に，③と④
に対する批判が，裁判官の恣意の混入を警戒する点で連続的である
ことは，重要である。すなわち，Scalia 反対意見が外国法参照を攻
撃するのは，それを通じた裁判官の「主観的見解」の混入を警戒す
るからである。

Roper 判決が下された 2005 年の前後には，政治過程を含む裁判
所外で，裁判所による外国法参照に対する反対が盛んとなった。そ
の結果でもあろうか，以後，連邦最高裁による外国法参照は極めて
低調である。Roper 判決 Scalia 反対意見にはナショナリズムを刺激
するような説示も散見され，そうした側面からの情緒的アピールも，
反対キャンペーンには寄与したと思われる。しかし，Scalia 反対意
見には，方法論的にも無視できない指摘を含んだ，理詰めの批判の
側面もある。比較憲法学は，後者にこそ注目すべきであろう。

## III. カナダにおける外国判例の積極的参照

### 1. 1982 年憲章とカナダの違憲審査制

現在，カナダにおける憲法上の権利の保障を考える上で，最重要
の成文法規は，1982 年に制定された，「権利及び自由の憲章」であ
る（☞ COLUMN）。カナダ最高裁判所は，1875 年まで遡る歴史を有す
る機関であるが，その違憲審査機関としての役割は，憲章制定後大
きく変容した。

カナダの違憲審査制は，勧告的意見制度があるなど抽象的審査制
を部分的に採用しているものの，基本設計は付随的審査制である
（☞ CHAP. 22）。その枠内で，カナダ最高裁は，憲章制定後，先行する

アメリカ型からは十分に差異化された，特徴ある違憲審査を発展させてきた。その形成過程では，憲章のいくつかの規定も重要な意味をもった（1条〔制限条項〕・33条〔オーバーライド条項〕）。本章の主題に照らして特に注目すべきは，次のように定める憲章1条である。「カナダの権利及び自由の憲章がその中で保障する権利及び自由は，法によって定められた，自由で民主的な社会において正当化されるものと証明されうるような合理的な制限にのみ服する」（訳は，松井茂記『カナダの憲法——多文化主義の国のかたち』〔岩波書店・2012〕331頁に従った）。

この1条のポイントは2つあり，第1に，「自由で民主的な社会」という文言が，比較を予定した規定ぶりであって，裁判所による外国法参照を促しているという指摘がある。第2に，1条が憲章上の権利について一般的に制約の余地を認めるものと解されることから，憲章上の権利の解釈論の大部分が，判例上，権利の内容と権利侵害の正当化という二段階に整序されることになった（*R. v. Oakes*〔1986年〕）。外国法参照は，この両段階にわたって行われていることが確認できるが，具体的な参照の目的は，この権利論の基本枠組によって規定されている。

## 2. カナダ最高裁における外国判例参照の実態

### (1) 一般的傾向の概観

カナダ最高裁は，外国法の参照に比較的に積極的であるから，日米と比べて素材も豊富である。そこでカナダ最高裁については，外国法の中でも特に外国判例への言及に絞って，検討する。後に **(2)** でみるように，カナダ最高裁の外国判例参照は，方法論的に参考になる点が少なくないと思われる。

Gentili と Mak が2017年の研究（The Supreme Court of Canada's Transnational Judicial Communication on Human Rights (1982-2014), *in*

Amrei Müller ed., *Judicial Dialogue and Human Rights* (Cambridge University Press 2017) 114, 125 tbl.4.1）で示したデータによれば，カナダ最高裁が 2014 年に出した判決及び勧告的意見の総数は 78 件で，うち憲法事件は 31 件，憲法事件で外国判例への言及を伴うものは 13 件であった。最後の項目についてのみ 2005 年からの 10 年間の推移をみておくと，概ね 10 件前後で推移しているが，最少は 2006 年の 3 件で，2014 年の 13 件は最多の数字となっている。

　これらの数字を読む上では，次の点に注意を要する。第 1 に，連邦問題を中心に統治機構の問題が争点となった事件を含む。第 2 に，多数意見のみならず個別意見を含む。第 3 に，特にイギリス判例について，概ね 20 世紀前半までの判例は，外国判例として評価していない場合がある。かつてはカナダ裁判所から枢密院司法委員会（☞用語解説③）への上訴が認められており，その時期にイギリス裁判所が示した判例は，カナダ裁判所にとって外国判例と言い難いからである。第 4 に，カナダが加入していない地域条約体制下の裁判所（欧州人権裁判所，欧州司法裁判所，米州人権裁判所）の判例を含む。

　**II.** で確認したアメリカ連邦最高裁の場合のデータと比べると，いくつか条件が異なるから単純比較はできないものの，カナダ最高裁の外国法参照に対する積極性は十分に看取されよう。実際，アメリカの場合にみられたような反発は，カナダでは聞かれず，外国法参照の正統性それ自体は疑問視されていない。

　ただし，その積極性がグローバル化に棹差すものであるかどうかは，なお慎重に見極める必要がある。というのも，タイムスパンを広げてみると，カナダ最高裁による外国判例の参照は，1980 年代に顕著に増加して 1990 年代初めにピークに達し，世紀転換期以後はむしろ緩やかな減少基調にある。グローバル化の拡大とともに一貫して単純に増加しているというわけではないのである。

　このような推移に対する有力な説明としては，1982 年の憲章制

定後の「揺籃期（formative period）」に注目する議論がある。憲章制定という大規模な憲法変動を受けて，とりわけ，法律にも優位する権利規定の解釈という重荷を，カナダ最高裁は史上初めて抱え込んだ。そこで依拠し得る先例を自らは持たないカナダ最高裁が，揺籃期の必要に従って盛んに外国判例を参照した，という説明である。そうだとすると，自国で判例が蓄積するに従って外国判例を参照する必要性は低下していくはずであるところ，実際にカナダ最高裁による外国判例参照が近時は減少しているのは，この予想と合致するということになる。

　憲章制定から 40 年近くを経て，カナダの憲法判例は，既に相当の蓄積を達成している。揺籃期を脱してなお，カナダ最高裁が外国判例参照に対して積極姿勢を採り続けるどうかは，実は現時点でも浮動的であって，今後の動向を注視して判断されるべき事柄であるように思われる。

　そうした留保を付した上で，グローバル化との関係で注目されるポイントとしては，カナダ最高裁は，既に国外から，比較法活用の旗手として広く認知されていることを指摘できる。それを梃子に，裁判所のネットワークの中で判例の「輸出国」としての地位を獲得したことにより，カナダ最高裁の役割は，いわば外向きに，新たな局面へと展開していく可能性がある。カナダ最高裁が示す外国判例への開放的な態度は，部分的に，他国の裁判所がカナダ判例を引用する呼び水となるようにという戦略的な意味を帯びているとの指摘もあり，将来的には，カナダ判例の側が参照される例をも，併せて検討対象に含める必要が出てくるであろう。

**(2)　外国判例参照の実態──アメリカ判例の参照を例として**

　カナダ最高裁が憲章上の権利を解釈する際，アメリカ判例の存在感は，量的にも質的にも非常に大きい。そうなる背景として，まずアメリカ司法が，司法審査を通じた権利保障の蓄積において，世界

でも群を抜いた厚さを有しているという一般的要因は重要である。ただ，特にカナダとの関係では，憲章が，起草過程において既に，隣国アメリカにおける司法審査，権利保障を強く意識して設計されたという経緯をも，押さえておくべきであろう。

しかし，アメリカ判例への開放性は，直ちにアメリカ法への追従を意味するわけでは，決してない。カナダ最高裁の場合に顕著なのはむしろ，アメリカ判例を参照しながら，その結論には従わないという傾向である。一般に，外国法を参照しながらその解決に従わないというのは，単純に追従するよりも，複合的な装備を必要とする営みであると思われる。カナダ最高裁は，アメリカ判例とは異なる途を探る際，具体的にはどのような理路を辿ってきたのであろうか。

第1に，アメリカ判例を，異なる解決を採る他国の判例法理と比較して検討し，後者を選び取るという手法がある。アメリカ以外ではコモンウェルス諸国の判例の参照が多い。その中で，欧州人権裁判所の判例への言及数が米英豪に次ぐ回数を数え，ニュージーランドよりも多いことは，注目される。欧州司法裁判所判例と併せて，ヨーロッパ法は一定の影響力があることが看取できる。

第2に，アメリカ法と一口に言っても，その法実践内部に，判例法理に対する異論が豊富に含まれているのを，カナダ最高裁は巧みに活用することがある。一般に，アメリカ判例の参照が，連邦最高裁に限られず，連邦控訴裁，連邦地裁，州裁判所まで幅広く検討される点も，カナダの場合の1つの特徴である。また，アメリカの学説で連邦最高裁の判例法理に対して批判的な議論を，カナダ最高裁が援用することも多い。

第3に，おそらくは最も正攻法のアプローチとして，カナダ法，あるいは社会の特徴を挙げて区別を行う例がみられる。

要するに，カナダ最高裁によるアメリカ判例の参照は，実質に踏み込んだ相当に成熟した水準で行われている。こうした方法論的な

装備があるから，外国法参照それ自体を拒絶しなくても自国の法の独立性を保てると考えられている，といった連関も想定できるかもしれない。

ただし，ここでも全体像を見失わないように注意が必要である。カナダ最高裁における引用について包括的な研究を行ったMcCormickによれば，判例の参照が理由づけに踏み込んだ実質的議論まで伴うのは，全体の4分の1程度の少数に止まる。大部分を占めるのは，判例を単独で，あるいは複数をリストとして，単に列挙するというスタイルであり，この簡素な手法は，時に方法論的に不当な選別を疑わせる（American Citations and the McLachlin Court: An Empirical Study, 47 *Osgoode HALL L.J.* 83, 124, 127 (2009)）。カナダ最高裁の外国判例参照が洗練された水準にあるのは確かであるが，それでも，Scalia的な裁判官の恣意への懸念が完全に解消されるというわけではないのである。

## Ⅳ. 日本法への示唆

最後に，日本法への示唆として重要と思われる若干の点をまとめて，本章を終える。第1に，外国法の参照が憲法事件において行われる場合，それは違憲審査の性格理解とも連関し得る拡がりをもった論点であることが，特にカナダの例から確認できた（☞ Ⅲ.1.)。第2に，裁判所による外国法参照に対してあり得る批判は，正統性論と方法論との2つのレベルに整理できるところ，前者が単体でもち得る意義は限定的である（☞ Ⅱ.2., Ⅲ.2.)。第3に，それ故に一層重要となる方法論レベルでは，外国法の多様性を前に，裁判官の恣意の制約という課題が，完全には解消されることのない困難として付き纏う（☞ Ⅱ.2., Ⅲ.2.(2))。日本の法実践における方法論的装備はおそらく不十分であり，目下緊要の検討事項はこれであろう。第4に，本章で扱った米加の裁判所における議論を日本の場合と対照して，

最も印象づけられるのは，対象が外国法であろうが，判断形成に際して検討された以上はそのことが明示的に表明される，その頻度の高さである。そうした実践を支えているのは，強固な説明責任の観念であると窺われる。これが裁判制度に普遍的な要請と言えるか，対抗価値は想定できないか等々，本章がもはや詰めることのできない論点は多いけれども，日本の裁判所も説明責任と無縁ではいられないことは，最低限確実である（藤田宙靖『最高裁回想録——学者判事の七年半』〔有斐閣・2012〕5頁）。比較法的考察から学ぶべき点は，少なくないように思われる。

---

**COLUMN　カナダ 1982 年憲章の前史**

---

　カナダ 1982 年憲章は，形式的には，イギリスの議会制定法である 1982 年カナダ法の別表 B に掲げられた，1982 年憲法法律の第 1 編という，入り組んだ位置づけをもつ。そこから窺われるように，憲章が制定された脈絡は単純でなく，多角的な検討が必要である。しかし，権利保障に焦点を絞れば，先行する 1960 年権利章典が必ずしも実効的に権利保護を果たさなかったことへの対応であった。権利章典は，法律は基本的権利を侵害しないように解釈適用されるべき旨を定めるもので，それ自体も連邦議会が制定した通常法律であった。限界として，州法には影響が及ばないこと，憲法レベルの保障でないため議会権限を必ずしも制限し得ないことなどが，指摘された。憲章は，これら限界に対処し，権利保障の実効化に繋げたものである。他方，比較憲法的には，権利章典と類似の通常法律レベルの保障であっても，より実効的な権利保護が実現した場合もあり，ニュージーランドの 1990 年権利章典法律の例が知られている。

用語解説

③**枢密院司法委員会**：イギリス枢密院の委員会で，伝統的に海外領土から持ち込まれる上訴を審理してきた。1931 年以降，コモンウェルス諸国には枢密院司法委員会への上訴を禁じることが認められており，現在ではその権能は減殺されている。

## BOOK GUIDE

□山本龍彦「憲法訴訟における外国法参照の作法──外国法の『普段づかい』？」小谷順子ほか編『現代アメリカの司法と憲法──理論的対話の試み』（尚学社・2013）316 頁以下

□山元一「グローバル化世界と人権法源論の展開」同上書 344 頁以下

□手塚崇聡「外国法および外国判例の『参照』」同『司法権の国際化と憲法解釈──「参照」を支える理論とその限界』（法律文化社・2018）230 頁以下

□「〈小特集〉『裁判官対話』の理論と実際」法律時報 89 巻 2 号（2017）55 頁以下

□ Giuseppe Franco Ferrari ed., *Judicial Cosmopolitanism: The Use of Foreign Law in Contemporary Constitutional Systems* (Brill, 2019)

［岡野誠樹］

**CHAPTER 9**

# 財 政

**INTRODUCTION**

アメリカの 2017 年度大統領予算（いわゆる予算教書）（AFP = 時事）

　憲法の学習上，財政は手薄になりがちである。けれども，予算制度のあり方は各国の政治制度の特徴をよく示している。予算の制定過程に着目しながら，その違いを見比べてみよう。予算の法的性質や修正権といった古典的な論点だけでなく，財政赤字の対応など，幾つものヒントが見えるはずである。

**KEYWORDS** 　議会の予算権　憲法附属法　予算　予算循環　財政規律

# I. 予算過程と憲法

## 1. 過程としての予算

　予算（Budget）とは1年間の国等の収支の見積りを意味する。これは，日本の国会が議決する「一般会計予算」のような文書やそれに示されるような会計年度（fiscal year）当初の見積りを指すこともあるが，より広く国の収入や支出の流れを把握し管理し統制するための制度を指すこともある。このような観点からは，予算は「収入・支出の事前の見積もり」→「事前の見積もりの議会による承認ないし決定」→「政府による執行」→「会計・決算」という一連の過程で構成されるものと理解される。このような一連の過程は予算過程（budget process）や予算循環（budget cycle）などと呼ばれる。日本国憲法も内閣による予算の編成（73条5号・86条），国会における審議・議決（60条・86条），会計検査と決算（90条）について定め，予算過程を意識したものとなっている。

## 2. 附属法の重要性

　もっとも憲法が予算循環を詳細に定めることは稀である。これを埋め合わせるのが，憲法附属法や通常の法律，各種の慣行である。憲法附属法（loi organique）という特別の法形式を用意しているフランス第5共和制憲法は，国の歳入と歳出を定める財政法律（loi de finances）の制定について附属法によって規律することとしている（34条4項以下・47条以下）。その最も基本的なものが2001年に制定されたLOLF（loi organique relative aux lois de finances〔財政法律に関する附属法律〕）である。

　このような特別の形式が予定されていない国の憲法においても，詳細を法律によって定めるよう指示しているものは少なくない（例えばドイツ連邦共和国基本法109条以下）。また憲法上明示の規定がな

くてもそれに相当する法律が用意されていることも多い。例えば，アメリカ合衆国憲法は租税の賦課徴収（1条8節1項。Taxing and Spending Clause と呼ばれる）や借入れ（同節2項），支出授権（同条9節7項。Appropriation Clause と呼ばれる）を議会の権限としているが，その他の事項は議会の制定した法律によって規定されている。日本にも財政法といった通常の法律がある。また，EU加盟国は条約によって，財政規律と財政政策の協調を求められており，このような国では条約も重要な法源となる。

　以下では，この予算過程のうち予算の編成と審議・議決の段階について，日本で参照されることの多いドイツとアメリカを見てみよう。

## II. ドイツの予算制度

### 1. 財政連邦主義と財政憲法

　ドイツの憲法典たる連邦共和国基本法は他の国の憲法典と比べて財政事項について詳細な規定をもつ。これらの規定は関連法なども含めて「財政憲法（Finanzverfassung）」と総称されるが，このような詳細な規定をもつ理由は，ドイツが連邦国家であり，財政面でも連邦と州や州間の関係を定める必要がある（財政連邦主義）と考えられているからである。基本法は，連邦と各州がそれぞれ財政上独立であることを保障した上で（109条1項），連邦と州の行政経費の負担（104a条），連邦から州や市町村への財政援助（104b条以下），租税立法権限と租税収入の分配（105条以下），州間の財政調整（107条）などを定めている。

　もっとも，このような連邦と州との相互の独立性は経済政策や公債政策など一致した行動が要請される場面では足枷となりうる。そこで基本法は連邦と州とが共通して守らなければならない財政運営上のルールも定めている。基本法は109条2項で連邦と州とが共同

して，経済全体の均衡を考慮しながら，EU の定める財政運営ルールを遵守することとしている。また，同 3 項で連邦・州にまたがる起債制限ルールを設け，連邦と州の財政運営を監視する機関として安定化評議会（Stabilitätsrat）を設置することとしている。さらに連邦と州にまたがる予算や経済運営の基本的な原則を連邦の法律で制定できるようにしており（109 条 4 項），これに基づいて予算原則法（Haushaltsgrundsätzegesetz〔HGrG〕）や経済安定成長促進化法（Gesetz zur Förderung der Stabilität und des Wachstums der Wirtschaft〔StWG〕）などが制定され重要な法源となっている。

### 2. 予算憲法と議会の予算権

基本法はこのような財政連邦主義とならんで，110 条以下で連邦の予算制度を定めている。これらはしばしば「予算憲法（Haushaltsverfassung）」と総称される。

予算憲法が保障する議会の権限は「議会の予算権」（Budgetrecht のほか，Etatrecht や Haushaltsrecht の語も用いられる）と呼ばれ，議会の権限の中でも最も重要な「王たる権限（Königsrecht）」とされている。とはいえ，基本法は議会の権限を制限している部分もある。また，財政学やマクロ経済学の成果を踏まえて，いわゆる古典的予算原則を踏まえた規定や景気循環に対応する形で起債をコントロールする規定も取り入れている。政府と議会との間で権限を分配した上で，相互の関係を定めるとともに，予算の適切性を確保しようとしているのである。

なお，連邦の予算についても予算原則法や経済安定成長促進化法の適用があるほか，連邦の予算の原則を定めたものとして連邦予算法（Bundeshaushaltsordnung〔BHO〕）が定められている。

### 3. 予算計画と予算法律

　ドイツは伝統的に政府が予算を取りまとめた予算表 (Haushaltsplan) を作成し，それを受けて議会が1つの予算法律 (Haushaltsgesetz) として制定するという方式が採られ，基本法もこの方式を踏襲している (110条2項)。

　この予算法律には予算表を確定する規定のほか，起債授権や支出授権などに関する規定が含まれる。もっとも，ドイツは伝統的に租税について永年主義を採用しており，課税は予算法律とは別の法律に基づいて行われている。したがって，予算法律によって課税権限の授権がなされるわけではない。基本法110条4項は予算に関連しない規定を盛り込むことを禁じ (抱き合わせ禁止 〔Bepackungsverbot〕)，権限授権と支出授権等が混じり合うことを防いでいる。予算法律による授権は原則として各年度ごとに与えられなければならない (毎年性 〔Jährlichkeit〕の原則) が，複数年にまたがる授権も禁じられているわけではない (同条2項)。また，同1項は，予算表には連邦の全ての収入と支出を計上し (完全性 〔Vollständigkeit〕の原則)，収入と支出が均衡するように予算表を作成することを求めている (均衡 〔Haushaltsausgleich〕の原則)。これらの規定は財政学でいう古典的予算原則を踏まえたものといえる。

　政府は予算法律案の提出権を独占している。予算案の作成は，①各省庁の大臣の合意を得つつ重点ポイントが閣議決定され，②それを踏まえて策定された基準に基づいて各省庁から予算要求がなされ，③それらが財務省で取りまとめられて予算法律案が作成され，④閣議決定されるという順序でなされる。ドイツの会計年度は暦年 (1月始まり) となっており，予算法律案の提出は毎年8月である。これらの作業と合わせて次年度の税収予測や年次経済報告，中期の税収予測，経済見通しも作成され，参考にされているほか，むこう5年間の財政計画 (Finanzplan) も作成されている。

予算法律案は通常の法律と同様の法律であり，連邦議会が議決する（基本法77条1項1文）。ただし予算法律には連邦参議院の同意が必要な事項も盛り込まれることから，連邦参議院の同意が必要となる。また，連邦参議院は，連邦議会の議決を受け取った後，両院合同委員会の開催を求めることができる（同条2項）。もっとも，同76条は通常の法律につき連邦参議院に先に送付し立場表明の機会を与えているところ，同110条3項は予算法律案は連邦参議院に送付されると同時に連邦議会にも提案されることとしており，連邦議会が並行審議できるようにしている。

基本法113条は予算法律案が審議過程で修正されることも想定している。もっとも，支出の増加や収入の減少をもたらすような改正は政府の同意がなくてはならず，また政府は連邦議会がこのような修正を行おうとする場合には中止を要求することができる。

予算法律が連邦議会で可決されると大統領の署名がなされ公布される。もっとも予算法律は政府内部にしか効力がないとされており，それに基づいて国民の権利や義務が左右されることはない。

さらに基本法は予算法律が可決されないことも想定している。このような場合の規定がなかったプロイセン憲法のもとで憲法争議（Verfassungskonflikt）が起こったことは有名だが，基本法はこれに対処して，法律上の義務を果たすための費用等の支出を認めるほか，収入が不足する場合には臨時の起債を認めている（111条）。

### 4. 債務ブレーキ

現在のドイツは公債発行によらない財政運営に強いこだわりを持つ国の1つである。もっとも，公債の発行が認められてこなかったわけではない。ドイツでは伝統的に憲法上，特定の目的に限って議会の承認のもと公債の発行ができる旨が定められており，現在の基本法が制定された当初も同様の規定が置かれていた（115条）。その

後，1967年と69年に行われた改革の結果，115条が改正され，投資的経費についてのみ起債を認める規定に改められた。さらに2009年からは構造的な財政赤字（structural deficit〔英〕）を一定の範囲にとどめ，景気循環に応じて債務上限を設定することを基本とする債務ブレーキ条項（Schuldenbremse）に改められている（基本法109条3項・115条2項）。ドイツはEU加盟国としてEU条約上の財政健全化義務を負うが，これらの規定によって条約上の義務に対応しようとしているのである。

## III. アメリカの予算制度

### 1. 大統領制

　イギリスのほかウェストミンスター型の議院内閣制を採用する国は，国の予算全体を把握する財務大臣が提案する課税や支出を個別に議会が法律で承認するのが基本的なあり方である（「国王が提案し，下院が承認し，上院が同意する」）。また，イギリスの場合，ドイツと違って，予算は財務大臣の財政演説とそれに伴う報告書で示されるが，それ自体は1つの法律案として扱われるわけではない。そして，「代表なくして課税なし」（No Taxation, Without Representation）のスローガンを掲げて独立を果たしたアメリカも，このようなイギリスの影響を受けている。

　けれども，アメリカ合衆国憲法の最大の特徴は，議院内閣制を採用するイギリスと異なって，執行府と議会とを厳格に分離する大統領制を採用した点にある。したがってアメリカでは，大統領ないし政府長官が議会に租税の賦課徴収や支出に関連する法案を提出できない。

　一方，合衆国憲法は法律案に対する大統領の拒否権（veto）を認めている（1条7節2項・3項）。これは租税の賦課徴収や支出等の法律案にも適用される。議会は，長年，大統領の望むような支出等と

抱き合わせて１つの法律案とすることでこの大統領拒否権を回避してきた。このような議会の行動は利益誘導を助長しかねず，大統領はしばしば議会に対して，法案の一部だけを拒否する権限（line-item veto）を認めるよう訴えてきた（州の憲法では州知事にこのような一部拒否権を認めるものも少なくない）。クリントン政権下の 1996 年に議会はついにこれに応えて一部拒否権を認める法律を制定したが，1998 年に最高裁判所はこれを憲法１条７節２項に反すると判断した（クリントン対ニューヨーク市事件）。この問題は現在に至るまで議論され続けている。

### 2. 権限授権と支出授権

　もう１つ，アメリカの予算制度の前提として知っておきたいのは，権限授権法（Authorization Act）と支出授権法（Appropriation Act）の区別である。前者は一定の局（agency）や政策プログラムを設けることを授権する法律であり，後者は国庫から資金を引き出すことを授権する法律である。両者の区別はイギリスの伝統を引き継いだものと言われるが，通常，先に権限授権が行われ，それを受けて支出授権が行われるという関係にある（authorization - appropriation process）。ところが，権限授権法において支出授権が行われたり，あるいは支出授権法によって権限授権がなされたりすることがある。この場合には前法・後法関係によって処理されると言われている。

### 3. 大統領予算と議会による予算の制定

　アメリカ合衆国憲法は，イギリスと同じく，政府全体の予算を一体的に議会で審議する方式を採用していない。けれどもこれでは行政需要の拡大に伴って政府の予算も複雑になる。そこでまず，1921 年予算会計法（Budget and Accounting Act of 1921）で政府全体の予算を取りまとめる予算局（後に行政管理予算局〔Office of Management and

Budget（OMB）〕に改められた）を執行府の内部に設置するとともに，大統領予算（President's Budget）と呼ばれる政府の予算をまとめた書類を作成したうえで大統領が議会に報告する仕組みが設けられた。大統領予算は予算教書ともいわれるが，毎年2月（アメリカの会計年度は10月に始まる）に提出されるのを通例とし，現在，今後5年の支出の見通しや政策の優先順位，なされるべき支出授権の内容，前年度の会計報告やこれまでの財政状況の推移，債務の状況などを含む大部のものとなっている。

　議会は大統領予算の提出を受けて，必要な税制改正や支出授権を行う法律案を準備し，審議し，可決する。必要な法律案の準備は多数にわたり，上下両院を通過しなければならないことから，議会内部に複雑な審議プロセスが必要となる。そこで，議会は徐々に予算関連法律案の準備や審議に関する手続の合理化を進め，1974年議会予算執行留保規制法（the Congressional Budget and Impound Control Act of 1974）によって現在に至る基本的な仕組みを確立したほか，議会における予算審議の際に必要な情報を提供するための機関として議会予算局（Congressional Budgetary Office〔CBO〕）が設置された。

## 4. 予算議決と調整

　1974年議会予算執行留保規制法は，議会が大統領予算の提出を受けて，それを参考にしつつ必要な法律案を用意するための枠組みとなる予算議決（Budget Resolution）を上下両院の一致決議（concurrent resolution ☞**用語解説⑥**〔136頁〕）として定めるものとしている。予算議決には，次年度の予算見積りに加えて，少なくともその後4年分の見積りを示すことになっている。このような見積りを示すには新旧の法律によって発生する費用や税収，経済の見通しなどの情報や予測が必要となる。CBOはそのような情報等を提供する役割を果たしている。また，上下両院にはそれぞれ予算議決に責

任を持つ予算委員会（Budget Committee）が設置されている。

　予算議決は当初，毎年2回なされることとされていたが，1985年予算均衡法（the Balanced Budget and Emergency Deficit Control Act of 1985. グラム＝ラドマン＝ホリングス〔GRH〕法ともいわれる）によって4月15日になされることとなった。なお，予算議決が上下両院（あるいはそのどちらか）で可決されない場合にはその年の予算編成は予算議決なしで行われることになる。

　上下両院はそれぞれ予算議決の枠内で必要な法律案を準備する。法律案の準備はそれぞれの法律案を所轄する委員会が行う。その際，過去の法律によって恒久的な授権がなされている場合には予算議決に基づいて改正が必要とならない限り法律案は作成されない。この場合，課税にせよ，支出にせよ，従前の法律に基づいて引き続き行われることになる。

　予算議決に即した立法活動をするために，上下両院の各委員会の調整が必要となることもある。これを行うのが予算調整手続（reconciliation process）である。予算議決には各委員会に予算全体の結果（outcome）を達成するために必要な立法を行うよう求める指示（reconciliation directive）が盛り込まれ，指示を受けた委員会はこれを踏まえて予算委員会に法律案を提出し，予算委員会が本会議に提案する。

### 5. 財政赤字

　憲法は政府の借入れについても議会の権限としている（1条8節2項）。元々，この授権は必要とされる度に特定の目的や発行限度額，満期や償還条件等を定めた法律を制定することによって与えられたが，戦争などをきっかけとして，発行限度額や満期，償還条件等に関する規定はなくなり，さらには，1917年第2次自由国債法（the Second Liberty Bond Act of 1917）で借入れの授権が1つの法律にまと

められ，その後，借入れについてはこの法律の改正によることとなった。また，1917 年第 2 次自由国債法では個別の借入ごとに上限（debt limit）が決められていたが，1939 年にはこれらの上限がまとめられ，ほぼ全ての政府借入れをまとめた総額の限界が定められた（現在，この債務総額の規定は合衆国法典第 31 編 3101 条に示されている）。

第二次大戦後，予算膨張に危機感を抱いた議会は，債務の削減に取り組むことになる。1972 年の議会予算審議手続の整備も予算の合理性を確保しようとするものであったが，1985 年の GRH 法もその一環として複数年度をかけて財政赤字の削減に取り組むことを目指したものである。その後も同種の法律が繰り返し制定されている。このような努力が身を結び財政赤字が縮小する時期もあるが，長期的に見れば債務残高の削減は進まず，むしろ債務総額の増額修正を何度も余儀なくされている。債務総額が増額されるかは予算全体に影響をもたらすので，それに議会が合意できないと，歳入が不足し政府の事務が停止してしまうほか，経済に大きな影響を与える。このことから債務総額の修正問題は「財政の崖」（fiscal cliff）と呼ばれる。憲法改正によって予算均衡を義務付けようとする提案も数回なされているが成立していない（州憲法にはこのような規定を持つものがある）。

---

**COLUMN** Power of the Purse

_____

多くの国では，議会が予算制度において様々な権限を有している。議会がこのような権限を掌握することは，議会が政府の活動を——場合によっては停止に追い込むことも含めて——コントロールできるほどの権力（しばしば「財布の権力」〔Power of the Purse〕と言われる）を持つことを意味する。

財布の権力を議会が掌握することは，一見，議会制民主主義や国民主権の

理念から見れば望ましいように思える。しかし，議会が財布の権力を振りかざし，政府の活動を停止に追い込むほどになれば，政治的には国家の存亡を左右しかねない切迫した事態を招くことになる。政府と議会の関係や政党のあり方を踏まえながら，合理的な制度設計ができるかが問われるところである。

## BOOK GUIDE

□石森久広『財政規律の研究──ドイツ憲法上の起債制限』（有信堂高文社・2018）

□小嶋和司『日本財政制度の比較法史的研究』（信山社出版・1996）

□小嶋和司『憲法と財政制度』（有斐閣・1988）

□成田憲彦「ドイツの予算過程」比較法文化 23 号（2019）111 頁以下

□渡瀬義男「アメリカの予算制度と財政規律」経済のプリズム 149 号（2016）19 頁以下

　このほか，各国の政府や議会はウェブ上に豊富な資料を掲載している。また，OECD，IMF，世界銀行といった国際機関も，各国の財政制度の比較研究に関するレポートを発行している。

［片桐直人］

## CHAPTER 10

# 国と地方の関係

**INTRODUCTION**

🔎 国と地方の関係は，様々な場で議論され，決定されている。例えば，イタリアでは，憲法で定められた国と地方の権限配分を憲法裁判所（写真上）が実質的に改めることがある。また，日本では，地方自治に影響を及ぼす国の政策を対象に「国と地方の協議の場」（写真下）が法律により設けられている。（〔上〕撮影：芦田淳／〔下〕時事）

　日本国憲法では，その制定以来，国と地方の関係について，地方自治体の組織及び運営に関する事項が地方自治の本旨に基づく法律により定められること，法律の範囲内で条例が定められることなど，非常に簡潔な規定が置かれるにとどまっている（第8章）。他方，本章の主な参照先である欧州諸国では，地方分権や連邦制に関わる憲法改正が 2000 年前後から活発に進められている。そのようなダイナミズムの下，国と地方の関係をめぐる連邦制と非連邦制（単一制）の区分や理念には揺らぎが生じている部分があり，両体制の内部でも多様性が見られる。

‖　**KEYWORDS**　連邦制　非連邦制（単一制・地域制）　権限配分　地域代表　‖

# I. 国家形態の分類

　国と地方の関係に着目して国のあり方（形態）を分類する場合，「連邦制」と「非連邦制」にまず分けることができる。非連邦制は，一般的には「単一制」と呼ばれるが，単一制と連邦制の中間形態として，「地域制」という区分を置くこともある。地域制の典型と考えられるのが，イタリアとスペインである。

　連邦制の主な特色としては，一部の例外はあるものの，①憲法上，連邦（国）には特定の権限を配分し，州（地方）に幅広い一般的な権限を配分する，②州に独自の課税権がある，③州は国際協定を結ぶ権限を持つ，④州を代表する第二院（上院）が設けられている，⑤州は，憲法改正等，連邦の重要な決定に参加する権限を持つといった点が挙げられる。逆に，非連邦制（単一制）の場合，これも例外はあるものの，①憲法上，国が一般的な権限を持つ，②地方自治体の財政権は国による制限を受ける，③地方自治体は外交権を持たない，④地域代表の第二院は設けられていない，⑤憲法改正に地方自治体が参加しないなど，国の重要な決定への地方の参加は限定的であるといった特色が挙げられる。

　以下では，連邦制と非連邦制に分けて，まず，国と地方の権限配分（垂直的分立）のあり方を立法権と財政権を題材にして考えてみる。続いて，国の重要な決定への地方の参加について第二院の構成方法を中心に整理するとともに（第二院の構成方法等について☞CHAP.6），地方自治体のあり方（その設置や権限保障など）を取り上げる。

# II. 連邦制

## 1. 権限配分のあり方

### (1)　立法権

立法権について，アメリカでは，憲法で列挙された事項について

の権限を連邦議会に与えている（アメリカ合衆国憲法 1 条 8 節）。そして，憲法により国に委任されず，また州に対して禁止されていない権限は，州または人民に留保される（第 10 修正）と規定して，一般的権限を州に与えている。とはいえ，列挙された事項の解釈を通して，実際には連邦の権限が拡大されている。その際にとりわけ重要な規定が，各州間の通商の規制を連邦に委ねた条項（1 条 8 節 3 項。州際通商条項）である。この条項を根拠に，経済活動を規制する連邦の立法権が幅広く認められている。さらに，連邦と州の権限が明らかに衝突する場合には，前者の権限が優先される（6 条 2 項。最高法規条項）。逆に，連邦と州の権限事項の双方に関わる事象が発生し，それぞれの権限を峻別することが困難なために，連邦の権限事項に州の法律が影響を与える場合もある。例えば，アメリカ合衆国憲法において，「市民権取得」に係る立法権は専ら連邦が持つ（第 14 修正 1 節）。しかし，この権限の実体化に深く関わる不法移民の扱いをめぐり，連邦レベルより厳格な州法を定める州と，逆に寛大な州が存在するという。その背景には，「移民の流入を規定する法律」（連邦の権限）と，「州内における州民の福利を守る法律」（州の権限）との峻別の難しさがある（西住祐亮「州政府・地方政府による国際問題への関与」久保文明 = 21 世紀政策研究所編『50 州が動かすアメリカ政治』〔勁草書房・2021〕234 ～ 235 頁）。

　ドイツにおいても，憲法上，連邦のみが立法できる事項と，連邦と州の間で立法権が競合する「競合的立法」事項がそれぞれ列挙され，それ以外の一般的権限は州に属する。競合的立法は，2 度の改正を経て，①連邦が立法権を行使すれば，州は立法権を持たない類型，②州は連邦法による規律の要件の必要性を満たさなくてはならないという要件が課される類型，③連邦が連邦法を制定しても，州はそれとは別の内容の法律を制定できるという類型に細分されている（ドイツ連邦共和国基本法 72 条。清野幾久子「ドイツ環境法分野におけ

る『連邦と州』の立法権限問題——ドイツ連邦制のヨーロッパ化（EU 対応）の視点から」大津浩編『地方自治の憲法理論の新展開』〔敬文堂・2011〕198 ～ 226 頁）。このほか，列挙された各立法事項の内容の頻繁な見直しなど，憲法上，連邦と州の間の権限配分の調整が続けられている。

以上の両国に対して，カナダの場合には，連邦議会と州の立法者の権限事項をそれぞれ列挙し，その上で残りの事項に係る権限を連邦に与えており，連邦優位の配分となっている（カナダ 1867 年憲法法律 91 条・92 条）。

**(2)　財政権**

理念的には，連邦制において，連邦と州はそれぞれ自らの必要のために課税を行い，収入を得ていると説明される。たしかに，アメリカやドイツの州は，独自の課税権を持つ。とはいえ，アメリカでは，連邦から州に交付される補助金が州収入の約 3 分の 1 を占める一方，ドイツでも，州相互及び連邦と州との間に，各租税制度を結びつける様々な財政調整制度（☞用語解説④）が存在する（ドイツ連邦共和国基本法 107 条）。さらに，ドイツの憲法に当たる基本法の2017 年改正は，州相互の財政調整の規模を縮小し，連邦から州への交付金を増やすものであった。この改正については，財政面で州の連邦に対する依存を高めるものとの批判もなされている。

## 2. 連邦の重要な決定への州の参加

州の参加の事例として，ドイツでは，連邦の決定に州の意見や利害を取り込むための機関として連邦参議院がある。連邦参議院の構成員は，州政府がその構成員を任命することとなっており，表決も州ごとに一括して行われるなど，地域代表としての性格が強い。アメリカの上院は，各州の上院議員数が人口比例ではなく 2 名ずつと固定されている点で（つまり，各州の重みが人口数にかかわらず同じと

いう点で）地域代表性が強いように思われるが，条約の承認を始めとしたその権能は各州または州の総体を代表するものとも言えない。なお，2名とされた経緯に関しては，憲法制定会議において，人口の多い州と少ない州の妥協を図るためであったことが知られている。さらに，カナダの場合，上院議員の定数が各州同数ではない上に，首相の助言に基づいて総督により（つまり，連邦政府により）任命されるため，地域代表としての性格が弱い。しかし，憲法改正手続において，アメリカでは4分の3以上の州（アメリカ合衆国憲法5条），カナダでは3分の2以上の州の賛成が必要とされており（カナダ1982年憲法法律38条1項(b)），州が中心的な役割を果たすことになっている。このように，州を代表する機関か，州自体かの違いはあれ，国レベルの重要な決定に州が大きな役割を果たすことが憲法上保障されている点を見逃すことはできない。

## 3. 地方自治体のあり方

　州は，憲法上，連邦と対等な権限を持ち，自らの組織について決定できる。これと対照的に，その他の自治体の設置や権限の保障については，連邦制諸国の間でも差異が大きい。アメリカでは，連邦憲法に（州以外の）地方自治体に関する規定はなく，各州が州憲法や州法によって規定している。（州以外の）地方自治体の権限は州により付与されるものであると同時に，州等の統制を最小限にとどめ，自治体が自らの問題を自力で解決することを認めるような規定が多くの州憲法に盛り込まれている。他方，ドイツでは基本法により，ゲマインデ（基礎的自治体）の事務について「法律の範囲内において，地域的共同体の全ての事項を自己の責任において規律する権利が保障されていなければならない」（28条2項）として全権限性（☞用語解説⑤）と自己責任性が定められている。

## III. 非連邦制

### 1. 権限配分のあり方

#### (1) 立法権

　日本国憲法において，地方自治体は，法律の範囲内で条例を制定することができると定められている（94条）。この規定に基づいて，両者が衝突したときには法律が優位するものの，法律と条例は単なる上下関係にあるという訳ではない。むしろ必要やむを得ない場合には，法律に対して条例が部分的・暫定的に抵触することも認め得るとの主張もなされている（大津浩「地方自治の憲法理論から見た分権改革の現状」都市問題111巻9号〔2020〕99頁。なお，関連する最高裁判例として，最大判昭和50・9・10〔徳島市公安条例事件〕）。

　これに対して，国会のみが立法権を持ち，地方自治体は国会の制定する「法律」の委任に基づいた「命令」しか制定することができない（ひいては，法律と命令は上下関係にある）という，純粋な単一制の特徴を示しているのがフランスである。フランス第5共和制憲法72条3項によれば，地方自治体は，法律の定める要件に従って，行政基準である命令を制定することができるにすぎない。

　他方，同じ非連邦制の中でも，イタリアやスペインでは，憲法上，国と地方（州）の間での立法権限配分が明示されている。つまり，専ら国が立法権を持つ事項，国の法律が定めた基本原則の枠内で州が立法権を持つ事項を列挙し，その他の事項は州が立法権を持つと定める事例（イタリア共和国憲法117条2項〜4項）や，専ら国が権限を持つ事項と自治州が権限を持つことのできる事項を列挙する事例（スペイン憲法148条・149条）がある。また，単一の成文憲法典を持たないイギリスでも，スコットランドへの大幅な権限移譲に際して，憲法的内容等を含む法律により，国の権限事項を詳しく規定し，残りの事項をスコットランドに配分することが行われている（1998年

スコットランド法）。ただし，実際には，イタリアにおいても，国としての「統一性」（「自治」とともに，これも憲法の基本原則である）を保つために，憲法裁判所により，州の権限の一部に対して国が措置を行うことが認められている（2003年憲法裁判決第303号）。

以上のように，非連邦制諸国においては，憲法上，国の立法権と地方の立法権（または命令制定権）が上下関係にあるものから，ほぼ対等な関係にあるものまで，多様性に富んでいる。

### (2) 財政権

財政権に関して実質的に重要なのは，租税制度と財政調整制度である。憲法に明示的な規定はないが，わが国においても，地方自治体の課税権は憲法に基づくものと解釈されており，法律の規定がなくても条例による課税自体は認められている。他方，フランスでは，憲法上，地方自治体の各類型において財源の主要部分を（国や上位自治体に依存しない）自主財源が占めるとし，地方自治体は，法律の範囲内で租税の基礎や税率を決定できると，より明確に定められている（フランス第5共和制憲法72条の2第2項・3項）。また，わが国では，憲法附属法たる地方交付税法により，地方自治体間の財源の不均衡を調整する目的で地方交付税が設けられている。これに対して，フランスやイタリアでは，憲法により財政調整制度が設けられている。

## 2. 国の重要な決定への地方の参加

わが国の参議院は現行憲法の下，衆議院と基本的には同様の構成原理に立った「熟慮型」の議院である。そのため，近年では投票価値の平等の要請を踏まえ，一部で複数の県を1つの選挙区とすること（いわゆる「合区」）も行われている。しかし，合区のはらむ深刻な問題を契機に，参議院を地域の利益を代表する議院とする可能性があらためて検討されている（新井誠「議会上院の選挙制度構想——参

議院議員選挙区選挙の合区解消に向けた一考察」法学研究91巻1号〔2018〕285〜309頁）。たしかに，他国に目を転じれば，非連邦制の下でも，連邦制におけるそれとは一線を画しつつ，「地域代表」またはそれに類する名称を持つ議院が存在する。フランス上院は，憲法で「地方自治体の代表」（24条4項）とされる。上院議員の大部分は，各県を単位とし，下院議員及び地方議会議員等により構成される「選挙人団」の間接選挙によって選出される。しかし，この選出方法からも分かるとおり，各地方自治体が自らの代表を選ぶわけではなく，間接選挙という手法も代表する者とされる者の関係を弱いものとしている。ここでの各地方自治体があくまで地方レベルで（単一不可分の）「国民」を構成する要素の1つに過ぎない（只野雅人『代表における等質性と多様性』〔信山社・2017〕225頁）と解されるなら，フランス上院は（個別の地方ではなく）地方を総体として代表することで，結果として国民を代表していると考えることもできるかもしれない。このような考え方は，地域代表である上院（69条1項）が下院とともに国民を代表する（66条1項）と定めるスペイン憲法，さらには，「下院が国民をその一体性及び集合として代表するのに対して，上院は国民をその地域的な多様性の面において代表する」という当該条文の解釈（Luis María Cazorla Prieto et al., *Temas de derecho constitucional* (Editorial Aranzadi, 2000) p. 207）と通じるところがある。

　他方，国会に「地域代表」の議院を設けるのではなく，国と地方が協議する場または機会を設けることも考えられる。憲法典自体ではないが，イタリアの憲法的法律（効力は憲法典と同等）には，国会の州問題に関する委員会に対して，地方自治体の代表者の（単なる意見表明にとどまらない）参加を認めたものがある（2001年第3号）。また，限定的ではあるものの，憲法改正に地方（州）が関与することを定めた事例もある（スペイン憲法166条：憲法改正の発議，イタリア共和国憲法138条2項：一定の条件の下，憲法改正の可否を問う国民投

票の要求）。

## 3. 地方自治体のあり方

　日本国憲法は，どのような「地方自治体」を設置するかについて具体的には定めていない。そこで，日本国憲法制定時に存在していた都道府県と市町村の二層制を原則としつつも，近年は，都道府県に代えて道州（☞ **COLUMN**）等を法律で設けることも，一定の条件の下で可能と一般に考えられている。これに対して，他国では，地方自治体の基本的な階層も含めて，憲法で規定することが多い。例えば，フランス第5共和制憲法は，その地方自治体がコミューン（基礎的自治体），県，州等であり，その他の地方自治体は全て法律によって創設されると定めている（72条1項）。この場合，地方自治体の階層は三層制ということになる。なお，連邦制に比べれば，単一制において地方自治体間でそれぞれの権限等に明確な差を設けることは少ない。

　続いて，地方自治体の権限の保障について見てみよう。一時期のイギリスでは，地方自治体は，国会の定める法律により個別に権限を与えられた事項のみを処理できるとされていた（1972年地方自治法）。与えられた範囲を超える行為は，権限を逸脱したものとして違法となる。しかし，2011年以降は，法令で禁止されていない限り，完全な能力を持つ個人が一般になし得るあらゆる事項を行うことが可能という一般的な権限が地方自治体に与えられている（2011年地方主義法）。フランス第5共和制憲法も「地方自治体が，法律の定める要件に従って，公選の議会により自由に自己の統治を行う」（72条3項）ものと定めており，各地域の固有の事情に応じて行動する地方自治体を，立法者（つまり，国）が画一的に規制することは許されない（飯島淳子「フランスにおける地方自治の法理論(5・完)」国家学会雑誌119巻5・6号〔2006〕373～374頁）。わが国においても，

1999 年の地方自治法の改正（機関委任事務から法定受託事務への変更）等により，国による地方の統制は緩和されつつある。さらに，イタリアでは，2001 年憲法改正により，州の法律に対して公布前に国の異議申立てが可能としていた規定を廃止し，国と州が相互に相手側の法律等を違憲として公布後に憲法裁判所に訴えられるように改められた。

---

**COLUMN　日本における「道州制」導入の議論**

　道州制について，近年では，内閣府に設置された審議会である第 28 次地方制度調査会の「道州制のあり方に関する答申」（2006 年）を契機に，全国知事会を始めとした地方自治体の連合組織や経済団体などから様々な提言が行われた。そこでは，都道府県に代わる地方自治体として道州を設置することを念頭に，道州の区域や道州への移行方法等について検討が加えられている。他方で，従来の提言は，都道府県を超えた経済規模に適合した地方自治体を設けることに主眼があり，国と地方の間で（広義の）立法権を始めとした権限をどのように配分するのか，国の重要な決定に地方が参加するために参議院にどこまで地域代表的な性格を付与するのか，国と地方の間の権限配分について判断を下す機関を設置するのかといった国と地方の関係，ひいては統治機構全体に関わる論点については，議論の必要性に触れるにとどめ，具体的には論じないものも少なくなかったように思われる。逆に，憲法改正にまで言及する場合，いかなる統治機構の改革が必要と考えるのかを明確にした上で，現行の憲法規定との対照を行い，当該規定と齟齬するときに初めて，憲法改正も含めた検討に着手するといった手順や，全体的な整合性のとれた制度設計が必要となろう。こうした検討を行う際，本章で取り上げたイタリア，スペイン，フランスの州はいずれも第二次世界大戦後に新たに設置されたものであり，その設置等の経緯を各国の憲法規定とともに理解することは有益である（フランスの州及び地方自治制度改革については，堀口悟郎「中央集権国家の地方自治――フランスにおける地方自治体の将来像」比較憲法学研究 32 号〔2020〕1 〜 25 頁を参照）。

---

用語解説

④**財政調整制度**：地方自治体間の財源の不均衡を是正するため，国と地方自治体の間（垂直的調整），または複数の地方自治体の間（水平的調整）で，財源配分を行う制度である。

⑤**全権限性**：地方自治体が，特定の事務に限らず，当該自治体に関する全ての事務について規律する権限を持つことをいう。当該事務への国等の関与は完全に排除されるものではないが，ドイツにおいては関与に対する制約を厳格化する方向性がうかがえる。

## BOOK GUIDE

□大津浩編『分権改革下の地方自治法制の国際比較──地方自治法制の新たなパラダイムを求めて』（有信堂高文社・2019）

□「地方自治体の将来像──比較憲法の視点から」比較憲法学研究 32 号（2020）

□「〈特集〉地方自治の憲法理論」憲法研究 8 号（2021）

□一般財団法人自治体国際化協会「各国の地方自治」〈http://www.clair.or.jp/j/forum/pub/dynamic/local_government.html〉

（付記：本章の意見にわたる部分は，筆者の私見である）

［芦田　淳］

---

**CHAPTER 11**

# 君主制と王室制度

---

## INTRODUCTION

英国女王のエリザベス2世の即位60年を祝う各国の君主たち（2012年。AFP＝時事）

　国民主権や民主主義を基盤とする国家形成を目指す国々では，国の成立時に君主や王室を置かない共和制を志向する場合も多い。他方で，歴史や伝統のなかで君主や王室を前提として国家が形成され，現在でもそれらが維持されているケースもある。現代では，君主・王室を持ちながらも民主主義制度を基調とする統治を志向する国家も増えており，そうしたなかでそれらの実質的権能が軽減化あるいは名目化されてきている。それでもなお，国家間の友好関係を確認するための儀礼的役割などが一定の意義あるものとして評価されることもある。

　君主制や王室制度が，現代の各国憲法で，どのような位置づけとなっているのか。また，日本国憲法の下にある日本は象徴天皇制を採用しているが，それと各国の君主制や王室制度との違いはどのような点にあるのか。こうした点を学習しようとするのが本章である。

**┃ KEYWORDS** 　現代的君主　立憲君主制　象徴天皇制

# I. 君主制の過去と現在

## 1. 歴史的経過

　君主制とは，一般的に，①独任機関であり，②多くの場合が世襲であり，③統治権を部分的に担い，④対外的な代表者としての地位と権能を持つ（大石眞『憲法概論 I』〔有斐閣・2021〕185 頁）「君主」が，国家制度に取り入れられている体制のことを指す。

　君主制はもともと絶対君主制の時代を経て，いくつかの運命をたどる（なお，王を君主とする場合を「王政」，皇帝を君主とする場合を「帝政」と呼ぶ）。たとえばフランスでは長く王政が採られていたが，有名なフランス革命（1789 年）を経て共和制に移行する。その後，一時期帝政や王政が復活するも，現在は共和制である。ドイツの場合，大日本帝国憲法の制定にも影響を与えたビスマルク憲法（1871 年）の下で，強い権限を持つ皇帝を置く国家形態が採られた。しかし1918 年 11 月には帝政が廃止され，1919 年 8 月に共和制を採るワイマール憲法が制定された。

　かつて国王が強い権限を有していたイギリスでは，名誉革命（1689 年）を経て制定された「権利章典（臣民の権利および自由を宣言し，王位継承を定める法律）」により，国王でも否定することのできない，イギリス国民が古くから有してきた諸権利が確認された。それ以降，議会統治が進み，国王は「君臨すれども統治せず」といわれる立憲君主制が，ドイツ出身のジョージ 1 世による国王就任（1714 年）の時代に確立されていく。その後，1832 年の選挙法改正を経て，議院内閣制による国家統治が定着していった。イギリス王室は，かつての君主制の姿からは大きく変貌を遂げたものの，現在でも世界有数の王室制度の 1 つとして維持されている。

## 2. 現代の君主制

### (1) 国民主権との調和関係

　以上のような君主制の歴史的変遷につき，わずかな例を挙げてみたが，君主制は今，その現代化が進んでいるといってよい。国家の分類法として古典的には「君主制」と「共和制」を対立的に扱う場合も見られたものの，国家の最高権力者としての地位を君主が実質的に持っていた時代とは異なり，現代の君主制は，民主主義との接合がより意識されている。実際に君主制を採用しながら同時に憲法典に国民主権を明記する国としては，ベルギー（憲法 33 条 1 項）やルクセンブルク（憲法 32 条 1 項）などを挙げることができる。

### (2) 君主の名目化・シンボル化

　以上のような民主主義国家における君主の権限は，名目化・シンボル化が進み，その文化的，象徴的な側面がより重視されてきている。「文化的」，「象徴的」の内実は各国で異なるものの，たとえば対内的には国家統合，対外的には国のシンボルとしての意味合いが備えられることが多い。

　フランコ独裁後 44 年ぶりの「王政復古」となったスペインの場合，1978 年憲法は，民主的国家であること（1 条 1 項）を明記する一方で，議会君主制（同条 3 項）の採用を宣言している。同憲法第 2 章「国王」内の 56 条は，憲法や法律により明示的に示された権能を行使することを示しながら，「国王は国家の元首であり，その統一性と永続性の象徴である」ことや，②「国際関係においてスペイン国家の最高の代表者としての役割を果たす」ことを明記する。現代型国家の形成のなかで，国家統合にとっての象徴性や対外的なシンボル性の機能が重視された例として見ることができよう。

### (3) 君主制の廃止

　君主制は，ときに廃止の事態を迎える。君主制の歴史的経過を見るなかで先にフランスやドイツの例を挙げたが，王制廃止の著名な

現代的事例として，ネパールを挙げることができる。王朝の変化はあったものの長年にわたり王制を維持してきたネパールでは，ラナ家による支配の終焉後，亡命していたトリブバン国王により立憲君主制が宣言された（1951年）。その後，マヘンドラ国王（在位1955〜1972）下で事実上の絶対君主制が敷かれながらも，次のビレンドラ国王（在位1972〜2001）時代に，再び，複数政党制などを認める立憲君主制となった。ところが2001年，国王銃殺事件発生後に就任したギャネンドラ国王（在位2001〜2008）が立憲君主制や議会の停止措置をとると，国内の政治勢力から反感を買った。こうしたことから議会は，国王の権能を停止し，2008年に王制を廃止した（2006年までの経過につき，小倉清子『ネパール王制解体──国王と民衆の確執が生んだマオイスト』〔日本放送出版協会・2007〕など）。その直後，ネパールでは憲法制定議会が開かれ，2015年に国民主権に基づく連邦民主共和制の新憲法を公布した。

また，もともとイギリス領であったカリブ海の島国であるバルバドスは，独立後も英連邦王国の一員としてイギリス女王を君主とする立憲君主制国家であったが，2021年11月30日，英連邦王国を離脱し，共和制に移行している。

## Ⅱ. 国政における君主の地位と権能

### 1.「元首」としての地位

元首（Head of State）とは，とりわけ対外的な関係では，国家を代表する存在（人）のことを指す。君主制の国の場合，その多くが君主を元首の地位に置く。このことを憲法典で確認する国としては，スペイン憲法56条1項（国王）やルクセンブルク憲法33条（大公）などが挙げられる。またスウェーデンの場合，王位継承法5条で国王または女王の元首としての性格が規定されている。

日本では大日本帝国憲法（明治憲法）4条で天皇が国の元首であ

ることを明記していたが，日本国憲法には元首に関する規定がない。そこで現在の日本の元首にあたる地位にある者をどう捉えるのかをめぐって学説上の見解が分かれている。まずは，元首を内閣総理大臣（あるいは合議体としての内閣）と考える理解である。こうした見解は，本来的に元首は対外的に代表する「権能」を持つことなどをそのメルクマールとしているが，現在の象徴天皇制の下で天皇はそうした権能を維持しておらず，それを保持するのは内閣総理大臣（内閣）であるからだとする。他方で，象徴的な地位であるとしても，外交関係において国を代表する側面を有している点から天皇を元首とする理解もある。

## 2. 統治機構における権限

　君主制を採用する諸国でも，現代的な統治制度の形成において，君主に備わっていた国政に関する諸権限が削減される傾向が見られる。スウェーデンでは，1975 年憲法が制定される以前（1809 年憲法）には，国王に多くの執行権限を憲法上与えていたものの，1975 年以降，儀礼的な権能などを持つものとされた。また，ベルギー憲法も 1994 年の改正により，国王による大臣の任免権（旧 65 条）や国会の解散権（旧 71 条）などを削除している。

　他方で，現在でも国政上の役割を憲法で規定している場合もある。たとえばルクセンブルク憲法 33 条は，憲法および法律に基づいた大公の執行権の行使について規定する。その他，法律の布告（34条），任命権（35 条），条約締結権（37 条）などが規定される（なお同国は，上述のように国民主権を憲法で宣言している国家である）。もっとも，こうした憲法上の明文規定がある国においても，その権限が実質的なものであるのか，形式的なものであるのかは，現代においては特に見極める必要があろう。

　世界の君主制の国々では，その不文の役割を見出す場合もある。

そうした国々では君主権限の実質的な強さは弱くなってきているものの，その固有の権威を背景に，政党間や地域間の政争を収めるなどの，事実上の統合的，調整的役割が期待されていることがある。

### 3. その他の側面——宗教との距離

著名な政治学者であるカール・レーヴェンシュタインによる分類によれば，君主制の存続には，理性的な位置づけの他に感情的な位置づけが必要とされており，①宗教的要素，②国父としての要素，③正統性の要素が挙げられている（カール・レーベンシュタイン〔秋元律郎＝佐藤慶幸訳〕『君主制』〔みすず書房・1957〕80頁）。このうち宗教的要素が強く見られる例として同書で挙げているのが，日本の明治憲法体制における天皇である。明治憲法において天皇の地位は，神勅に基づくものであるとされ，「神聖ニシテ侵スヘカラス」（3条）とされてきたのである。

世界的には現在も国王が宗教的な権威の長としての役割を担うケースが見られる。イギリスの場合，歴史的経過のなかで，カトリックから1534年に独立して成立した英国国教会には大主教が置かれつつ，同教会の最高首長（信仰の擁護者）の地位には，現在でもイングランドを統治する国王が就く（1952年2月6日よりエリザベス2世〔女王〕）など，君主制と宗教との結びつきが強い場合がある。

## III. 王位の継承

### 1. 継承方法

#### (1) 世襲君主制

世界における君主制の多くは，現在でも世襲制を採る場合が多く（世襲君主制），こうしたことが憲法上明記されている例が多い（ルクセンブルク憲法3条，スペイン憲法57条，ベルギー憲法85条，ノルウェー憲法1条など）。このようにして王位の継承資格者となる国王の親族

である王室（王族）・皇室（皇族）制度が置かれることになる故，各国憲法には，王位継承の方法や王族の婚姻，王族費に関わる規定を持つ場合が見られる。他方で，君主自体の権限が憲法上明示されることに比べて，王族の権限規定を設けている場合は少ない。形式的権能を含む国政上の作用は，近代的な王室制度の下では，国王（君主）のみに認める場合が多いと言える。

**(2)　選挙君主制**

世界の君主制のなかには，君主を世襲ではなく，選挙で選ぶ場合もある（選挙君主制）。これは，地域を支配する首長や王族が複数存在する場合に，互選で国全体の君主を選出する場合である。マレーシアは 13 州からなる連邦制国家であるが，このうちの 9 州にいるスルタン（各州の君主）による互選により，5 年任期の国家君主となる国王（アゴン）が選出されている。もっともマレーシアの場合，現在では実質的に輪番により選出されている。

## 2. 現代化の一側面——男女平等の傾向

王位の継承をめぐり 1 つ注目されるのが，王位継承をめぐる男女平等化である。世界の王室制度では，かつて，男性のみが王位継承権者としての地位にある場合が多く見られた。しかし，世界的に男女平等の思想が広まるなかで，国によっては王位を継承できる男子が不在となる事態が生じるといった偶発的条件なども相まり，20世紀になると，女性王族に王位継承権を認める国も増えてきた。

たとえばデンマークでは，1953 年まで男子のみに王位継承権を認めていたものの，当時，王の子は女子のみであったことから，同年，王位継承法で「男子優先」とする継承制度へと改められている。また，男子のみに継承権を与えてきたベルギーでは，1991 年に憲法が改正され，男女を問わない「長子優先」とする継承制度となっている（憲法 85 条）。このように男子のみから長子優先となった他

の国として，王位継承法1条にそのことが記されているスウェーデン（1979年以降）がある。その他，男子のみ（1970年まで）の継承から男子優先（1971～1991年）を経て，さらに長子優先（1990年以降）制度へと変化を遂げた例として，ノルウェー（憲法6条）を挙げることができる。

## Ⅳ. 天皇制の過去と現在──比較憲法的観点から見た位置づけ

日本の天皇を「君主」と捉えるか否かを別としても，各国の君主制との比較対象として天皇制を挙げておきたい。これには他国との比較も重要だが，明治憲法との比較にも注目する必要があろう。

### 1. 明治憲法下の天皇制

日本における戦前，戦後の体制では，天皇自体の位置づけが大きく異なることは周知のとおりである。明治憲法の下では，「大日本帝国ハ……天皇之ヲ統治ス」（1条）るとし，さらに天皇が「統治権ヲ総攬」（4条）すると規定され，天皇を中心とする国家体制の確立が図られた。他方で同憲法では，統治権の総攬は「此ノ憲法ノ条規ニ依リ之ヲ行フ」（同条）とも規定されていた。当時のドイツ型の立憲君主制の影響を受けて制定された明治憲法は，比較憲法的に見れば，天皇をまさしく憲法上の根拠に基づく権限を行使する「立憲的君主」の地位に置くことをも特徴としていた。

こうした憲法体制の下，明治憲法期の憲法学には，これをヨーロッパの近代的な立憲君主制的運用へと近づけようとする「立憲学派」と，国体観念を下に天皇の強い力に依拠する運用を目指す「大権学派」との間を中心とする見解の相違があった。そのなかで大正期から昭和初期にかけては立憲学派の憲法解釈が通説的な地位を占めていたものの，立憲学派の中心人物である美濃部達吉が唱えた天皇機関説（天皇を国家における最高機関と位置づけた見解）に対する排

撃運動が見られたことに目を向けておきたい。

## 2. 日本国憲法下の天皇制

第二次大戦後の日本国憲法の制定により，天皇の地位は大きく変容する。憲法1条は，「天皇は，日本国の象徴であり日本国民統合の象徴」であるとしており，「この地位は，主権の存する日本国民の総意に基く」と規定する。

### (1) 「象徴天皇」としての特質

天皇の象徴的機能は，明治憲法の下でも見られるものの，同憲法では統治権の総攬者としての地位が強く全面に出ていた。これに対して日本国憲法の下では，そうした実質的権限がなくなり，より名目化されたことで，天皇の象徴的機能が特徴として見えやすくなったといえる。また，現行憲法における象徴天皇は，その存在の究極の正当化根拠が国民の主権性に置かれ，それに基づく国民統合の象徴としての意義が積極的に見受けられる。これは国民主権や民主主義との調和的な天皇制の出現であり，比較憲法的に見れば，世界的な「君主制の民主化」に通ずる出来事でもある。

### (2) 天皇の権能とその形式性

日本国憲法4条は「天皇は，この憲法の定める国事に関する行為のみを行ひ，国政に関する権能を有しない」と定め，6条で任命行為について，7条で国事行為について，それぞれ定めている。このうち6条では，1項で「天皇は，国会の指名に基いて，内閣総理大臣を任命する」とし，2項で「天皇は，内閣の指名に基いて，最高裁判所の長たる裁判官を任命する」とそれぞれ規定している。これらの規定では，天皇に実質的選定権はないと一般的に理解されている。4条や7条に定める「国事に関する行為」の意味をめぐっては，それを形式的・儀礼的行為を指すものと捉えられる場合もある。ただし，7条3号には「衆議院の解散」が含まれていることをめぐり，

これを端的に形式的・儀礼的行為ということは難しいとして，「内閣の助言と承認」（7条）の意味も含めて憲法解釈上の争いがある。また天皇は，こうした国事行為以外の「公的行為」を行う場合があり，その法的意味をめぐっても見解の相違がある。

いずれにせよ，日本国憲法において天皇は，その象徴的意義に加えて，形式的でありながらも一定の憲法上の権限が付与されており，国家の統治機構—とりわけ行政権—の一部の機能を有している点も特徴的である。こうしたこともまた，比較憲法的視点から見た場合には特異な例ではないことが上記の記述からわかるだろう。

### 3. 天皇と皇室制度をめぐる現代的課題

日本国憲法の制定により誕生した新時代の象徴天皇制であるが，皇室制度の近代化などを踏まえた新たな課題が立ち現れている。

#### (1) 天皇の生前退位

天皇の皇位継承をめぐっては生前退位をこれまで想定せず，皇室典範4条も「天皇が崩じたときは，皇嗣が直ちに即位する」と規定してきた。しかし，平成期の天皇であった明仁天皇（現・上皇）による「象徴としてのお務めについての天皇陛下のおことば」（2016年8月8日）を経て，2017年に「天皇の退位等に関する皇室典範特例法」が制定される。これにより，2019年4月30日をもって明仁天皇が退位し，同年5月1日に徳仁天皇が即位した。この出来事は，天皇の発言の意味や天皇制のあり方を問う，きわめて現代的な憲法問題としての意味を有しており，比較憲法学的にも参照に値しよう。

#### (2) 「女性天皇」論

また，日本国憲法2条は，皇位を世襲としているが，さらに不文の原則として男系男子主義が採られており，皇室典範1条も「皇位は，皇統に属する男系の男子が，これを継承する」と明記する。憲法自体が皇位の世襲制度を採用するなかで，男系男子主義を採用す

ること自体は，憲法14条1項の平等原則に抵触しないと考えられている。もっとも，近代的な皇室制度の下，男系男子皇族が減少していることに加え，上述のように，世界的に女性の王位継承権を認める国家が増えており，日本でも女性天皇を置くことをめぐる議論が展開されるようになってきている。これについては各国固有の事情があるなかで，比較憲法的視点からの解決は難しい点もある（特に，単に「女性」天皇の可否の問題に加えて，「女系」天皇の可否の問題が絡んでくることに注意したい）。憲法解釈の視点からは，法律改正による導入が可能とする説と，憲法改正を必要とする説とが存在しているものの，それぞれに一定の理由が見られることから，今後も検討を要する課題である。

**(3) 現代の天皇・皇室の役割**

日本国憲法制定後の天皇・皇室の役割をめぐっては，国事行為や摂政といった憲法・法律上の権限に限らず，国民からの期待によって形成される部分が大きい。現在では特に，戦争の慰霊や災害の慰問といったことの意味が重視されてきているようにも思われる（関連して，現・上皇が天皇の退位に関連して示した2016年の上記「おことば」で語られる「国民統合の象徴としての役割」をめぐる一連の議論も参照）。世界的に進む王室制度の現代化のなかで，各国における制度間の歴史や固有の意味の違いを意識しつつも，現代的な天皇や皇室のあり方——その対内的，対外的役割——について比較憲法的に観察していくことが今後も必要となろう。

---

**COLUMN　国旗・国歌の位置づけ**

---

君主制や王室制度を持つ国家に限らず，シンボル的な標章としてほとんどの国において採用されているものが，国旗や国歌である。こうしたものは，

事実上の性質を持つものもあれば，憲法典のなかに明記されている場合も多い。憲法研究での比較対象国としてお馴染みのフランスでは，第5共和制憲法（1958年）2条2項で「国旗は，青，白，赤の三色旗」であり，同条3項で「国歌は，《ラ・マルセイエーズ》」であると規定している。国旗を特定する規定としては，その他，イタリア共和国憲法（1948年）12条やドイツ連邦共和国基本法22条2項にも見られる。

　国旗を憲法上規定していない国でも，その象徴的機能を重視し，強い法的保障が及ぶ例も多い。たとえばアメリカの場合，合衆国法典第4編1条（section）の「国旗」の定義の他，同4条では国旗への忠誠，8条では国旗への敬意の払い方まで規定されていることに加えて，同法典第18編第1部33章700条には，国旗冒瀆に関する罪が規定されており，ほとんどの州にも同様の規定がある。もっとも，国旗を冒瀆するような行為も1つの象徴的表現であるとして表現の自由（合衆国憲法第1修正）の保障対象になるのではないかといった議論が生じることがある。かつて連邦最高裁判決が，国旗を焼却して処罰された共産主義者の訴えを認め，処罰の根拠となるテキサス州法を違憲と判断した（Texas v. Johnson〔1989年〕）ことは有名である。

## BOOK GUIDE

□参議院憲法調査会事務局（原田一明）『君主制に関する主要国の制度』参憲資料24号（2004）

□佐藤功『君主制の研究——比較憲法的考察』（日本評論新社・1957）

□榎原猛『君主制の比較憲法学的研究』（有信堂・1969）

□君塚直隆『立憲君主制の現在——日本人は「象徴天皇」を維持できるか』（新潮社・2018）

□岡田順太「天皇の代替わりをめぐって——比較憲法の視点から」海外事情研究（熊本学園大学）47巻（2020）14頁以下

〔新井　誠〕

## CHAPTER 12

# 軍事権限の統制

## INTRODUCTION

<sub>オーストリア議会議事堂 (2013 年 9 月 15 日。撮影：山田哲史)</sub>

　オーストリア議会議事堂の正面には，設置当時の若きオーストリア民主政を表す，知と平和の神アテナが，戦闘と勝利の神ニケをその手中におさめる像が飾られている。これは軍事に対する，民主政，立憲政治の優位を示すものであるとも言われる。この像に象徴されるように，軍事権限の統制は古くから立憲主義の課題となってきた。本章では，歴史的背景も踏まえながら，軍事，実力組織の統制をめぐる憲法問題を国際比較の視点から扱いたい。

**KEYWORDS** 憲法による軍事統制　武力不行使原則　徴兵制　文民統制　実力組織の出動規制

# I. 憲法の課題としての軍事権限の統制

　近代立憲主義がその基盤とする社会契約論によれば，人々は自身の生命，身体，諸自由の安全を確保するために，国家を創設し，国家は実力を独占する。国民として国家に取り込まれた者は，この実力により，死を求められる場合すらある。最たる例は死刑であるが，これは，他の国民の安全を脅かしたことに対する制裁として理解が可能である。他方で，生命等を守るために創設した国家の存立を守るために，戦い，場合によっては命を落とすことを強いられるということに，ある種の矛盾を見出すことは難くないだろう。また，軍隊というのは，個人の生命や身体，その他の諸自由を，国家共同体を守るために，いわば道具として用いる側面がある。その意味では，近代立憲主義にとっての根本的な価値である，人間の尊厳や個人の尊重とも緊張関係を持つことになる。

　このような戦争，軍事と立憲主義の間にあるパラドクスは，フランス革命に際して，1789年のフランス人権宣言がその12条で「人および市民の権利の保障は，公の武力を必要とする」と規定していた一方で，その2年後に制定された1791年憲法の第6篇（「フランス国民は，征服を行う目的でいかなる戦争を企図することも放棄し，また，その武力をいかなる国民の自由に対しても使用しない」）が，侵略戦争の禁止という，戦争違法化の嚆矢とも言える規定を設けていたことにも現れている。侵略戦争の禁止はその後の革命期の憲法にも引き継がれたにもかかわらず，革命防衛戦争の名の下に，革命フランスとナポレオン統治下のフランスが周辺諸国との戦争を繰り返したこともまた示唆的である。

　このように立憲主義との間にある種のパラドクスを抱えつつも，憲法によって設立された国家の対外的独立・対内的安全を維持するために必要な装置として，軍隊はその存在を認められてきた。他方

で，フランス人権宣言が先に引用した部分に続けて，公の「武力は，すべての者の利益のために設けられるのであり，それが委託される者の特定の利益のために設けられるのではない」と規定していたことにも象徴されるように，軍隊をいかに憲法によって，あるいは民主的に統制するのかは，立憲主義にとって大きな課題とされてきた。ただし，統制の具体的な手法は，時代によって，また国によって様々である。加えて，歴史的な流れの中で，国際法上，戦争や武力行使が違法化されたことも重要である。このような歴史的展開に応じるかたちで，どの時期に憲法が制定されたかによって各国の憲法の軍事権限の統制のあり方は大きく異なっている。

## Ⅱ. 歴史的な流れと各国憲法の傾向

### 1. 近代立憲主義初期の憲法

Ⅰ. で見たように，軍隊の必要性自体は認められつつ，憲法による統制が課題となってきた。もっとも，近代国際法の下で国際紛争を解決する正当な手段として戦争が承認されていた時代に制定された憲法は，宣戦や軍隊の編成を議会の権限として，民主的統制を定める規定が設けられるものの，概して規律密度は低いものであった。しかし，1787 年のアメリカ合衆国憲法 2 条 2 節 1 項は大統領を軍の最高司令官とする一方で，同憲法 1 条 8 節 11 項ないし 16 項は，それまで君主の大権に位置づけられてきたものを立法府の権限とし，戦争に対する制限を設けようとした点では画期的な規定であったことは確かである。また，大統領を軍の最高司令官にしているのも，民主的リーダーの統制の下に軍を置いている点では評価されるべきである。なお，侵略戦争の禁止を謳ったフランス革命期の憲法も実際には皮肉な結果をもたらしたことはすでに述べた。

## 2. 国際法における戦争の違法化

　それでも，科学技術の発展とその軍事的利用に伴う戦争被害の拡大，重大化は，戦争の違法化と，それに代わる国際紛争の解決手段としての国際裁判の整備へという，国際法の転換をもたらした。第一次大戦後の国際連盟規約（1919年）による戦争モラトリアムの導入などを経て，1928年には日本も当事国となった不戦条約が成立し，「国際紛争解決ノ為戦争」が否定され，「国家ノ政策ノ手段トシテノ戦争」が放棄されるに至る。ただし，この条約は，侵略戦争を禁じたものであり，さらに「戦争」とは戦意の表明を伴うものだと理解されたため，自衛戦争，あるいは戦意の表明を伴わない武力衝突として，実質的な戦争は続き，第二次大戦も防止できなかった。

　第二次大戦の連合国を母体として誕生した国際連合（国連）（1945年）は，このような経緯への反省も踏まえて，戦意の表明の有無を問わず武力行使全体を違法化し，大まかには，国連の集団安全保障体制下での武力行使と，それを填補する個別的，集団的な自衛権行使としての武力行使を例外的に認める（国連憲章第7章）。現在では，この武力不行使原則は，国連憲章当事国以外をも拘束する慣習国際法であると解されている。もっとも，国連憲章が当初予定した集団安全保障体制は現在に至るまで成立していないし，その弥縫策的な強制措置，自衛権行使等を理由として，実際には武力行使が絶えていないことは周知の通りである。

## 3. 第二次大戦後の憲法

　このような流れの中で，日本（1946年），ドイツ（1949年），イタリア（1947年）といった，敗戦国を中心に第二次大戦後新たな憲法が制定された。ナチスの侵攻により第3共和制が崩壊したフランスの新たな第4共和制憲法（1946年）も含めて，この時期の憲法では，侵略戦争の禁止が明文で謳われた（仏前文〔1958年の第5共和制憲法

でも引き継がれている〕，独 26 条，伊 11 条）。その中でも，戦争の放棄と戦力の不保持を謳った日本国憲法 9 条は，そもそも軍事組織を持たないという徹底した立場をとったことが特徴的である。もっとも，恒久的な軍隊を放棄した，コスタリカ憲法（1949 年）12 条のような類例も知られているところである（コスタリカ憲法 12 条の条文は次の通り。「恒久制度としての軍隊を放棄する。公共秩序の監視と維持のため，必要な警察力を保持する。大陸間協定もしくは国家の防衛のためにのみ，軍隊を招集することが出来る。いずれの場合も，それらの軍隊は常に文民の統制の下におかれる。（軍隊は）単独でも共同でも，審議すること，声明を出すこと，宣言を出すことは出来ない」〔在コスタリカ日本大使館ウェブサイト掲載の日本語訳を，英語訳を参照して修正した〕）。

　その後の冷戦の激化は，敗戦国の日本，西ドイツにおける再軍備を促すことになった（なお，イタリアは軍備の撤廃は行っていなかった）が，日本と西ドイツにおける再軍備の実施方法は対照的であった。まず日本では，徹底した平和主義の憲法の法文は維持したまま，独立国家固有の権利である自衛権の存在から，自衛のための必要最小限度の実力の保持と，その行使が認められるという解釈の展開によって，自衛隊という実力組織を整備し，事実上の再軍備を実現した。これに対して，西ドイツは，内外の大きな反発を受けつつも，憲法（ドイツ連邦共和国基本法。以下，「ドイツ基本法」）に明文規定を設けることで 1955 年から翌 56 年にかけて再軍備を行い，徴兵制も導入した。その後の防衛上の緊急事態についての規定の整備（1968 年）と相まって，憲法上の軍事権限規定の規律密度がかなり高いことは——とりわけ日本との対比において——ドイツの特徴である。

## 4. 徴兵制

　ドイツの再軍備についての説明で出てきた徴兵制は，社会契約によって生み出した国家を防衛する，国家構成員の義務と整理するこ

とが可能である（前述のコスタリカ憲法も18条で国民に国土防衛義務を課している）。さらに，国民の犠牲を伴う以上，為政者による戦争実施を抑止するという見解も見られる。しかし，逆に国民的な熱狂に為政者が抗えなくなる危険もあるし，究極的には人を殺すという個人の良心との葛藤をもたらす行為や自己犠牲を国家が強制するという意味では，先述のパラドックスにも関わり，問題が多い。

冷戦が熱戦化したベトナム戦争の泥沼化により，アメリカでも厭戦，反戦的時代精神が生まれ，思想・信条に基づく良心的徴兵拒否も活発化した。こういった時流の中，一部の国では，社会福祉などの代替任務に就くことを条件に軍務を免除される制度も導入された（憲法上これを認める例として，ドイツ基本法12a条2項）。

中東紛争の渦中にあるイスラエルなどのほか，日本の近隣でも韓国や台湾などでは，厳密には「内戦」が終結しておらず（準）戦時状態にあることもあり，今なお徴兵制度が残るが，冷戦終結後，廃止あるいは停止される国（例えば，ドイツも憲法上は徴兵義務を課すことを可能とする規定〔12a条1項〕が残されているが，2011年に徴兵制度が停止された）も増えている。なお，徴兵制が廃止，停止されていても，アメリカ等では奨学金支給などを理由に入隊する者も多く，経済的弱者に事実上軍務を強いる「経済的徴兵制」とも批判される。

## III. 軍や実力組織の統制

### 1. 人的，組織的な面からの統制

II. では，歴史的な流れに即した形で，各国の憲法の軍事関連規定を広く薄く扱ったが，III. では，比較対象国を限定し，軍隊や実力組織の行動統制についてみてみよう。立憲主義国の憲法の多くは，古くから，他国に戦意を表明する宣戦の権限を議会に付与するとともに，国民との距離の近い政治家であり，現役の軍人ではない，大統領や首相，そして，防衛を所管する官庁の長官に最上位の指揮命

令権を与えて，実力組織の統制を測ってきた（文民統制。本来実力組織の存在が予定されていないはずの日本国憲法も，いわゆる芦田修正に疑義を持った極東委員会からの懸念表明に対応して，66条2項の文民条項を設けている）。天皇に軍事大権を認めるなど，この辺りの統制を上手く設計・運用しきれなかった大日本帝国憲法体制が，軍部の台頭により崩壊したこともよく知られる。

## 2. 軍・実力組織の出動に関する統制

このような統制に加えて，宣戦規定がカバーできない，戦意表明を伴わない武力行使，あるいは実力組織の出動が国際的にも増加したことにも呼応して，軍の出動に対する議会統制をめぐる展開がアメリカやドイツで見られた。それを確認しておこう。

### (1)　アメリカ：戦争権限法

アメリカは，一般用語でいうところの「戦争」に数多く参加しているが，宣戦条項に基づく宣戦は第二次大戦への参戦以降行われていない。ベトナム戦争でも，いわゆるトンキン湾決議によって軍事行動への議会による包括的承認は行われたが，この戦争が長期化，泥沼化したことへの議会の反省，国内外の反戦・厭戦的世論の高まり，ウォーターゲート事件におけるニクソン大統領と議会の対立の激化といった事情が相まって，1973年にニクソン大統領の拒否権行使をも覆す形で成立したのが，戦争権限法である。この戦争権限法は，「敵対行為」への米軍投入につき，大統領に議会との事前・事後の協議を要求し，宣戦無き敵対行為への米軍投入の場合の報告義務，報告後一定期間内に議会による授権がない場合の米軍の投入の中止義務，さらには，両院一致決議（☞用語解説⑥）による米軍の撤退の義務づけについても規定している。なお，ここにいう「敵対行為」とは，戦闘が現に発生している場合に加えて，一発の銃弾も発射されていなくとも，武力紛争が発生する明白かつ現在の

危険があるような対立状況を言うとされるが，その具体的意義について定説はないとされる（栗田真広「米国における軍隊投入の権限」レファレンス 2014 年 10 月号 94 頁）。ただし，この戦争権限法について，歴代大統領が，大統領の外交，軍事権限を侵害する違憲な立法であるとの立場をとってきたほか，米軍の撤退を義務付ける両院一致決議について定める部分は，大統領の署名手続を省略した実質的な立法に当たるため，Chadha 事件アメリカ連邦最高裁判決（1983 年）に照らして違憲だという見解も有力である。実際の運用上も，大統領も違憲論を維持しながら，議会の承認が不要な場合に当たると理論武装をしつつ，法に沿った議会への情報提供は行う一方，議会も撤退を義務付けるという強硬手段はとらず，それでも意見表明の機会を確保し，影響力を行使しており，妥協的ながら一定の議会統制が成立していると解することもできそうである（栗田・前掲論文 99 頁，115 頁参照）。

**(2) ドイツ：連邦軍の国外派遣に関する制約**

（西）ドイツを西側陣営に迎え，東側からの脅威から保護しつつ，ドイツの軍事的増大を防止する枠組みであった NATO（北大西洋条約機構）も，冷戦終結とともに大きく役割を変更し，安全保障，平和構築において積極的な役割を担うこととなり，ヨーロッパの大国となった統一ドイツにも「国際貢献」が求められるようになった。そのような流れの中で，ドイツ連邦軍が NATO 等の枠組みの下で国外に派遣されることになったが，これは基本法に規定される防衛上の緊急事態には当たらず，そもそも可能なのか，どのように統制されるべきかが問題となった。

連邦憲法裁判所は 1994 年に，ドイツ憲政史上の「防衛憲法」の原則に則った議会留保（☞**用語解説⑦**）の原則から，連邦軍の国外派遣について，連邦議会による個別の承認が，憲法上必要とされると判示した（1994 年 7 月 12 日連邦憲法裁判所判決）。この理由づけに

はわかりづらいところもあるが，実力組織の国外派遣という重要事項については，憲法上，国民と最も距離が近く，強い民主的正統性を有する連邦議会が責任を持って決定することを求める連邦憲法裁判所の意図がうかがえる。なお，その後の判決では，本質的な決定は議会に留保されるという立場からの連邦議会の同意権限の基礎づけが進んだとされる（☞ **BOOK GUIDE**：三宅（2021）301～302頁，2009年6月30日連邦憲法裁判所判決参照）。

　ドイツにおいては，このように，憲法解釈上議会による承認が必要であると判断されるに至ったが，例えば，オランダでは，「防衛あるいは国際条約に基づく国際的法秩序の回復を目的とする軍隊の展開」に承認は必要でないものの，事前の議会への情報提供が憲法上明文で要求されるに至っている（オランダ王国基本法100条。2000年改正で設けられた）。また，イギリスでも，軍隊の武力紛争への派遣について，議会の討議に付す習律（☞ **CHAP. 1 COLUMN**〔11頁〕）が成立しているとされ，2013年には，シリアに対する軍事行動についての政府動議が否決され，イギリス軍の派遣が取り止められたことがよく知られている。

### (3)　日本への示唆

　憲法上の規律密度の低さゆえに，建国以来，立法府・執行府間の軍事権限の配分の議論が絶えないアメリカの政治的妥協による議会統制と，軍事権限に関する規律密度は高いものの，冷戦後の新たな展開について，憲法裁判所の判断を通じて，憲法的要請として対応を行ったドイツの議会統制の確保は対照的である。これは，軍事権限に対する議会統制の重要性という抽象性の高いレベルで問題意識が共有されてはいるものの，各国の歴史的，政治的事情によって，具体的な対応は様々であることを物語る。日本国憲法は，そもそも実力組織の保持を，少なくとも素直に読めば法文上は否定しており，実力組織，軍事権限の統制に関する憲法上の規律密度は究極的に低

い。その分，自衛隊の出動にあたっては，法律レベルで国会の関与が規定されているが，法律制定時の政治的な駆け引きの結果として，国会関与のあり方が決まっているところも否めず（例えば，いわゆる平和安全法制に際して制定された「国際平和共同対処事態に際して我が国が実施する諸外国の軍隊等に対する協力支援活動等に関する法律」〔2016年〕では，連立与党内の駆け引きで，例外なき事前の国会承認が規定された），そこに憲法上何らかの要請があるという意識は低いように見受けられる。現実に世界屈指ともいわれる実力組織が存在している以上，その統制についてしっかりとした枠組みを用意する必要があるだろう。その際，党派的な分断が強まっており，立法府と執行府の分立よりも与野党の分立が重要であると指摘されているとはいえ，厳格な権力分立に基づく，立法府と執行府との間の緊張関係が認められるアメリカとは異なり，立法府と執行府のそのような関係性を望めない日本においては，政治的妥協を通じた議会統制は望み薄である。むしろ，ドイツの議論を参考に，憲法 41 条の国権の最高機関規定に依拠して，憲法を素直に読めばその保持すら疑義がある実力組織を国外に派遣するという重要な決定は，国会が個別に行うことが憲法上求められるとは言えないだろうか。

---

**COLUMN　警察力と軍事力**

　憲法が保持を禁止する戦力を自衛のための必要最小限度の実力を超えたものとする日本政府の見解については，抽象的，相対的な概念でその限界が不明確だという批判も多いが，警察力との関係で，何を軍隊，軍事力と呼ぶか，両者をどう区別するかには，国際的に見てもはっきりしないところが多い。実際に，諸外国でデモの鎮圧等に投入されている警察がかなりの重装備であることに気付いた読者も多いだろう。アメリカでは，軍用品の余剰を警察に使用させるプログラムが存在するなど，警察の軍事化が問題となっている。

　武力紛争法の適用の有無を決める基準としてではあるが，国際法上，軍隊とは，武力紛争に参加する集団で，その集団に従属する者の行動に対して責任を負う者の指揮の下に置かれるものと定義される。すなわち，ここでは軍隊とは戦闘能力によって定義づけられるものではなく，武力紛争の存在を前提に，そこへの参加と指揮系統の存在が問われるのである。そうすると，ある国の国内法上，警察機構として組織されていたとしても，武力紛争時，一定の指揮系統の下に戦闘行為に参加すれば，武力紛争法上軍隊として扱われうるのであり，ここでも軍事力と警察力の区別は相対的である。

## 用語解説

⑥**両院一致決議**（concurrent resolution）：同一の議決内容を上下両院が決議したもの。これに対して，決議という名はつくが，大統領の署名を含む，法律と同様の手続を経て成立し，法律と同様の効力を有する，両院合同決議（joint resolution）がある。

⑦**議会留保**：他の国家機関ではなく，議会に一定の事項の決定権限を残しておくこと（＝留保）が憲法上要求されるということ。

## BOOK GUIDE

□深瀬忠一『戦争放棄と平和的生存権』（岩波書店・1987）

□富井幸雄『海外派兵と議会──日本，アメリカ，カナダの比較憲法的考察』（成文堂・2013）

□三宅雄彦「連邦軍の国外出動」鈴木秀美＝三宅雄彦編『〈ガイドブック〉ドイツの憲法判例』（信山社・2021）290 ～ 305 頁

［山田哲史］

## 国民・市民・外国人

**INTRODUCTION**

先住民の各部族の居住区を示す標識（カナダ。時事通信フォト）

　近代国家の特徴の1つは国民国家であることだと言われる。近代国民国家は国民主権原理と結びつき，主権者国民による民主的な国家運営を志向するようになったが，それと同時に，国民と国民以外の者すなわち外国人との間に明確な線を引いた。その意味で，近代において国民国家が外国人を国家の枠組みから排除するイデオロギーとして機能した面は否めない。

　とはいえ現代においては，人権概念の発展とグローバル化に伴い，国民と外国人との境界は様々な意味で相対化している。また，国民内部にある多様性も注目されるようになっている。その国家がどのような人々によって構成されているかは，それぞれの国の歴史が深く関係しているが，どの国においても，これまで自明のものとされてきた国民国家のあり方が修正を迫られていることは確かである。本章ではそのような国民像の揺らぎを確認したい。

∥ **KEYWORDS**　国民概念　市民権　多文化主義　先住民族　　　　　　　　　　∥

# I. 憲法における「国民」

## 1. 「国民」か「市民」か

「国民 (nation／people)」という用語は多義的である。国民という言葉は，主権者の総体として用いられることもあるが，個人としての国民をさす場合は，当該国家に所属する者をいうのが一般的であり，その地位は生来または後天的な国籍の取得によって得られる。また，この意味での国民は，当該国家における一義的な権利・義務の主体でもある。

他方，似たような意味で「市民 (citizen)」という用語も用いられる。市民とは一般に，その国家において市民権（シチズンシップ）を有する者をさし，この場合の市民権とはおおむね，自由権や参政権などが念頭に置かれている。

近代的な国民概念の成立のきっかけとなった 18 世紀末の市民革命の時代，主権者として政治に参加する者は「市民」と呼ばれた。フランス革命勃発の年に出された 1789 年フランス人権宣言の正式名称は「人及び市民の権利宣言」である。ここにいう「人の権利」とは主に，人身の自由（7 条），意見の自由（10 条），表現の自由（11 条），所有権（17 条）といった自由権を意味した。他方，「市民の権利」としては，自らまたは代表者を通じて立法に参加する権利（6 条）や租税同意権（14 条）などが謳われており，これらは主権の行使に関わる権利であるとされた。

近代国民国家において，国民概念は 2 つの意味を持った。1 つは，「国民」ではない者を外国人として国家の枠組みの外に置いたことである。そしてもう 1 つは，「市民」ではないが国家の管轄の内側にある者を包括する概念としての「国民」である。当時の「市民」とは端的には有産階級の成人男性であり，市民の権利を有しない者は，「国民」ではあっても「市民」ではないと観念された。

　また，当時の欧米列強による植民地政策の下では，多くの場合，植民地の住民は「国民」と観念されつつも，本国の「市民」と同じ権利は認められなかった。その限りで，歴史的には「国民」と「市民」は異なる概念として理解される。現在でも，かつての帝国主義によりコモンウェルス（英連邦）を構成しているイギリスでは，国籍法でイギリス市民，イギリス属領市民，イギリス海外市民など複数の法的地位を設けており，国籍はこれらを包摂する概念として捉えられている。

　19世紀から20世紀にかけて，有産階級の男性に限定されていた権利主体性が社会運動を経て徐々にそれ以外の国民にも拡大し，国民内部での法の下の平等が実現していく。現代においては「国民」の範囲と「市民」の範囲はほぼ重なっているため，「国民」と「市民」との違いはあまり意識されることなく，この2つの用語は同じ意味合いで用いられることも少なくない。アメリカ合衆国憲法には「国民」という用語は登場しないが，第14修正は「合衆国において出生しまたは帰化し，その管轄権に服するすべての人は，合衆国およびその居住する州の市民である」としており，ここでいう「市民」は「国民」と同義である。

　他方で，グローバル化が進む現在では，「EU市民権」のように，国民の範囲を超えて「市民」という用語が用いられる場面もある。これについては **II.** で詳述する。


## 2. 憲法に見る「国民たる要件」

　誰を国民とするかは，国家の主権的裁量であるとされる。国民の具体的な要件にはその国の歴史や文化，政治状況などが影響を与えている。

　日本国憲法は，第3章で国民の権利と義務を謳っており，その冒頭の10条は，「日本国民たる要件は，法律でこれを定める」として

いる。この「日本国民たる要件」とは国籍を意味しており，この規定を受けて，国籍法が国籍得喪の要件を定めている。日本の国籍法は血統主義を原則としている。1950 年制定当初は父系血統主義であったが，女性差別撤廃条約（女子に対するあらゆる形態の差別の撤廃に関する条約）批准のための国内法整備に伴い，1984 年に父母両系主義に改正された。2008 年には最高裁が，日本人父と外国人母との間に生まれた婚外子の，届出による国籍取得に準正を要件としていた国籍法 3 条 1 項を憲法 14 条 1 項に違反するとして，違憲とした（最大判平成 20・6・4）。このとき最高裁は，違憲判断の根拠の 1 つに，諸外国における婚外子差別の解消を挙げている（☞ **CHAP. 8**）。

　憲法で国民の要件を法律に授権する国は少なくない。スペイン憲法 11 条 1 項やベルギー憲法 8 条 1 項は「法律に定める規定に従い」国籍や国民の資格を取得する旨を定めている。また，フランス第 5 共和制憲法 34 条やドイツ連邦共和国基本法 73 条 1 項 2 号などのように，法律事項の 1 つとして国籍を挙げる場合もある。国籍法など単独の法律が制定される場合が多いが，フランスなどは，民事的権利の主体として民法の中に国籍に関する条文を置いている。

　憲法そのものの中に国民の要件を定める国もある。ポーランド憲法 34 条は国籍取得の原則を「ポーランド市民たる両親からの出生」として血統主義を定め，その他の事項については法律で定めるとする。また，インド憲法 5 条は，公民権の主体としての「インド公民（citizen of India）」を「インド国内で出生した者」「両親のいずれかがインド領内で出生した者」等として，出生地主義を定めている。1988 年ブラジル連邦共和国憲法 12 条は，出生地主義を原則とした上で，通常は国籍法に盛り込まれるような「ブラジル人」の要件を詳細に定めている。

## II. 国民／市民と政治的権利

### 1. 日本の状況

日本国憲法第3章の表題は「国民の権利及び義務」である。もっとも，外国人の人権保障に関しては権利性質説が通説であり，人権規定に「国民」という文言が含まれているかどうかにかかわらず，「権利の性質上日本国民のみをその対象としていると解されるものを除き，わが国に在留する外国人に対しても等しく及ぶものと解すべき」（マクリーン事件。最大判昭和53・10・4）とされる。

当該国家の国民のみを対象としている権利として念頭に置かれているのは，国家構成員の地位に結びついた権利ということができる。このような国民に留保される権利としては，参政権，入国・在留の権利，社会権などが挙げられてきた。ただし，近年ではグローバル化とそれに伴う移民の定住化という現象を受けて，社会契約説と民主主義理論を根拠に，永住者などその国に定着している外国人については国家構成員性を認め，国民と同等の権利を認めるべきであるとの議論もみられる。スウェーデンでは永住権を認められた外国人を意味する「デニズン（永住市民）」という概念も提唱されており，日本にも紹介されている。

伝統的に，参政権とりわけ選挙権は，国民主権を根拠に，国民のみに認められる権利であると同時に，国民以外には認めることができない権利だとされてきた。日本においても，公職選挙法で選挙権および被選挙権に国籍要件が設けられている（9条1項・2項）。最高裁は，国政選挙および地方選挙ともに，マクリーン事件判決を引用して，公職選挙法の国籍要件は憲法に違反しないとした（国政選挙につき最判平成5・2・26，地方選挙につき最判平成7・2・28）。ただし地方選挙権については，「民主主義社会における地方自治の重要性に鑑み」，永住者等の外国人に法律をもって地方選挙権を認めるこ

とも憲法上許容されると判断している。

　世界を見渡してみると，選挙権を必ずしも国籍保持者という意味での国民に限定せず，外国人にも認めている国もある。以下ではこのような例について見てみよう。

## 2. 外国人選挙権

　外国人に選挙権を認める国は少なくなく，国連加盟国のおよそ3分の1は何らかの形で外国人に選挙権を認めているといわれる。外国人に選挙権を付与する根拠はいくつかに類型化することができる。

　まず，かつての帝国主義政策など歴史的経緯から一定の外国人に選挙権を認める例がある。代表的な国としてはイギリスが挙げられよう。イギリスは，旧植民地であったコモンウェルス市民に参政権を認めている。1983年国民代表法は国政選挙および地方選挙ともに，「コモンウェルス市民またはアイルランド共和国市民」に投票資格を認める。一般の外国人とは異なる法的地位が付与されているコモンウェルス市民およびアイルランド共和国市民に，その歴史的政治的経緯を背景として政治参加を認めているものといえる。

　外国人の定住性も選挙権の根拠となる。ヨーロッパでは1960年代から北欧を中心に外国人の地方参政権が議論されており，アイルランド，スウェーデン，デンマーク，ノルウェーなどが定住性を根拠に地方選挙権を認めている。前述のデニズンシップ概念はこのような動きの中で形成されてきたものである。南米でも，チリは憲法14条で，チリに5年以上居住する18歳以上の者に，国政・地方ともに選挙権を認めている。

## 3. EU市民の権利

　定住型の選挙権付与と並行して，相互主義的な選挙権付与も進んだ。ヨーロッパにおいて画期となったのは，EUを誕生させた1992

年のマーストリヒト条約である。同条約は新たに「EU市民」とい
う概念を創設した。EU市民は「構成国のすべての国民」（EU条約
9条），「構成国の国籍を持つすべての者」（EU機能条約20条1項）と
定義され，国籍国以外のEU構成国に居住している場合，その居住
国の地方選挙への選挙権および被選挙権を有するとした（同22条）。
このEU市民概念は，国民の枠組みを超えた市民権の構想といえる。
もっとも，EU市民概念は構成国の国民概念に依拠したものであり，
それ自体が独自のものというわけではないことには留意しなければ
ならない（EU条約9条）。地方選挙権の付与も，外国人のうち構成
国の国民に限定された相互主義的なものであり，また国政選挙まで
視野に入れたものではない。

　このようなEU市民への地方参政権付与にあたって，国民主権と
の関係で憲法上の対応を要した国もある。マーストリヒト条約批准
に先だって，フランス憲法院は，マーストリヒト条約に対する違憲
判決を出している（1992年4月9日マーストリヒト1判決）。違憲とさ
れた理由の1つがEU市民の地方参政権であった。フランス国民に
選挙権を認める憲法3条，元老院（上院）が地方公共団体を代表す
るとする憲法24条などを根拠に，フランス国民ではないEU市民
の地方参政権は憲法に反するとしたのである。この違憲状態を解消
して条約批准を可能とするために，EUに関する第14章（現在は第
15章）を挿入する憲法改正がなされた。この時新設された憲法88
条の3は，相互主義のもとにEU市民の地方参政権を認めるととも
に，EU市民は市町村長や助役の職には就けず，元老院選挙に参加
することもできないとして，国民主権との切断を図っている。

## III. 多文化主義と先住民の権利

### 1. 国民の多様性

　近代国民国家はその形成過程で，異なる歴史や文化を持った民族

143

を国民の内に取り込んできた。東欧やアフリカ，東南アジアには，地理的に近接する複数の民族が争いや和解を経て形成された多民族国家が多く存在している。アメリカやカナダ，オーストラリアのようにヨーロッパから入植した人々が設立した新たな国家では，先住民との関係が現在でも重要な課題となっている。植民地支配によって宗主国と植民地国との間で人的交流が進み，相互に移住した人々が，植民地が独立した後も残って定住する例も少なくない。グローバル化の進展に伴い，移民も増加している。その意味では，現代国家はおしなべて多かれ少なかれ多民族国家であるといえる。

　もちろん日本もその例外ではない。明治維新を経て近代国家として歩み始めた日本は，北では蝦夷地に開拓使を置き北海道と改称して正式に日本の領土に編入し，南では琉球処分によって琉球王国を沖縄県として併合した。また明治期には台湾や朝鮮半島を統治下に置いた。それは同時に，そこに居住していた異なる文化を持つ人々を「国民」に組み入れることでもあった。

　北海道の先住民族であるアイヌ民族に対しては，明治政府のとった同化政策によって民族独自の言語や文化が禁止され，強制移住や土地の収用などが行われた。1899 年の北海道旧土人保護法は，アイヌ民族に就農を奨励し土地を給与することのほか，貧困対策や教育に関する規定を置いていたが，その目指すところはアイヌ民族の和人社会への同化と皇国臣民化であったと評価されている。北海道旧土人保護法は戦後も残り続け，1997 年のアイヌ文化振興法（アイヌ文化の振興並びにアイヌの伝統等に関する知識の普及及び啓発に関する法律）成立とともにようやく廃止された。

## 2. カナダの先住民の権利

　多民族国家であることを憲法に書き込んでいる国はいくつかみられる。また，多民族国家である旨を直接的に宣言してはいないが，

多言語・多文化に関する規定を置いたり，少数民族の権利を定める場合もある。ここではそのうちの先住民の権利に着目してみよう。

　先住民の権利を明記している憲法としては，カナダ憲法がよく知られている。カナダ1982年憲法法律35条は，先住民の権利が承認され確認されるとした上で，カナダの先住民としてカナダのインディアン，イヌイット，メティスの3つの民族を挙げる（「インディアン（Indian）」という用語は現在では北米大陸の先住民を指すものとして一般的ではないが，憲法上この用語が用いられている）。カナダ憲法35条が認める権利は，先住民の権利（Aboriginal rights）および条約上の権利（treaty rights）である。ここにいう条約とは主に，18世紀から19世紀にかけてアメリカ大陸に入植したイギリスと先住民との間で交わされた合意のことを意味しており，現在一般的にいう国際条約とは異なる。同35.1条では，先住民に関連する憲法改正にあたって招集される憲法会議には先住民の代表が参加することが定められている。また同25条は，憲章（憲法第1編）における権利および自由の保障はカナダ先住民に関する諸権利ないし自由を廃止したりその重要性を損なうものと解釈されてはならないとしている。カナダ憲法における先住民の権利は主に，狩猟権や漁業権，土地に対する権利，自治権の3つから構成される。これらの権利は，ヨーロッパからの移民と接触する前から先住民がカナダに居住していたという歴史的事実によって根拠づけられるものであり，個々の先住民が有する個人の権利であるだけでなく，先住民共同体の集団的権利という性質も有している。

### 3. オーストラリアの先住民の権利

　オーストラリアでも，先住民であるアボリジニについて，同化政策により言語や文化を奪われてきた時代を経て，権利の回復が図られてきた。オーストラリア憲法は先住民の権利に関する規定は持た

ないが，1970年代以降，法律で国有地の土地保有権や土地管理権などが認められるようになり，1992年6月3日に連邦最高裁で出されたマボ判決が，無主地先占の法理（☞用語解説⑧）を否定してアボリジニの先住権原（Native Title）を認めた。この判決を受けて翌年オーストラリアでは先住権原法（Native Title Act 1993）が制定されている。

このような集団的権利としての土地，資源に対する権利や，自決権，自治権，同化を強制されない権利などは，2007年に採択された国連先住民族権利宣言（先住民族の権利に関する国際連合宣言）にも謳われるに至っている。

## 4. 日本の状況

日本国憲法には民族や多文化に言及する条文は存在しない。しかし裁判では，二風谷ダム事件判決（札幌地判平成9・3・27）が，「少数民族たるアイヌ民族固有の文化を共有する権利」が憲法13条によって保障されているとしている。本判決はアイヌ民族を先住民族であると認定した点でも注目すべきものである。しかし，二風谷ダム事件判決直後の1997年5月に成立したアイヌ文化振興法は，初めてアイヌ民族を少数民族と認めたものの，先住性は書き込まれなかった。2008年には衆参両議院で「アイヌ民族を先住民族とすることを求める国会決議」が採択されたが，アイヌ民族が北海道の先住民族である旨が明記されるには，アイヌ文化振興法に代わって2019年に制定されたアイヌ施策推進法（アイヌの人々の誇りが尊重される社会を実現するための施策の推進に関する法律）を待たねばならなかった。

法律により先住性は明記されたものの，カナダやオーストラリアのような先住民の権利は，日本では承認されていない。アイヌ施策推進法はアイヌ文化の振興とそのための環境整備に関する国の責務

を定めたものであり，その意味でアイヌ文化振興法の延長線上にある。文化的伝承・保存を目的とする場合には川で伝統的な方法により鮭を獲ることは認められるが，土地所有権や，経済活動を含む狩猟権・漁業権などは認められていない。このような状況に対して，2020年8月，経済活動としての漁業権を求めて道東のアイヌ民族団体が札幌地裁に提訴している。

　個人を基調とする従来の人権論を前提にしたとき，集団的権利である先住権を憲法の枠内に位置付けることができるかどうかが議論となりうる。学説では，民族集団と先住民個人との関係性に着目することで，これを憲法上の権利と解しうるという見解が見られるようになっている。

---

用語解説

⑧**無主地先占の法理**：国家が領域を獲得する法的根拠（領域権原）の1つ。どこの国家にも領有されていない土地(無主地)を，領有する意思を持って実効的に支配することを占有といい，歴史的には植民地支配を正当化する根拠となった。

---

**BOOK GUIDE**

□木棚照一『逐条国籍法──課題の解明と条文の解説』（日本加除出版・2021）
□近藤敦『多文化共生と人権──諸外国の「移民」と日本の「外国人」』（明石書店・2019）
□後藤光男『永住市民の人権──地球市民としての責務』（成文堂・2016）
□中村睦男『アイヌ民族法制と憲法』（北海道大学出版会・2018）

［館田晶子］

## CHAPTER 14

# 団体と個人

## INTRODUCTION

　近代国家の成立を特徴づける要素として，中間団体の否認がある。中間団体とは，宗教団体，職能団体，地方自治体など国家と個人の間に存在し，独自の自律的な規範と統制力を有する自治的団体である。中世から近代に至る中で，国家が中間団体の自律性を否定し，中世的な中間団体を解体（否認）することで，近代的な国民国家と個人が登場したとされている。

　他方，今日では，団体単位での活動が社会や経済，政治において不可欠な存在となっており，また，強い社会的影響力を有する団体も多く存在する。個人は他者と結合し，団体を組織することで活動能力を高める

ベルギーのコングレ記念塔の台座に置かれている「結社の自由」像（出所：Wikimedia Commons／撮影：Daderot）

ことができるが，団体によって個人の権利が制限されることもある。国家と個人にとって，団体は矛盾に満ちた（ambivalent）存在なのである。

　国家が団体をどのように扱ってきたかについては，時代状況や各国の事情，団体の性質によって異なり一概には言えないが，本章では憲法や法令に団体（結社）がどのように位置づけられてきたかを概観してみたい。

**‖　KEYWORDS**　結社の自由　団体規制　労働組合　政党　中間団体否認の法理　‖

# I. 憲法上の「結社の自由」規定

　著名な比較憲法研究プロジェクト（https://constituteproject.org/）の
データ（2020年版）を参照すると，現行憲法で結社の自由を規定す
る国（及び地域）は約180か国にのぼる。ちなみに，憲法上の権利
として初めて結社の自由を明記したのは，1831年のベルギー憲法
であるとされる。

　結社の自由の規定の仕方も様々であり，一般的な保障規定とは別
に，政党や宗教団体（☞ CHAP. 19），労働組合についての保障規定を
置く国が多い。青少年や消費者，地方労働者など特定の属性の結社
の自由を特に強調する憲法もある（エクアドル，ニカラグア）。結社
の自由への制約としては，憲法秩序や社会秩序などを脅かす団体へ
の保障を制限する規定（アンゴラ，バルバドス，ブータン，ボツワナ，
キューバ，ドイツ，インド，コソボ，ネパール，チュニジア）や「法令の
定める秩序の範囲で」などといった法律の留保の規定（アルジェリ
ア，ブルンジ，カメルーン，コンゴ，フィジー，ハンガリー，モナコ，モ
ロッコ，オランダ，ニジェール，南スーダン，シリア，タイ）も多くみら
れる。非常事態における制限規定（モンテネグロ，サンマリノ，南ア
フリカ）や，秘密結社・武装集団あるいはそれらと関係する結社を
除外する規定（ブラジル，イタリア，キルギス，リビア，ミャンマー，ポ
ルトガル，スペイン）もある。また，労働組合を含む一般的な結社が
政治活動をしてはならないとする国もある（ブルガリア）。さらに，
結社の解散について，手続的保障や司法審査の必要性について規定
するものもある（チャド，ジョージア，ギリシャ）。

　憲法に結社の自由の規定がない国としては，不文憲法の国（イギ
リス）はもちろんであるが，憲法典に権利章典を有しない国（オー
ストラリア）や憲法典とは別に憲法の一部とされる法律で規定する
国（オーストリア，ニュージーランド），裁判例により認められた国

（フランス，アメリカ）がある。このように，結社の自由の規定が憲法にないからといって，結社の自由が保障されない訳ではないが（トンガ），絶対主義的あるいは権威主義国家においては，概して結社の自由が実際に保障されず，政府が団体の結成や活動を認めていない例が多い（ブルネイ，サウジアラビア，トルクメニスタン，アラブ首長国連邦）。また，イスラエルのように，外国勢力と結びつくと見られる非政府組織（NGO）などへの規制が厳しいところもある。

## II. 反結社主義と親結社主義――フランスとアメリカの対比

　結社の自由は，近代市民革命から約半世紀後になってようやく憲法レベルで登場するという意味で，やや異質の人権といえる。結社の自由は，表現の自由や集会の自由と同じく精神的自由権に位置づけられるが，フランスの1789年「人及び市民の権利宣言」（人権宣言）やアメリカの1791年「権利の章典」（憲法第1修正～第10修正）には，結社の自由が規定されていない。ただし，規定がないとしても，2つの対照的な理解が可能である。

　1つは，革命後のフランスにおいて制定された立法に見られる反結社主義的姿勢である。1791年のル＝シャプリエ法が典型例であるが，これは既存の職業団体を廃止し，新たな団体の結成を許さないとするものであった。さらに，1810年のナポレオン刑法典では，20人以上の結社が政府の許可制とされた。

　もう1つが，アメリカに典型的な親結社主義的姿勢であって，「アメリカ合衆国憲法の父」と称されるマディソン（James Madison）は，民主政治にとっての派閥（faction）の存在に警戒感を示しつつも，派閥を抑圧することは，自由そのものの弾圧であると述べている。また，トクヴィル（Alexis de Tocqueville）が「新しい偉大な事業の先頭において，フランスでは政府が，イギリスでは貴族が見られるところに，合衆国では結社を見ることができる」と述べるように，

アメリカでは古くから結社が国家や社会の発展に寄与してきたとの認識がある。

もっとも，こうした結社に対する姿勢は相対的なものであって，例えば，フランスにおいても営利会社については，1807年の商法典に会社に関する規定が設けられ，1867年には会社法が整備されている。また，実際にあらゆる結社の設立や活動が規制されていたわけではなく，むしろ19世紀のフランスは，宗教団体や労働団体，スポーツや親睦を目的にする団体など多様な無数の団体が消滅することなく，豊かな社交を育む社会活動の場となっていたと指摘されている。逆に，第二次世界大戦前後のアメリカにおいては，後述するように，反結社主義的な立法が制定されている。

いずれにしても，近代市民革命は「個人」を旧来の身分制から「解放」することによって近代社会を構築する点に特徴があり，個人の結社の自由も「結社しない自由（消極的結社の自由）」が最も重要な要素になると考えられる。ちなみに，消極的結社の自由を明記する憲法もある（ソマリア，南オセチア）。

## Ⅲ. 結社の自由と団体の法人格との分離──フランス

フランスにおける反結社主義的法制度は，20世紀にかけて徐々に変化していく。その大きな転機となるが，1901年結社法（アソシアシオン契約に関する法律）である。これにより，営利以外の目的で結社を設立することが，一般的な契約と同様に許可や届出を要しないものとされた。なお，宗教団体（修道会）に関しては，特別に規定が置かれていた。

ただ，1901年結社法により設立された結社は，そのままでは法的能力（権利主体性）を有しない（2条但書）。団体として財産を管理する法的能力を得るためには，届出が必要になる（5条）が，その場合も限られた範囲での活動が認められるに過ぎなかった（6条）。

結社の自由が保障されるからといって，その結社体（団体）の法人
格が当然に認められる訳ではない。このような仕組みは，今日の法
人制度と共通する部分があるが，革命以前の旧体制で強力な力を有
した宗教団体に対する警戒と，「法人」という法技術に対する警戒
という当時のフランスの状況が反映しているとする見方もある。

　ちなみに，1831 年ベルギー憲法 20 条（現行 27 条）の結社の自由
の規定においても，結社の法人格取得は別問題との理解がなされて
いた。この点，草案段階においては，結社を市民（personnes civiles）
とはみなさず，また，法律の根拠がなければ，結社が市民としての
地位を得たり，共同の権利を行使したりすることができない旨の規
定が置かれていたが，最終的に削除されている。

　このように憲法上の結社の自由と民商法上の法人格理論とが別次
元の法理論として展開していくのが近代法の特徴といえる。

## IV. 労働組合の生成と発展——イギリスを中心に

　フランスにおいては，宗教団体ととともに労働組合が警戒の対象
とされ，労働組合が法律により合法化されるのは，1884 年のこと
である。これに対して，イギリスにおいては団結禁止法が廃止され，
労働組合の結成が認められるのが 1824 年であり，また，労働者の
共済組合である友愛協会（friendly society）の設立は 1793 年に認めら
れている（フランスでは 1867 年）。

　このようにイギリスにおける労働組合結成が他国に先んじていた
のは，18 世紀後半からの産業革命の影響が大きい。ただ，そこで
の労働組合結成の中心は，労働者一般ではなく徒弟制を基本とした
熟練工の集団であった。機械化の進展により，熟練工の存在が危ぶ
まれることの反作用として，「労働者階級」の意識が高まり，労働
組合の結成が促されたのである。そもそも熟練工の集団というのは
中世の職業団体に由来するものであるが，こうした熟練工の組織化

は，技術者の囲い込みによる独占的な交渉的地位を獲得すべく，中央集権型の産業別労働組合の結成によりおこなわれた。それにより企業横断的な労働力の供給調整をはかった熟練工たちは，組合の団体交渉を通じて，労働時間規制や同一労働同一賃金などを勝ち取ることができた。また，その時代の労働組合は，友愛協会の流れをくみ，年金や共済，失業給付といった社会保障機能を担う役割も果たしていた。このように中世的団体自治の伝統が時代に順応していったのである。

　その後，1840年代からは工業化がますます進み，機械式の大工場が主流になるにつれ，不熟練労働者の増加によるマニュアル労働の規模が拡大し，1870年代から90年代にかけての不況の影響もあり，一般労働者が労働組合の構成員の中心となっていった。しかしながら，熟練工時代に形成された労働者の権利とそれを保障する法制度はそのまま継承されることになったのである。

　これとは対照的なのがアメリカであり，南北戦争（1861〜1865年）頃を境にした新旧移民の間での対立や，新移民の不熟練労働者を労働力とした大量生産方式の採用，黄犬契約（労働組合に加入しないことを条件とする雇用契約）などの組合潰しにより1920年代には労働組合の活動が低迷する。その分，各企業の御用組合的な会社組合（company union）が設立され，労働運動の妨げとなった。これを排除したのが1935年の「全国労働関係法」（ワグナー法）であり，企業横断的な産業別労働組合がアメリカにおいても勢力を広げることが可能となったが，イギリスのような労働組合の伝統を欠くなどの差異があり，ヨーロッパ型の産業別労働協約体制を築くことができなかった。

　このように，労働組合を取り巻く法制度の形成には，各国の経済・社会事情が反映するのであるが，イギリスのように中世的な慣行が今日の労働基本権の内容にも結びつくという状況は興味深いも

のがある。

## Ⅴ. 現代国家における政党規制——ドイツとアメリカを中心に

　政党（政治団体）の国法上の位置づけとして，①敵視，②無視，③承認及び法制化，④憲法的編入という歴史的段階を経るとの考え方がある。近代の黎明期において，政党は警戒の対象であったが，現代国家においては，多様な民意を統合し，議会に反映させる重要な役割を担うものと認識されるようになっている。ドイツ連邦共和国基本法（21条），フランス第5共和制憲法（4条），イタリア共和国憲法（49条），ロシア連邦憲法（13条3項），大韓民国憲法（8条）などは憲法的編入の例といえる。

　もっとも，政党の憲法的編入といっても，単に政党の設立や活動の自由，複数政党制を規定するにとどまらず，憲法の規定する一定の法秩序に違反する政党を禁止する条項が置かれる場合もある（ドイツ，ロシア，韓国）。なお，中華人民共和国憲法では結社の自由が規定され（35条），複数政党制が採用されているようにみえるが（5条4項参照），憲法序言（前文）において中国共産党が事実上国家の上位にある唯一普遍の政権党として位置づけられており，諸政党は共産党の指導を受け入れることを前提として存立しうるに過ぎない。政党を憲法的に編入してはいるが，実質的には一周回って再び敵視段階にある憲法と評しうる。また，近時のロシアでは，「外国のエージェント」法（2012年），「望ましくない組織」法（2015年）の制定などにより NGO とその協力者の取締りが強化されている。

　ドイツの場合は，寛容なワイマール憲法（1919年）の下でナチスが政権を獲得したという経験に基づき，自由の否定者には自由を与えるべきではないという「闘う民主制」の思想が根底に存在する。そして，「自由な民主的基本秩序」に反する政党を連邦憲法裁判所が違憲と判断して解散させる仕組みが採用されている。ただ，この

仕組みを多用すると，かえって自由な民主的基本秩序を否定することにもなりかねず，抑制的な運用が求められる。実際，この政党禁止規定により解散させられたのは，1952 年の社会主義帝国党（SRP）と 1956 年のドイツ共産党（KPD）の 2 例のみであり，その後は使用されていない。2017 年には，極右政党である国民民主党（NPD）について，憲法裁判所が，当該政党の主義主張は憲法違反の内容であるが，その実際の影響力からして政党の目標を実現する可能性がないとして申立てを退ける判断を示した（2017 年 1 月 17 日判決）。これを受けて，同年に基本法 21 条が改正され，憲法裁判所の判断で政党助成や税制優遇措置が受けられなくする規定が新設された。なお，政党とは異なるが，近時のオランダにおいては，裁判所が，小児性愛を唱道する団体（2012 年）や世界的ネットワークを持つ暴走族の国内支部（2017 年）に解散命令を出した事例がある。

　アメリカにおいては，第二次世界大戦が勃発した影響で，1940 年に破壊活動の防止を目的とした治安立法として外国人登録法（スミス法）が制定され，暴力による政府の転覆や破壊を唱道することが違法とされ，そうした破壊活動（subversive activities）を目的とした団体を組織したり，加入したりすることが禁じられた。戦後，この法律はアメリカ共産党の活動を弾圧するために用いられたが，連邦最高裁は一連の判決でスミス法自体は合憲としながら，純粋な表現と行動との区別，具体的な危険に関する衡量などの合憲限定解釈により，厳格に適用範囲を限定している（例えば Dennis v. United States〔1951 年〕，Scales v. United States〔1961 年〕を参照）。さらに 1950 年には，マッカーシズム（「赤狩り」旋風）により，共産主義団体を対象とした内国安全法（1950 年マッカラン法）が制定され，破壊活動または「全体主義的独裁」の確立を助長する活動が違法とされ，共産主義団体の構成員に政府への登録を義務づけるといったことが行われた。もっとも，1950 年マッカラン法は，スミス法の実効性の

欠如を補う意味で制定されたものの，度重なる違憲判決などにより
効力を失っている（Aptheker v. Secretary of State〔1964年〕，Albertson v.
SACB〔1965年〕，United States v. Robel〔1967年〕参照）。なお，外国人
を対象とした1952年移民・国籍法（1952年マッカラン法）は，「全体
主義的独裁」体制の支持者や共産主義者，関係団体の構成員の入国
禁止や移民規制をしているが，今日でも有効な規定がある（アメリ
カ合衆国法典第8編1424条など）。

## Ⅵ. 日本における結社規制

日本における結社規制は，①結社自体を非合法化するもの，②結
社の活動を規制するもの，③特定の目的性のある集団等の活動を規
制するものに分けられる。

①としては，破壊活動防止法（昭和27年法律240号）が唯一の例
である。この法律は，行政処分として結社自体の解散を行う強力な
規制であり，従来から「治安維持法の再来」などとして批判されて
きた。もっとも，この法律により解散させられた団体は今日まで存
在せず，1995年に地下鉄サリン事件を引き起こしたオウム真理教
についても，将来の危険性に疑義があるとして，公安審査委員会が
公安調査庁長官からの処分請求を棄却している。これを受けて制定
されたのが「無差別大量殺人を行った団体の規制に関する法律」
（オウム新法。平成11年法律147号）であるが，この法律は結社自体
を非合法化するものではなく，観察処分及び再発防止処分を行うに
とどまる。また，宗教法人法に基づく解散命令（81条）は法人格を
剥奪するものであって，団体としての活動自体を禁止するものでは
ない。

②としては，「暴力団員による不当な行為の防止等に関する法律」
（平成3年法律77号）があるが，これも団体を非合法化するのではな
く，暴力団の不当な要求行為などを処罰対象にし，暴力団の活動を

抑え込もうとするものである。ちなみに，近年，暴力団と何らかの関係を有する一般人を対象にして，暴力団との人的ネットワークを断ち切ろうとする「暴力団排除条例」が全都道府県で制定され，暴力団弱体化の原動力となっている。また，「組織的な犯罪の処罰及び犯罪収益の規制等に関する法律」（平成 11 年法律 136 号）は，暴力団をはじめ外国人犯罪組織，大型経済犯罪を行う会社など，重大な犯罪等を行うことを目的としていればいかなる結社も対象となる点が特徴である。2017 年には，国際連合の「国際的な組織犯罪の防止に関する条約」加盟のため同法に「テロ等準備罪」の規定が設けられた（6 条の 2）。

③としては，「犯罪による収益の移転防止に関する法律」（平成 19 年法律 22 号），「公衆等脅迫目的の犯罪行為のための資金等の提供等の処罰に関する法律」（平成 14 年法律 67 号）や「犯罪捜査のための通信傍受に関する法律」（平成 11 年法律 137 号），「成田国際空港の安全確保に関する緊急措置法」（昭和 53 年法律 42 号）などがある。いずれも結社として把握するのが難しいネットワーク形態で行われる集団・テロリストの活動やそれを援助・助長する特定の行為などを対象とするものである。

---

**COLUMN　中間団体否認の法理とは何か**

かつて政治学者の丸山眞男は国民国家の形成を，封建的な中間団体の解体による主権国家と自由平等な個人への両極分解の過程として考え，それを「ジャコバン」モデルと称していた。これは，近代社会の前提となる個人像確立の「物語」として日本の憲法学にも多大な影響を与えている。

ただ，既述の通り，フランスにおける反結社主義は必ずしも徹底したものではなかったし，イギリスの労働組合のように中世的慣行の温存が労働基本権の確立につながったことなど，結社の自由の考察においては，近代とそれ以前の時代との継続性にも目を向けることが重要である。その後の丸山は，

従来の考え方を転換させたとの指摘もある。

　とはいえ，近代法の成立条件として，①公法上の結社の自由と私法上の法人法理論の二元的展開，②中間団体の絶対的な自律権の否認，③個人の消極的結社の自由の保障を見出せることは確かであり，そうした点から中間団体否認の法理を理解することが欠かせない。

## BOOK GUIDE

□大村敦志『フランスの社交と法──〈つきあい〉と〈いきがい〉』（有斐閣・2002）

□井上武史『結社の自由の法理』（信山社・2014）

□岡田順太『関係性の憲法理論──現代市民社会と結社の自由』（丸善プラネット・2015）

□木下武男『労働組合とは何か』（岩波書店・2021）

[岡田順太]

**CHAPTER 15**

# 家　族

## INTRODUCTION

　下記は，地方公務員災害補償法（地公災法）に基づく遺族補償年金について，妻が受給する場合には年齢制限がないが，夫の場合には 55 歳以上でなければ受給できないことをめぐって提起された訴訟の判決の一部である。社会保障を始め，現代国家が遂行するさまざまな施策が，家族形態や雇用のあり方などと密接に関わっていることが示唆されている。

　日本では，かつては，夫婦とその子からなる核家族が世帯の「標準モデル」とされてきた。しかし，2019 年度の国民生活基礎調査では，全世帯のうち，いわゆる単独世帯が約 30％を占めると推計されている。統計に現れるこうした「家族」のかたちの変化に，憲法や各種法制度はどう向き合っていくべきだろうか。

*

　「……地公災法が立法された昭和 40 年代には，企業は，終身雇用，年功序列賃金，企業別組合といった日本型雇用慣行により主として男性労働者を正社員として処遇していたため，その妻の多くが就業するのは相当困難であったのと性別役割分担意識も相まって専業主婦として日常家事を分担しており，その結果，夫と死別したり，離婚することにより被扶養の利益を喪失した母子世帯の所得保障を行うために昭和 37 年には児童扶養手当制度が設けられるなどしており，昭和 55 年時点でも，いわゆる専業主婦世帯が 1114 万世帯であったのに対して，共働き世帯が 614 万世帯に止まっていたことが認められる。

　上記立法事実を踏まえ，いわゆる専業主婦世帯を想定し，その働き手である夫が死亡した場合に，『妻の場合には就業の機会が難しいという面がある，そういう面とともに，それから就業しているといたしましても給与が低いとか，そういった実態上の問題があるというようなことから』，妻については，年齢や障害の有無に関わらず類型的に生計自立の能力のない者として，年齢要件等を設けずに生計維持要件を有する者は遺族補償年金の受給権者としたことには，地公災法が立法された当時においては，一定の合理性があったといえる。」（遺族補償年金等不支給決定取消訴訟〔大阪地判平成 25・11・25〕より抜粋）

**KEYWORDS**　家族　同性婚　パートナーシップ　生殖補助医療

# I. 憲法・国家・家族

## 1. 日本国憲法のなかの家族

　日本国憲法は，家族について多くを語らない。24条は，1項で婚姻は両性の合意のみに基づいて成立すると述べ，2項で婚姻・家族に関する法律は「個人の尊厳と両性の本質的平等」に立脚して制定されるべきと定めるが，それだけである。そのため，24条1項が大日本帝国憲法下の明治民法で認められていた婚姻に対する戸主の同意権等を否定し，婚姻の自由と夫婦の同等の権利を保障したものであることは別段として，日本国憲法が婚姻や家族にいかなる保障を与えているのか・いないのかは，これまで十分に論じられてこなかった。相続や再婚禁止など，家族に関する訴訟において立法裁量が広く認められてきたことも状況に拍車をかけていた（最大決平成7・7・5，最判平成7・12・5など）。

　しかし，2013年に最高裁が非嫡出子の相続分を嫡出子の2分の1と定めていた民法900条4号（2013年改正前）を違憲とし（最大決平成25・9・4），2015年には2つの大法廷判決，すなわち民法750条の定める夫婦同氏制度を「直ちに合理性を欠く制度であるとは認めることはできない」とした判決（最大判平成27・12・16民集69巻8号2586頁）および女性のみに6か月の再婚禁止期間を定めた民法733条（2016年改正前）を一部違憲とした判決（最大判平成27・12・16民集69巻8号2427頁）において憲法24条に積極的に言及するなど，近年，注目が高まっている。

## 2. 家族のかたちと憲法

### (1)　国家と家族

　一般に，家族は，生命や労働力の再生産，保護・休息，性愛の充足等の多様な機能を営む，親族からなる集団と定義される。個人に

とって，家族は，私的領域を確立し，そこにおける公権力の不介入を確保する「国家に対する防波堤」という側面を持つ。他方，こうした小集団は国民統合や社会政策を実施する装置としても便宜であるため，国家は，家族を保護し利用するインセンティヴを持つ。実際，近代初期から，国家はさまざまな法を通じて家族を規定し，「保護」してきた。だが，こうして制度化された家族は，個人にとって，国家による保護と承認の契機となる反面，私事性や自律を侵食する可能性をはらむこととなる。このように，家族は，一方において私的な親密性の現れであるとともに，他方においては，国家の定める制度や規範による承認と介入の対象物でもあり，個人の尊重を基礎とする近代立憲主義型の憲法にとって，そもそも相反する性格を併せ持つ存在である。こうした性格は，ライフスタイルや家族関係の多様化が進み，また，1970 年代以降のフェミニズム・ジェンダー法学の発展によりこの問題が認知されたこととも相まって，こんにち次第に前景化している。**1.** でみた近時の家族への注目は，そうした状況を反映したものと言える。

### (2) 憲法と家族

世界人権宣言 16 条 3 項は「家庭は，社会の自然かつ基礎的な集団単位であって，社会および国の保護を受ける権利を有する」と述べる。こうした家族の保護を規定する条項（家族条項）を憲法に置くことは，20 世紀以降，珍しくなくなった。「婚姻は，家族生活および民族の維持・増殖の基礎として，憲法の特別の保護を受ける」（119 条 1 項），「家族の清潔を維持し，これを健全にし，これを社会的に醸成することは，国家および市町村の義務である」（同条 2 項）と定めたワイマール憲法はその嚆矢である。社会国家を掲げるドイツは，こんにちでも，連邦共和国基本法 6 条 1 項で「婚姻および家族は，国家秩序の特別の保護を受ける」と定めている。フランスは，第 4 共和制憲法の前文で「個人および家族に対して，それらの発展

に必要な条件を確保する」と謳い，現行憲法（第5共和制憲法）の前文でそれを確認している。

社会主義国家の憲法は，より具体的に保護の内容を定めていることが多い。ソ連憲法（1977年）53条は「家族は，国家の保護を受ける」と定めるとともに「国家は，広範な児童施設網の創出と発展，生活サービスおよび公共給食の組織化と改善，出産手当の支給，多子家族への手当および特典の供与ならびにその他の種類の家族に対する手当および援助によって，家族についての配慮を示す」と規定していた。

他方，アメリカでは，婚姻や家族に関する事項は伝統的に州の管轄とされており，連邦の憲法には一切規定がない（州憲法はさまざまだが，家族条項は一般的でなく，婚姻に関する規定を持たない州もある）。カナダの人権憲章（1982年憲法法律第1編）も同様である。

### (3)　日本の家族・世界の家族

日本国憲法は24条で婚姻および家族について言及するが，家族保護条項としての色彩は削がれている。その上で，民法や戸籍法を始めとした法律によって，法律上の婚姻・家族制度を定めた。それらを通じてモデルとなる世帯像が描かれ，課税や社会保障給付の基礎単位として幅広く「世帯」を利用する，世帯単位の社会保障システムが構築されてきた。

制定過程における議論からは，日本国憲法24条が「家」制度の擁護も社会権的な家族保護も否定する意図を有し，個人主義を原理として成立したことが伺われる。これは，当時の日本社会が抱えていた課題を反映したものと言えるだろう。しかし，こんにちでは，当時は想定されていなかった婚姻・家族に関するさまざまな問題に光があてられつつある。日本国憲法はそれらの問題について何を語りうるのか，以下，諸外国における婚姻・家族制度と憲法との関わりを参照しつつ考えてみよう。

## Ⅱ. 婚姻制度の多様性

### 1. 婚姻と宗教・慣習

婚姻はそれぞれの社会の慣習や宗教と深く結びついている。それだけに，各国の定める婚姻制度にも多様性がみられる。その1つが複婚（重婚）である。

アメリカでは，19世紀に設立されユタ州で広がったモルモン教（末日聖徒イエス・キリスト教会）が，当初，一夫多妻制を是としていた。しかし，連邦法は重婚を刑事罰をもって規制しており，信者が重婚の罪で起訴される事件が起こった。宗教上の教義に基づき一夫多妻制を実践した者に対し同連邦法を適用することが信教の自由を保障した合衆国憲法第1修正に反するか否かが争点となったこの事件において，連邦最高裁は，合衆国において一夫多妻制が社会に対する罪でないと考えられていた時代はなく，当該連邦法は連邦の立法権の範囲内のものであり，信仰を理由にその義務を免除することは認められないとして，同法の適用を合憲と判断した（Reynolds判決〔1878年〕）。

他方，中東やアフリカ地域では，宗教または慣習上，複婚が広く認められていた。トルコ（1926年民法）やチュニジア（1956年身分関係法）のように法律で多妻制を廃止した国もあるものの，こんにちでも一夫多妻制を法的に認める国が少なくない。世界で最も多くイスラム教徒が住んでいる国とされるインドネシアの場合，1974年婚姻法において一夫一婦制の原則を定める（3条1項）とともに，裁判所が認めた場合には男性が複数の妻を持つことを認めている（同条2項）。

## 2. 同性婚

### (1) 異性婚主義を超える

人の性的指向は多様である。しかし，従来は，異性愛（ヘテロセクシャル）を前提として婚姻制度が設計されてきた。民法を始めとする日本の現行法上の婚姻制度も同様である。これに対し，21 世紀に入ると，西欧や北米を中心に，異性婚主義を超える婚姻制度を採用する国が登場しはじめる。

世界で最初に同性カップルに対して婚姻の扉を開いたのはオランダである。オランダは，憲法（オランダ王国基本法）上婚姻に関する定めはなく，民法上も異性婚に限定すると読める総則的な規定はなかった。そのため，2001 年に民法を改正し，「婚姻は，異性または同性の 2 人によって取り結ばれる」（30 条 1 項）とする一項を挿入することで同性婚を実現した。北米で先んじたのはカナダである。カナダの憲法（1982 年憲法法律）にも婚姻に関する規定はない。かつては各州の婚姻法や家族法に異性婚を前提とする規定が存在したが，2005 年に，連邦法として「婚姻は，配偶者が同性であることのみをもって無効であったり，無効とされたりしない」（4 条）との規定を持つ市民婚姻法を制定することで同性婚を実現した。

2019 年には台湾で「同性婚の権利を保障する特別法」が施行され，アジアで初めて同性婚に法的承認が与えられた。2021 年時点で約 30 か国が同性間の婚姻を認めている。地域的な偏りはあるものの，性的指向の多様性を組み込んだ婚姻制度を採用する国は，わずか 20 年の間に急速に増えている。その一方で，中東およびアフリカを中心に，同性間における性行為を犯罪としている国も，なお 70 か国近く存在する。

### (2) 異性婚主義の憲法問題

先に紹介したオランダやカナダでは，憲法は婚姻について沈黙していた。しかし，憲法が異性婚を前提としている場合，それを超え

る婚姻制度を定めることは憲法に反する可能性を持つ。他方で，法律で異性婚のみを規定することが平等など憲法のその他の条項と抵触することも考えられる。同性婚を承認した国のなかには，こうした憲法問題に向き合った上でその実現に漕ぎ着けた国も少なからず存在する。

　憲法が異性婚を前提としていた国の例としては，スペインが挙げられる。スペイン憲法 32 条 1 項は「男女は，法律上完全に等しく，婚姻の権利を有する」と定めており，2005 年に同性婚を承認する法律が制定された時点では，憲法と抵触する可能性があった。スペイン憲法裁判所は，それ以前に，男女間の婚姻は憲法 32 条に基づく権利であるが同性カップルの結合は同条の保障する権利ではないと述べていたからである（1994 年 7 月 11 日決定）。しかし，2012 年，同性婚を認める民法 44 条は憲法 32 条に違反しないと憲法裁判所が判断したことで，この問題は解釈上の決着をみた（2012 年 11 月 6 日判決）。同様の解釈上の処理は，「婚姻することのできる年齢の男女」に対して婚姻・家族形成の権利を保障する欧州人権条約 12 条についても行われている。

　同性婚を認めない法令の憲法適合性が争われたケースとしてはアメリカの事例が有名である。アメリカでは，2004 年にマサチューセッツ州が初めて同性婚を承認したのを皮切りに，2013 年までに 13 の州およびワシントン D.C. で同性婚制度が導入される一方，29 の州が州憲法で婚姻を異性間に限定していた。こうしたなかで，2013 年，連邦法上の「婚姻」概念を男女間の結合に限定する連邦法（婚姻防衛法）が違憲とされ（Windsor 判決），2015 年には同性婚を認めない州法が連邦憲法に反するとされた（Obergefell 判決）。後者の判決において，連邦最高裁は，婚姻の権利は個人の自律に内在し，他の結合とは異なる 2 人の人間の繋がりをサポートし，子どもと家族を守り，社会秩序の要石であるという理由から長い間，憲法

上，基本的権利として保護されてきたとした上で，これらの理由において異性カップルと同性カップルに差異はなく，同性カップルをこの社会の中核的制度（婚姻）から締め出すことは彼らを貶めることだと述べ，第14修正による婚姻の権利の保障は同性カップルにも及ぶとした。

**(3)　婚姻の広がりと家族形成権の限界？**

同性間の婚姻を認めた国であっても，その法的効力は必ずしも異性婚と同一ではない。養子縁組や生殖補助医療の利用にあたり違いを設ける国もある。また，同一の制度を設けることが実質的な不平等をもたらすこともあり，各国それぞれに慎重な議論が続けられている。

ポルトガルは2010年に同性婚を承認したが，当初は，同性カップルに対しては養子縁組も生殖補助医療の利用も認めていなかった。しかし2016年に養子縁組を認める法律が施行された。

フランスでは，2013年に「同性カップルに婚姻を解放する法律」が制定され，同性カップルにも婚姻を選ぶ途が開かれた。法律の名が示すように，その法的効力は異性婚と変わらず，養子縁組をすることも権利として認められたが，生殖補助医療の利用は認められなかった。しかし，2021年の生命倫理法改正により，同性カップルやシングルの女性を含むすべての女性に生殖補助医療へのアクセスが認められた。これにより女性カップルには家族形成の選択肢が増えたが，同法は代理母を禁止しているため，男性カップルとの間では実質的な不平等が生じている。

これに対してオランダでは，養子縁組はもちろん，同性カップルにも生殖補助医療の利用が認められている。2014年の民法改正では，女性カップルが非配偶者間人工授精を利用した場合，子を分娩した母と婚姻関係にある女性が自動的に子の2人目の母となる（automatic parentage for co-mothers）こととなった。男性カップルにお

ける同様の関係（co-fathers）の導入はこの時点では見送られたが，現在検討中だと言われる。

## III. 親密な関係の多様なかたち

### 1. 親密な関係の多様なかたち

#### (1) 事実婚

　婚姻・家族関係の変化は，婚姻以外の親密な関係の保護の拡大というかたちでも現れている。日本の社会は，「かつては皆婚規範が強く，特別な理由がない限り人生の中で結婚することが当たり前とする意識が一般的だった」（『平成25年度版厚生労働白書』56頁）と言われる。そこでの結婚が法律婚であることは，出生する子どもの約98％が婚姻関係にある男女から生まれた子であることからも推察される。しかし，近年では，「夫婦」として共同生活を営みつつも，氏を変えることで生じる不都合を避けたり，伝統的な婚姻制度に抵抗したりと，さまざまな理由から事実婚を選択する人々も徐々に増えている。国民健康保険や厚生年金保険，介護保険などの社会保険，地方公務員災害補償や犯罪被害者給付金などの各種補償については，「配偶者」の規定に「婚姻の届出をしていないが事実上婚姻関係と同様の事情にあった者」をも含ませることで保護が図られているが，相続や課税の場面で法律婚に与えられている保護は，現行法上は事実婚には及ばない。

　世界的には，婚姻関係を選ばずに同棲することがより一般的な国も少なくない。また，そうしたパートナーシップに対して法的な枠組みが与えられていることも多い。

#### (2) パートナーシップの保護

　スウェーデンで1988年に施行されたサムボ（同棲）や，フランスで1999年に導入されたPACS（民事連帯契約）は，婚姻以外の親密な関係に法的な保護を与える代表例である。サムボとは，住所を

同じくし，継続して共同生活を営み，性的関係を持つカップル関係を指す。カップルが離別した際に経済力の弱い側に最低限の生活を保障することを目的としたもので，一定の相続権も認められている。PACS とは，性別に関係なく，成年に達した 2 人の個人の間で安定した共同生活を営むために交わされる契約を指す。サムボとは異なり性的関係は前提とされていない。フランスでは，それ以前から，性的関係を有する男女のカップルにはコンキュビナージュとして一定の保護を与えていたが，PACS は共同生活により強力な保護を付与するもので，相続や課税についても一定の保護が与えられている。

Ⅱ. では同性婚の広がりを概観したが，こんにち同性婚を承認している国のほとんどは，その前段階として，同性カップルに対し婚姻とは異なる法的保護を与えていた。パートナーシップ制度やシビルユニオンと呼ばれるものである。法的効果はさまざまであるが，相続・課税・社会保障・養子縁組のいずれについても一定の保護を与えているものがほとんどである。スウェーデンやノルウェーのように，同性婚の承認後，パートナーシップ制度を廃止した国もあるが，オランダやフランス，イギリスのように並存させている国もある。

## 2. 婚姻外で生まれた子の保護

横の関係である婚姻やパートナーシップの変化は，縦の関係，すなわち親子関係にも変化をもたらす。Ⅱ.2.(3) でみた生殖補助医療を媒介とした生物学的な意味での親子関係と法的親子関係の切断の可能性や，婚姻外で生まれた子の保護をめぐる問題がそれにあたる。

婚姻外で生まれた子の保護に関しては，日本では，民法 900 条 4 号（2013 年改正前）が嫡出子と非嫡出子の間で相続分について異なる取扱いを定めていることが，長らく問題とされてきた。1995 年に最高裁はこの規定を合憲とする決定（最大決平成 7・7・5）を下したが，そこでは，この規定が「法律婚の尊重と非嫡出子の保護の調

整を図ったもの」で，民法が法律婚主義を採用していることから立法理由には合理性があるとされた。しかし，2013年決定（最大決平成25・9・4）で最高裁はこの結論を覆す。その際，理由の1つとして諸外国の状況の変化が示された。いわく，「欧米諸国においては，かつては，宗教上の理由から嫡出でない子に対する差別の意識が強く，昭和22年民法改正当時は，多くの国が嫡出でない子の相続分を制限する傾向にあ」ったが「現在，我が国以外で嫡出子と嫡出でない子の相続分に差異を設けている国は，欧米諸国にはなく，世界的にも限られた状況にある」と。

**1.** でみたように，親密な関係に多様なかたちで保護が与えられるようになれば，必然的に，婚姻外で生まれる子の数は増え，法律婚だけを「尊重」することの合理性も低減する。諸外国における婚姻外で生まれた子に対する法的区別の廃止の動向は，それに対応したものと言える。また，日本のように，婚姻外で生まれる子の割合が少ない場合，それ自体が差別や偏見につながるリスクも大きくなる。横の関係の多様化を模索するのであれば，同時に，婚姻外で生まれた子の保護についても考えていく必要がある。

## BOOK GUIDE

□ 辻村みよ子『憲法と家族』（日本加除出版・2016）
□ 棚村政行 = 中川重徳編『同性パートナーシップ制度──世界の動向・日本の自治体における導入の実際と展望』（日本加除出版・2016）
□ 同性婚人権救済弁護団『同性婚──だれもが自由に結婚する権利』（明石書店・2016）

［大河内美紀］

# CHAPTER 16

# ジェンダーの平等

## INTRODUCTION

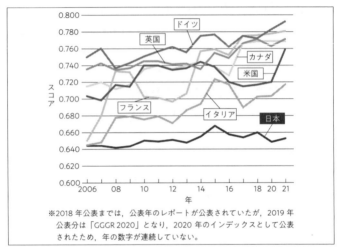

※2018 年公表までは，公表年のレポートが公表されていたが，2019 年
公表分は「GGGR 2020」となり，2020 年のインデックスとして公表
されたため，年の数字が連続していない。

G7 各国のジェンダーギャップ指数の比較（内閣府男女共同参画局広報誌「共同参画」2021
年 5 月号 8 頁より）

　各国の男女格差を数値化した指標の 1 つに，ジェンダーギャップ指数がある。
これは，世界経済フォーラムが 2006 年から発表しているもので，経済・教育・
健康・政治の 4 分野のデータによって算出されている。0 から 1 までの数値で表
され，1 が完全平等，0 が完全不平等を意味する。2021 年 3 月に公表された 2021
年版の GGGR（世界ジェンダーギャップ報告）によれば，日本のジェンダー
ギャップ指数は 0.656，156 か国中 120 位だった。

　公表が始まった 2006 年以降日本のスコアがほぼ横ばいであるのに対し，各国
はジェンダー平等のための取組みを強化しており，相対的に日本の順位は下降線
をたどっている。特に，政治と経済分野での「伸び悩み」は顕著である。こうし
た現状に対して，憲法からどのような解決策を見出せるだろうか。

**KEYWORDS**　アファーマティヴ・アクション　ポジティヴ・アクション　間
接差別　クオータ（クオータ制）

# I. ジェンダーの平等への道のり

## 1. 近代憲法と性の不平等

　女性の人権は「20.5世紀的人権」（金城清子『法女性学──その構築と課題〔第2版〕』〔日本評論社・1996〕27頁）という言葉が端的に示すように，ジェンダーの平等は，憲法史のなかでは比較的新しい論点である。言うまでもなく平等は近代市民革命の理念の1つだが，参政権の例が示すように，その平等とは能動市民，すなわち一定以上の財産を有する男性の間の平等であり，そもそも女性はそこに含まれていなかった。また，20世紀に入るまでは，個人を法的に均等に取り扱うことを平等と捉える形式的平等観が主流を占めており，各人の性に起因する現実の不平等は等閑視されてきた。近代憲法は，二重の意味で性に基づく不平等を内包していたと言える。

　こうした不平等の克服は段階的に進んだ。19世紀後半に始まった女性参政権運動は，アメリカでは1920年，イギリスでは1928年に男女普通選挙として結実した。フランスでは第4共和制憲法（1946年）の前文ではじめて，法律の上での男女平等が謳われた。とはいえ，この時期に目指された平等はあくまで男性と同等の権利を要求することであり，憲法を含む近代法・制度や社会に埋め込まれた男性を標準とする人間像や伝統的な性別役割はなお温存されていた。それを炙り出したのが1970年代以降に展開した第二波フェミニズムであり，ジェンダー概念である。社会的・文化的に構築された性を意味するこの概念の登場によって，従来，生物学的・本質的なものと捉えられてきた「性差」を生み出し，再生産する構造そのものに光があてられるようになった。それに呼応して，憲法が実現すべき人権や平等の捉え方にも，新たな視点が示されてきている。

## 2. 日本の歩みと現在地

　ひるがえって日本はどうか。日本国憲法は 14 条で性別による差別の禁止を明示し，それに先立って改正された選挙関連諸法により女性に参政権が与えられた。女性の社会進出を妨げていた明治民法上の妻の無能力に関する定め（14 条～17 条）も廃止された。その結果，形式的な平等は確保されたものの，性差を理由とする法律上・事実上の異なる取扱いは広く残された。特に顕著だったのは労働の領域である。当時，女性は「男性並み」の労働力ではなく，結婚・出産を機に退職するものと考えられており，結婚したら退職するとの念書を入社時に書かせる結婚退職制や男女別定年制を設けている企業が少なからず存在した。制定（1947 年）当初の労働基準法には賃金に関する規定を除いて性差別を禁止する規定はなく，逆に，時間外労働や深夜業の制限など広範な女子保護規定を用意していたため，こうした慣行の歯止めにはならず，むしろ，企業が女性労働者の能力開発に取り組むことを躊躇わせるものだった。結婚退職制や男女別定年制は，1980 年代初頭までに司法によって否定されたが（住友セメント事件〔東京地判昭和 41・12・20〕，日産自動車事件〔最判昭和 56・3・24〕)，募集や職業訓練等の場面での別異取扱いの解消は，女性差別撤廃条約（女子に対するあらゆる形態の差別の撤廃に関する条約）の批准（1985 年）とそれに先立って整備された男女雇用機会均等法（雇用の分野における男女の均等な機会及び待遇の確保等に関する法律）の登場を待たねばならなかった。

　1997 年の男女雇用機会均等法改正により，労働条件における性差別の禁止は強化された。しかし，それだけで労働の領域における女性の参画が進むわけではない。日本の社会保障や労働市場は「男性稼ぎ主モデル」，すなわち，男性が安定した雇用によって家族賃金を得る一方で女性は家庭責任を負うという家族像を標準として設計されており，それが構造的な障壁となっているからだ。実際に，

女性の労働力率（労働力人口÷15歳以上人口）は1990年代には50％でほぼ横ばいが続いていた（男性は75％を超えていた）。そのため，1999年に制定された男女共同参画社会基本法は，制度や慣行の中立化を含む5つの基本理念（3条～7条）を示し，積極的改善措置（アファーマティヴ・アクション）を含む男女共同参画社会の促進に関する施策を策定・実施する義務を国と地方公共団体に課した（8条・9条）。労働と並んでジェンダーギャップの大きさが指摘されていた政治の領域については，2018年に政治分野男女共同参画推進法（政治分野における男女共同参画の推進に関する法律）が制定された。

　しかし，ジェンダーギャップ指数は，日本の取組みが国際的潮流に追いついていないことを示唆する。では，諸外国はどのような取組みを行っているのか。以下，労働と政治について見ていこう。

## II. 労　働

### 1. 積極的改善措置と間接差別

#### (1) EC/EU

　ヨーロッパ諸国では1970年代以降，労働の領域でより実質的な男女平等を目指す動きが加速するが，そこにはEC/EU法の影響が大きい。その出発点は1976年の平等待遇指令（EC理事会指令76/207号）である（☞用語解説⑨）。EC加盟国に労働条件における男女平等待遇原則を実現させるべく定められたこの指令は，「男女平等待遇」とは「直接間接を問わず」性別による差別のないことだとし（2条1項），女性の機会を喪失させている現実の不平等を解消することにより「男女の機会均等を促進する措置」を加盟国がとることを認める（同条4項）ことで，いわゆる間接差別（直接には差別を含まない制度・基準であっても，それを用いることで特定の人種や性に属する人に合理性なく不利益な結果がもたらされるもの）を禁止し，アファーマティヴ・アクションに道を拓いた。この指令は，セクシャ

ル・ハラスメントの禁止などを盛り込みつつ（2002 年改正），こんにちに至っている。

とはいえ，平等待遇指令が求めるのはあくまで「機会均等」である。そのため，各国で採られたアファーマティヴ・アクションが「機会均等」を逸脱するものでないかもまた，問題となる。これまでに提起された事件を通じて，欧州司法裁判所は，男女が同等の資格を有すると評価される場合に「自動的に」「絶対的かつ無条件に」優先権を与える措置は指令に反する（Kalanke 判決〔1995 年〕）が，「候補者の特有の個人的事情を考慮する」客観的評価を行うことは許される（Marchall 判決〔1997 年〕）として，慎重な線引きを行っている。他方，間接差別については，フルタイム労働者とパートタイム労働者とで異なる処遇を行うことについて，性に基づく差別に関連しない客観的事由に基づくものであることを使用者が自ら証明しない限り，間接差別に該当するとされた事例がある（Bilka 判決〔1986 年〕など）。

### (2) アメリカ

アメリカでは，1964 年に制定された公民権法第 7 編により，人種や皮膚の色と並び，性に基づく雇用差別も禁止されることとなった（703 条）。この規定は，こんにちでは，常時 15 名以上の労働者を雇用する私企業，労働組合および連邦・州・地方政府機関に適用されている。また，公民権法に続いて発せられた大統領令 11246 号（1965 年）および同 11365 号（1967 年）は，連邦政府と大規模な取引をする私企業に対し，目標数値を含む是正計画（アファーマティヴ・アクション計画）の作成と実施を求めている。

ただし，公民権法第 7 編には積極的に不均衡を是正する義務や間接差別に関する定めはなく，逆に，同法を「優遇措置を与える」ことを雇用者に要請するものと解してはならないとしている（703 条(j)）。そのため，何が差別にあたるのか，どのようなアファーマ

ティヴ・アクションであれば許容されるのか，鋭く問題となってきた。性に関する事案としては，地方の交通局が自発的に講じた女性が少ない職種への優先登用策が問題となった Johnson 判決（1987 年）がある。同判決において連邦最高裁は，統計的に証明された差別的効果を排除する目的で公共機関がアファーマティヴ・アクションを採用することは，男性労働者の正当な利益や期待を不用意に妨げず，また，バランスのとれた人員を達成する意図によるものである限り，許容されるとした。間接差別に相当する「差別的効果」の禁止は，1991 年改正で法文上明記された（703 条(k)(1)）。

## 2. 日本の取組みの現状と課題

　諸外国に見られるこうした取組みの受け皿は，日本でもすでに用意されている。男女共同参画社会基本法で明記された積極的是正策へのコミットメントは，2020 年までに女性管理職を 30％に増やす「2020 年 30％」の政策目標として具体化され，民間企業の取組みを促進するため「女性の職業生活における活躍の推進に関する法律」も制定された。この枠組みのもとで，設定期間中に目標数値を達成した機関を顕彰したり（ゴール・アンド・タイムテーブル方式），企業が女性登用や子育て支援等を行っていることを公契約における評価項目の 1 つにしたりと，さまざまな策が講じられている。また，2006 年の男女雇用機会均等法改正により，従来性別を理由とする差別が禁止されてきた事項に関して，厚生労働省令により「実質的に性別を理由とする差別となるおそれがある措置」と定められたものについては原則禁止するという形で，間接差別の禁止にも踏み込んだ（7 条）。労働者の募集・採用にあたって身長や体重を要件とすることや転勤に応じられることを要件とすることは，これにより禁止された。

　しかし，「2020 年 30％」の目標は達成には至らず，先送りとなっ

た。社会の変化には時間がかかる。間接差別についても，法律上禁止される措置は省令に列挙されたものに限られており，2009 年に採択された女性差別撤廃委員会（女性差別撤廃条約に基づいて設置された条約の履行監視機関）の最終見解でもその狭さが指摘された。間接差別の線引きは難しく，法令により対象を明確にすることの利点は大きいが，狭すぎれば十分な対応ではなくなる。まして日本の場合，そうした場合に司法が率先して平等の解釈として間接差別を認定するかどうか，疑問が残る。実際に，夫婦同氏制を定める民法 750 条の合憲性が争われた訴訟において，原告らは約 96％の夫婦が夫の氏を選んでいる状況を理由に憲法 14 条 1 項に反する間接差別だと主張したが，最高裁は形式的な不平等は存在しないとしてこれを否定している（最大判平成 27・12・16）。

## III. 政　治

### 1. 是正の取組みの必要性

　女性が選挙権を獲得してから 75 年経った 2021 年現在，日本の国会議員のうち，女性は衆議院で 9.7％，参議院で 23.0％を占める。世界平均は下院（一院制を含む）が 26.0％，上院が 25.1％であり（☞ **CHAP. 6**），衆議院の低さが際立つ。政治分野男女共同参画推進法はこの現状を是正すべく制定されたもので，国・地方の議会選挙において「男女の候補者の数ができる限り均等となる」（2 条 1 項）ことを目指している。同法の制定に至るまでには合意形成に向けたさまざまな議論があったが，女性議員を増やす取組みは，平等のほかにも政党の候補者選定の自由や立候補の自由，国会議員の「全国民代表」性等との関係が問題となりうるため，いかなる仕組みであれば憲法適合性を確保できるかが問題となる。憲法適合性は，強制の程度や手法，選挙権の本質をいかに捉えるか等によって変わるため一概に論じることはできないが，結局，同法では強制力を伴う手法は

採らず，政党が自主的に取り組む（同条4項）ことが基本とされた。同法の制定後，衆参一度ずつ総選挙・通常選挙が行われたが，女性議員比率はそれぞれ微減・微増で，同法の効果は今後の取組みに委ねられている。

## 2. クオータの挑戦

　もっとも，日本以外の国でも，選挙権の平等を保障しただけでただちに女性の政治への参画が進んだわけではない。こんにちでは約130の国・地域が議席の割当て（クオータ）を伴う何らかの制度を導入しており，それが数字に反映されている。とはいえ，クオータの導入にあたっては他の憲法原理との関係で慎重な検討が必要であり，こんにちに至るまで，各国で試行錯誤がなされてきた。

### (1)　比例代表制を利用したクオータ

　例えば，フランスである。フランスでは現在，国と地方，双方の議会選挙において候補者の男女比を等しくするための施策が採られているが，そこに至る道のりは平坦ではなかった。1982年，世界に先駆けて地方議会選挙における25％クオータ（候補者名簿に同一の性の候補者を75％以上含んではならない）を導入しようとしたところ，選挙人・被選挙人をカテゴリーによって区別するものであるとして憲法院はこれを違憲とした（1982年11月18日憲法院判決）。憲法の定める不可分の主権や平等の原理に反するとしたのである。しかし，90年代に入ると，形式的な普遍主義を批判し，真に男女市民が政治に平等に参画するパリテを求める声が高まり，それに背を押されるように，主要政党の1つである社会党が男女同数の候補者を交互に並べた名簿（男女交互名簿）で欧州議会選挙に臨む。同党は1997年総選挙で第1党となると，パリテを実現すべく，まず憲法を改正し「選挙によって選出される議員職と公職への男女の平等なアクセスを促進する」（3条5項，2008年改正後は1条2項）こと，政党およ

び政治団体はこの「原則の実施に貢献する」（4条2項）との規定を挿入した上で，2000年，「公職における男女平等参画促進法」，通称パリテ法を制定した。

パリテ法のもと，フランスでは拘束力のあるクオータが導入されたが，すべての選挙に一律にではない。比例代表型の上院選挙の一部や欧州議会選挙では男女交互名簿が義務付けられているが，地方議会選挙等では候補者名簿を登載順に6人ごとに区切り，その中で男女同数にすれば足りる。小選挙区型の下院ではクオータは採られず，各政党の候補者の男女差が2%を超えた場合に助成金を減額する仕組みである。しかし，こうした試みの結果，1996年時点で6.4%にとどまっていた下院の女性議員比率は，こんにちでは39.5%に達している。

ドイツでは，主要6政党の半数がクオータにコミットしているが，法律に基づくものではなく，綱領に基づく政党の自主的な取組みによる。クオータの採用如何は政党の内部秩序の問題に属するという考え方が影響したと言われる（西原博史『平等取扱の権利』〔成文堂・2003〕275頁以下）が，憲法に政党条項を持たず政党の自律性に比較的重きがおかれてきた日本とは異なり，ドイツでは政党の内部秩序が民主主義の諸原則に適合したものであることが憲法上要請され（連邦共和国基本法21条1項），また，基本法が男女同権と性による不利益取扱い・優遇の禁止をうたっている（3条2項）ことも見落とすべきでない。実際に，比例代表による連邦議会選挙については，最も早く施策を打ち出した緑の党では男女交互名簿が用いられ，ドイツ社会民主党は40%のクオータを，キリスト教民主同盟は3分の1のクオータを採用している。2021年時点の下院の女性議員比率は33%となっている。

**(2) 小選挙区制のもとでの工夫**

他方で，比較法的に見ると小選挙区中心の選挙制度を採用してい

る国は少なくなく，その場合にはフランスやドイツのような仕組み
は採り得ない。ではどのような仕組みが考案されているのか。

イギリスでは，法律によるのではなく，政党による独自のクオー
タの取組みがなされている。二大政党では労働党がこれにコミット
している。1980年代後半から女性議員比率を高める取組み（数値目
標の設定など）を行ってきた同党は，1993年，候補者選出にあたり
女性指定選挙区（All woman short list：女性限定最終候補者リスト）の
導入に踏み切った。議席を獲得する見込みのある選挙区の半数で，
実質的に女性だけを公認候補者とする仕組みである。1996年に労
働審判所が性差別禁止法（1975年）に反すると裁定した（ジェプスン
他対労働党事件〔1996年〕）ため，同党は，すでにこの仕組みのもと
で女性候補者が選出されていた38の選挙区を除いてこの取組みを
停止したが，それでも1997年総選挙では全659選挙区のうち159
選挙区で女性が擁立され，女性議員数は37名から102名に急増し
た。

労働党内閣のもと，2002年に性差別禁止法は改正され，政党が
議員に選出される男女数の著しい不平等を減少させる目的で採用す
る措置には適用されないものとされた（2015年までの時限立法）。そ
れをうけて，同党は女性指定選挙区を復活させた。2019年総選挙
では労働党議席のうち51.2％が女性議員となっている。地域・地
方議会選挙では，逆差別やスティグマ効果のリスクがより低いツイ
ン方式（隣り合う選挙区でペアを作り男女1人ずつ候補者を立てる）が採
られたこともある。

その一方で，憲法または法律によって女性指定議席を創設した国
もある。現在最も女性議員比率の高い国ルワンダは，1990年に勃
発した内戦の後，2003年に制定された新憲法で意思決定機関の
30％を女性に割り当てること（10条4項），下院については80議席
中24議席を女性指定議席とすることを定めた（75条2項）。女性指

定議席は各県および首都に 2 議席ずつ割り当てられ，一般の議席とは別に，女性の選挙人団によって選挙される。その結果，2021 年時点では下院の女性議員比率は 60％に及ぶ。ただし，その背後には 1994 年の虐殺を生き延びた者の 8 割が女性だったという特殊な事情があることも見落とすべきではない。

### 3. クオータ以外の試み

　対照的な国がアメリカである。アメリカは一般にクオータに消極的であり，議会選挙では国・地方のいずれでも採用されていない。その背景には，連邦議会の上下院で小選挙区制が採用され，さらにその候補者は予備選挙によって選ばれるといった選挙制度上の障壁や，仮に議会がクオータを導入しようとしても連邦最高裁によって違憲と判断されるのではないかとの懸念がある。アメリカでは，人種の場合と異なり性に基づく区分には中間審査基準と言われるより緩やかな審査基準が適用されるため，過去に違憲とされた人種を理由とするクオータ（Bakke 判決〔1978 年〕）とは異なるとの見方もあるが，下級審レベルでは公選にかかる委員会の委員の構成について男女同数となることを求めた州法を違憲と判断した例（Back v. Carter〔1996 年〕，Mallory v. Harkness〔1995 年〕）があり，この懸念はあながち杞憂とも言えない。その結果，連邦議会の女性議員比率は，2018 年選挙前の時点で 191 か国中 103 位にとどまっていた（列国議会同盟女性議員比率世界ランキングによる）。

　しかし，2020 年の選挙では史上最多の女性議員が当選を果たし，下院の 27.6％，上院の 24％を占めるに至った。10 年前と比べ上院で 7％，下院では 10％以上の増加である。史上初の女性副大統領も誕生した。トランプ前大統領の反フェミニズム的な言動がこの動きに火をつけたとも言われており，皮肉であるが，2000 年代以降に広がってきた政党系・非政党系の団体や教育機関における女性リー

ダー養成のための各種プログラムがその下支えとなったと考えられる。クオータ制によらずとも女性参加を拡大させた好例である。

---

用語解説

⑨ **EU（EC）指令**：EU の法令は，一般に，設立条約その他の基本条約を指す一次法と，一次法に基づいて制定される二次法とに区別される。条約は加盟国間の合意によって制定されるが，二次法は一次法によって立法権を授権された諸機関（欧州議会，欧州連合理事会など）によって制定される。「指令」は二次法の１つであり，加盟国の政府に対して直接に法的拘束力を持つ。指令によって政策目標と実施期限が定められると，加盟国は，期限内にその政策目標を達成するため，立法その他の国内的措置をとることが求められる。なお，二次法には他に規則，決定，勧告および意見があり，それぞれ法的効力や規制の及ぶ対象などが異なる。

---

**BOOK GUIDE**

□辻村みよ子ほか『概説ジェンダーと人権』（信山社・2016）
□前田健太郎『女性のいない民主主義』（岩波書店・2019）
□辻村みよ子編『世界のポジティヴ・アクションと男女共同参画』（東北大学出版会・2004）

［大河内美紀］

**CHAPTER 17**

# プライバシー保護

**INTRODUCTION**

　今やすっかり日常用語としても定着したプライバシーだが，日本国憲法にはその保護を明示する規定はなく，「新しい権利」の代表例として位置付けられている。もっとも，このプライバシーというものについては，日本以外にも憲法で明文の保障規定を持っていない国が少なくないこと，科学技術の発展など社会の歴史的変化の中で，プライバシーに求められる位置づけ自体も変化したことなどにより，今なおその定義づけ，性格づけについては議論がなされている。本章では，これまでの歴史的展開・変遷に沿って検討を進め，現代におけるプライバシー理解について考えてみることにしたい。

**KEYWORDS**　一人で放っておいてもらう権利　私生活秘匿権　自己情報コントロール権　情報自己決定権

# I. 出発点

——一人で放っておいてもらう権利，私生活秘匿権としてのプライバシー権

## 1. 私法上の権利としての始まり

**INTRODUCTION** でも述べた通り，日本においても「新しい人権」（☞ **CHAP. 21**）の代表格とされるプライバシー権は，国際的に見ても，基本的人権に数えられる他の権利との比較において新しい部類に入る権利である。プライバシー権というものの存在が認められる出発点となったのが，ウォーレン（S.D. Warren）とブランダイス（L.D. Brandeis）が 1890 年に Harvard Law Review 誌に公表した，「Right to Privacy（プライバシーの権利）」という論文だとされる。この論文では，写真撮影の簡易化などにより，個人の私生活上の様子を撮影，流布することが容易になったという時代背景のもと，人格権の 1 つとして位置付けられるべきプライバシーの侵害，すなわち，私事への侵害がコモン・ロー（☞ **CHAP. 1 COLUMN**〔11 頁〕）上違法とされ，その救済が認められるべきことを説いたものである。そこでは，名誉毀損や所有権侵害，著作権侵害と区別された要保護性を論じると同時に，救済のあり方を中心に名誉，所有権，著作権について蓄積された従来の法理からの類推が提示されている。このように，この論文によってゼロからプライバシーの権利というものが編み出されたというよりは，従来のコモン・ロー上の権利保障の新たな問題領域への漸進的な拡張が図られたものといえる。そして，19 世紀終盤のアメリカにおいて，イエロー・ジャーナリズムによる私人の私生活の暴露が問題化したことを背景に提示された最初期のプライバシー権は，私人間における私法上の不法行為の問題，私法上の権利として構想されていた。なお，日本におけるプライバシー権保護のリーディング・ケースである（なお，学説においては戦前からすでにプライバシー権の紹介がなされていた。参照，末延三次「英米法における秘

密の保護──いはゆる Right to Privacy について（一）（二・完）」法学協会雑誌 53 巻 11 号 2069 頁以下，53 巻 12 号 2326 頁以下〔1935〕），「宴のあと」判決（東京地判昭和 39・9・28）も，小説のモデルとなった人物と作家（三島由紀夫）との間での私法上の不法行為責任が問題となった事件であった。

　日本の「宴のあと」判決を含む，初期のプライバシー権構想の特徴は，まずは私法上のものとして構想されたということのほか，他者から一定の私的領域に干渉されない権利として位置付けられていることである。例えば，先述のウォーレン・ブランダイス論文においても，先行研究の言葉を借りる形で，「一人で放っておいてもらう権利（right to let be alone）」と定義づけられている。自分の私的領域から他者を排除し，私的領域における私生活を秘匿する権利として整理されたわけである。そして，他の私人の表現活動などとの調整も必要な私法上の権利であることもあってか，保護対象の画定にあたっては，権利者による決定というよりも，私生活として秘匿することを望むのが一般的に見て妥当かに重点が置かれていた傾向がある（例えば，日本において，私人間における私事暴露の不法行為責任が問題となる事案では，「宴のあと」判決の提示した準則が，現在でも一般に適用されているようである）。なお，ウォーレン，ブランダイスも，自己の感情等を他者とやりとりする（communicate）かどうかの自己決定権がコモン・ロー上認められていることをプライバシー権の保障を基礎づける上で援用しており，のちに紹介する自己情報コントロール権説につながるような議論も展開していたことには留意する必要がある。

## 2. 憲法上・公法上の権利への展開

　公法分野でも，プライバシー権が承認された後から見れば，プライバシー権の保障に関わると整理できる，住居の不可侵に関する条

項などが，近代立憲主義憲法の黎明期から，主に刑事手続との関係という形ながら存在していた。これらは，プライバシー権概念の確立後は，プライバシー権の保障規定として再整理されることとなった。さらに，福祉国家化のもとでの国家作用の拡大，複雑化，情報技術の発展などにより，国家による個人の情報把握が拡大していく中で，対国家の関係における私生活，私事の秘匿，さらには個人情報の保護の必要性が増し，憲法上，公法上の権利としてのプライバシー権も各国で承認されるにいたった。こうして，1950 年に署名された欧州人権条約 8 条では，早くも，私生活と家族生活が尊重される権利を明記しており，この条文の解釈論としてプライバシー権保護が展開されてきた。なお，欧州人権裁判所の判例は，物理的，空間的なプライバシー保護のみならず，情報プライバシーの保護についても私生活が尊重される権利から導いている。加えて，冷戦終結期以降に新たな憲法制定，憲法改正が行われた国々の憲法典においては，私生活，家族生活の保護といったプライバシー保護の明文規定を含むものもいくつか見られる。それは例えば，オランダ王国基本法 10 条 (1983 年改正)，大韓民国 1987 年憲法 17 条，ロシア連邦憲法 (1993 年) 23 条・24 条，ポーランド憲法 (1997 年) 47 条などであり，欧州人権条約の影響か，特に欧州諸国ではこのような規定を置くものが多いように見受けられる。そのほか，20 世紀末以降国家体制の変革があった国や最近の独立国を中心に，私生活の保護のほか，住居の不可侵や通信の秘密などプライバシーに関連する規定を一箇所にまとめたプライバシー条項を持つ憲法も見られるようになっている。例えば，やや古いがスペイン憲法 (1978 年) 18 条，南アフリカ憲法 (1996 年) 14 条，国家体制の変革があったわけではないがスイス連邦憲法 (1999 年) 13 条，コソボ憲法 (2008 年) 36 条，南スーダン憲法 (2011 年) 22 条が挙げられ，ここで挙げたもののうち，南アフリカ，南スーダンを除く国の憲法では個人情報保護への

言及も見られる。

## II. 個人情報一般への拡大と自己決定を重視する整理へ
### ——情報自己決定権，自己情報コントロール権

### 1. ドイツの判例における情報自己決定権の保障

　すでに述べたように，情報技術の発展やそれに伴う情報の収集・保存・活用の進展は，私的領域やそこにおける情報の保護のみならず，個人情報一般の要保護性を高めた。例えば，ドイツでは連邦憲法裁判所の 1983 年 12 月 15 日の国勢調査判決は，個人情報の利用等について原則として各人が個人で決定する権利と位置付けられる情報自己決定権が，基本法 1 条 1 項に結び付けられた 2 条 1 項によって保障される，一般的人格権の一種として認められると判示した。これにより，情報自己決定権の保障がドイツで定着した。

　さらに，同判決が，この情報自己決定権の制約にあたって，組織的・手続的なシステム構築までも要求していたことは注目に値する。この方向性は，2008 年 2 月 27 日の連邦憲法裁判所オンライン捜索判決が，より客観的なシステム構築に力点を置いた，「情報技術システムの秘匿性と完全性を保障する基本権」(IT 基本権などと呼ばれる) を一般的人格権の 1 つとして承認したことにもつながっている。もっとも，システム整備を重視する傾向については，個人の主観的な権利の枠を超えて，基本権を客観的な制度に変容させるものであるし，肝心な主観的権利の保護対象の核心が空疎なものとなっているという批判も見られる。

　ドイツの情報自己決定権のもう 1 つの特徴はその予防的性格である。個人情報収集や保存がなされているだけの時点では，そこに対する不快感や活動への萎縮効果などはともかく具体的な害悪は生じておらず，実際に不当な目的のもとその情報が利活用されて初めて害悪が生じているはずである。そうであるにもかかわらず，情報処

理技術の発展によって，具体的な害悪が容易に生じさせられるものとなったこと，仮に害悪が発生した場合には重大なものとなりやすいことなどを根拠に，予防的な制約を認めるものなのである。

　なお，情報自己決定権は，私的領域の保護や私事の秘匿といった古典的な意味でのプライバシー権とは区別されて並存する基本権であるとも指摘される（小山剛「単純個人情報の憲法上の保護」論究ジュリスト1号〔2012〕122頁は，この点を後述する自己情報コントロール権との相違点として強調する）が，古典的なプライバシー権についても，保障を十全のものとするためのシステム構築を含む，情報自己決定権の場合と同様の，保障措置，権利制約への制限を要求するものであるとされている。

## 2. アメリカのプライバシー権学説の展開

　これに対して，アメリカにおいては，現在でも，憲法はおろか法律でも連邦レベルの統一的なプライバシー，個人情報保護の法整備は進んでおらず，学説はともかく判例においては，主として，刑事手続に関する合衆国憲法第4修正（1791年制定）を舞台にプライバシー権の議論が進められている。そこでは，プライバシー権の保護対象が正面から問題とされるのではなく，裁判所の令状が要求される場合かどうかが，空間や情報の秘匿性についての合理的な期待が認められるか否かを基準に論じられている。もっとも，この基準による判断は，抽象的かつ個別具体的な事案に依存するものであり，近時の情報通信技術を中心とする技術発展のもとで判断は不透明さを増しており，学説からは，基準としてもはや破綻しているとか，立法による明確な基準設定の必要があるとかいった指摘がされている。

　それでは，アメリカの学説におけるプライバシー権理解はどのようなものであろうか。なお，アメリカにおけるプライバシー権概念

は日本のそれよりも広いが，ここでは，情報プライバシー権に限定して論じる。この点については，アメリカにおいてもというべきか，むしろドイツの国勢調査判決よりも時系列的に先んじているが，1960年代の後半になると，情報技術の発展とそれを利用した監視技術の展開といった社会状況のもと，自己に関する情報を，どのような形で他人に提供するかを自ら決定する権利として，プライバシー権を再構成する見解が登場した（A. Westin, *Privacy and Freedom* (1967); C. Fried, Privacy, 77 *Yale Law Journal* 475 (1968)）。同時期にHarvard大学で在外研究を行った佐藤幸治が，主として後者のフリードの論稿に依拠しつつ，このようなアメリカにおける議論（すなわち自己情報コントロール権としてのプライバシー権理解）を日本で紹介・展開することによって，このような理解は日本においても通説化することとなった。もっとも，佐藤が主として依拠した，フリードの見解は人間的な愛，友情，信頼関係といったものを重視したものであると指摘されている。もちろん，このようなフリードの議論の特徴に，自律的な個人の尊重を中心に据える佐藤の基本的人権論との接続の容易性を認めることが可能である。しかし，その反面，上記のようなフリードの見解は，山本龍彦の表現を借りれば，「ウェット」な性格を有するものである。そうすると，この時期には，アメリカにおいても，なお，高度な情報技術による大量の個人情報処理の問題性を十分に認識できていない面があったことは否めないだろう。

　その後の情報技術の発展はめざましく，1990年代後半になると，高度な個人情報・データ処理システムの存在を前提に，個人にとってそのようなシステムが必要不可欠なものとなっている反面，あるいは，そうであるがゆえに，個人の活動や，民主的社会の維持・発展にも大きな影響を与える危険性を有するため，システムやその構造の設計と統制に目を向けたプライバシー権論が提示されるように

なった（このような傾向を示す代表的論者の書籍として，D. Solove, *Understanding Privacy* (2008)〔ダニエル・J. ソローヴ（大谷卓史翻訳）『プライバシーの新理論』（みすず書房・2013）〕がある）。システムやアーキテクチャの重要性に着目するこのようなプライバシー権理解については，個人の権利として理解することが妥当なのか，国家（など）が負うべき整備・統制義務論なのではないかといった指摘もされているところである。ここには，先に見たドイツにおける議論との共通点を見出すことができるだろう。

## III. 日本における最近の展開

最後に III. では，I. や II. で見た沿革やドイツとアメリカにおける議論の概観を踏まえて，プライバシー権理解をめぐる日本における最近の議論について紹介しておくことにする。

ドイツ・アメリカの議論の概観からも，現代のように高度な情報技術が発展した社会においては，その技術の悪用や不具合から個人の情報を保護するような，法的・技術的両面からのシステム，アーキテクチャの整備，統制が主題化していることが窺われた。日本においても，住基ネット事件最高裁判決（最判平成 20・3・6）が，住基ネット（☞用語解説⑩）の構造に情報漏洩等の危険性がないかを審査する，制度の構造審査を施したと指摘されているところである。新型コロナウイルス感染対策においても，情報通信技術の活用が問題となったし，今後，住居や電化製品，さらには交通手段を含む街全体がネットワーク化されていくことを考えると，このような方向性は基本的には妥当であるといってよいだろう。もっとも，システムの問題が私生活，私事の保護，秘匿性の確保といった，プライバシー権の本丸ともいうべき領域から外れていることは否めず，このような問題をプライバシー権の内容として取り込むべきかについては疑問もあるところである。これに関連して，わが国においても，

システム構築の観点を含むドイツの情報自己決定権が，古典的なプライバシー権とは区別されることを強調する論者がいることはすでに II. で見た。さらに，プライバシー権の言い換えのように解されてきた自己情報コントロール権についても，狭義のプライバシー権の範囲を越えたものであることを指摘する見解も有力に提示されている。

　加えて，システムなりアーキテクチャなりの構築・統制というものを主題化することが，個人の権利としてのプライバシー権の定義のあり方として妥当であるかが問われていることについてもすでに述べた。これについては，権利保障の手続的側面を論じているのであって，制度的な仕組みを要求するからといって個人の権利としての性格が否定されるわけではないし，「権利」というものの意義を柔軟に捉えることが可能であるという反論もなされている。それでも，やはり副次的な手続・制度構築の場面が中心になるのはアンバランスなのではないかという批判はありうるところである。自己決定の側面が強調されていることによって，実際には，誰も具体的な個人情報処理の内容を理解してはいないのに，様々な場面で個人情報の収集，保存，利活用に同意を求められている，いわば同意がある種のフィクションになってしまっている現状を踏まえると，むしろ，高度かつ複雑な個人情報の処理がなされる社会であることを前提に，個人情報に対する適正な配慮，制度の保障を求める権利として，再構成するべきであるという最近の見解には，頷かされるところも多い。

## COLUMN　GDPR による EU の覇権？

　プライバシーなり個人情報なりの保護のあり方は，国家ごとに様々である。しかし，グローバル化の進展，インターネットの発展などにより国境を越えた情報のやり取りが容易になったことにより，個人情報保護の仕組み・ルールの国際的な抵触，あるいは平準化が問題となっている。

　アメリカにおける連邦レベル（州レベルでは，カリフォルニア州の消費者プライバシー法〔CCPA〕など国際的にも影響の大きい法整備もなされている）での，プライバシー，個人情報保護の統一的法制度の欠如，第4修正を基礎とした断片的なプライバシー保護についてはすでに見たところである。

　他方で，EU においては，EU 基本権憲章8条というそれ自体充実した個人情報保護規定を設けた上，それをさらに具体化するものとして，データ保護一般規則（GDPR）による，統一的かつ情報主体による同意を基本とする手厚い個人データ保護のルールが整備されている。GDPR は，EU 加盟国内及び，スイスを除くヨーロッパ自由貿易連合（EFTA）加盟国によって構成される欧州経済領域（EEA）において適用されるものであるが，EEA 内で取得された個人データについて域外に移転することを原則禁止しており，ヨーロッパ市場で活動をする第三国の企業等についても重要な意義を持っている。なお，個人データの移転を認めるに足りる水準の個人データ保護のルールが整備されていると認められた（十分性認定）第三国へのデータ移転については，個別データ移転，個別企業ごとの手続が免除，あるいは緩和されており，日本は 2019 年に EU との間で相互に十分性認定を行っている。もっとも，欧州委員会によってなされた十分性認定が欧州司法裁判所によって無効であるとされる可能性もあり，実際に，アメリカに対する十分性認定については，アメリカの個人データ保護が不十分であるとして，効力が否定されている（GDPR のもとでのものとして，手続的保障もなく諜報機関による情報取得の対象となっていることを十分性不充足の理由とした 2020 年7月 16 日の Schrems II 欧州司法裁判所判決がある）。令状もないまま捜査機関への情報提供が容易になされている日本の現状を踏まえると，欧州司法裁判所で日本に対する十分性認定の効力が否定されるリスクも覚悟しておくべきであろう。

　こうして，GDPR は，各国の個人データ保護法制のあり方にも影響を与え，その内容の EU 基準への国際的な平準化を促進している。他方で，強い規制

を出した者勝ちのような状況でよいのかは問題となりうるところである。

## 用語解説

⑩**住基ネット**：住民基本台帳ネットワークシステムの略。住民基本台帳に記載されるもののうち，氏名，住所，性別，生年月日という4つの情報，住民票コード，マイナンバー制度導入後は個人番号（複数の行政機関の有する個人情報が同一の人物に関する情報であることを確認するために用いられる識別番号。いわゆるマイナンバー），そしてこれらの変更に関する情報をネットワーク化し，全国共通に電子的な本人確認を可能とするシステム。国民の個別の同意なくこのようなネットワークの構築が行われたため，自己情報コントロール権としてのプライバシー権が侵害されたなどとして全国で訴訟が提起された。

## BOOK GUIDE

□佐藤幸治『現代国家と人権』（有斐閣・2008）

□山本龍彦『プライバシーの権利を考える』（信山社・2017）

□音無知展『プライバシー権の再構成──自己情報コントロール権から適正な自己情報の取扱いを受ける権利へ』（有斐閣・2021）

□西土彰一郎「情報自己決定権」鈴木秀美＝三宅雄彦編『〈ガイドブック〉ドイツの憲法判例』（信山社・2021）74～86頁

［山田哲史］

## CHAPTER 18

# 表現行為の保障と有害表現の規制

## INTRODUCTION

成人向け男性誌の刊行に抗議する人々（インドネシア，2006 年。AFP＝時事）

　世界のほとんどの憲法は表現の自由を保障している。表現の自由が民主政を支える重要な権利であることには疑いがないが，表現行為は様々な害悪を生むため何らかの規制は必要である。最近でもヘイトスピーチ，フェイクニュースなどの有害表現への対処が喫緊の課題になっている。各国はどのようにバランスを図ってきたのか。本章では，諸外国の有害表現の違憲審査の手法を検討し，日本への示唆を導きたい。I. では有害表現の違憲審査の枠組みを確認する。II. では有害表現の一類型である性表現を論じる。

**KEYWORDS**　表現の価値　表現の害悪　比例テスト　定義づけテスト　フェ
ミニズム

## I. 有害表現規制の違憲審査の枠組み

### 1. 概　説

　憲法で保護された権利・自由を法律で制限する場合，その法律には違憲の疑いが生じる。一般に世界各国の違憲審査権をもつ裁判所は，違憲性を判断する際に，①規制がどのような目的で定められたのか，②その目的を達成するために具体的にどのような規制手段が用いられているかを審査する。この①・②の審査を，(A)柔軟な判断を避けて，あらかじめ用意した定型的な基準やテストによって行う方法と，(B)事件ごとに柔軟に行う方法がありうる。

### 2. アメリカ

　アメリカ合衆国憲法は，第1修正で表現の自由を保護している。アメリカの裁判所体系の頂点にある連邦最高裁（以下，最高裁）は，(A)の特徴である，多様な定型的基準・テストを用いることで知られる。表現の自由の領域ではこの傾向が顕著である。法理の軸は内容規制・内容中立規制二分論である。たとえば駅前広場でビラ配布を行う者に対し，ビラの内容を理由に取締りを行う場合は内容規制であり，内容とは関係なく広場の美観の保持を理由に取り締まる場合は内容中立規制である。内容規制の場合，規制目的がどうしても必要であること，手段がその目的に厳密に適合していることが求められ，多くの場合違憲とされる。内容中立規制には，規制目的が重要であるか，別のコミュニケーション手段が存在しているかを問う緩和されたテストが適用され，多くの場合に合憲とされる。

　ただし内容規制でも，いくつかの有害表現の規制は，表現類型ごとに事前に定式化されたテスト（いわゆる「定義づけテスト」）で審査される。この定義づけテストは名誉毀損，違法行為の煽動など，伝統的に規制が許されてきた，限られた表現類型のために設けられて

いる。社会の変化に応じて新たなテストを設けることも必要になりそうだが，最高裁はそれにはきわめて消極的である（United States v. Stevens〔2010年〕）。

なお，マフィアのボスが手下に殺害を命じる発言のように，憲法で保護するだけの価値をもたない表現は，憲法で保護された領域（いわゆる「保護領域」）の外にある。最高裁は，保護領域に関して後述のカナダの最高裁のような独立した定式を設けていない。ただし，保護領域外の表現の規制でも，特定の主題・観点を差別する規制は違憲になりうる（R.A.V. v. St. Paul〔1992年〕）。たとえば妊娠中絶に関する話題だけを禁じたり，共産党員への批判だけを処罰したりする規制がこれにあたる。

表現の価値・害悪に関する実体判断に目を向けよう。最高裁は規制の対象にされた表現の価値の低さを事件ごとに柔軟に認定し，審査基準を下げたり例外的に規制を許容したりすることを避けてきた（表現価値が定義づけテストの定式化において考慮されることはあるが）。また，ある種類の表現が差別や偏見を助長するというような，長期的に蓄積するタイプの抽象的な害悪は原則として表現規制の根拠とはされず，特定個人の名誉の侵害のような，より明確で特定的な害悪の証明が求められる傾向にある。

### 3. カナダ

カナダの方法論はアメリカとは対照的である。カナダ連邦最高裁（以下，最高裁）は一般に(B)の手法を用いることで知られ，表現の自由の分野でもそれは同様である。最高裁は，最初に特定の表現が表現の自由を保障する憲法の条項（1982年憲法法律第1編「権利及び自由に関するカナダ憲章」〔以下，憲章〕2条(b)）の保護領域に包摂されるかを判定する。この保護領域はきわめて広く設定されており，意味を伝達する（かそう試みる）活動であれば保護領域内とされる。

驚くべきことに，違法駐車ですら意味伝達を意図していればテストをクリアする。ただし暴力とその脅しは保護領域から外されている。次に，政府の規制が意味の伝達を制約しようとするものであるかが審査される。制約を狙ったものなら 2 条(b)の侵害が認められるが，制約の効果を生むにすぎない場合は，当該活動が表現価値を促進すると証明される限りで侵害が認定される。

　2 条(b)の侵害があれば，合理的な権利制約を認める憲章 1 条の規定により，規制が正当化されるかが検討される。1 条の審査は 2 段階に分かれる。第 1 段階では，制限が法によって規定されているかが問われる。より重要な第 2 段階では，次のような比例テストが用いられる。まず規制目的の重要性が判断される。次に規制手段の目的との比例性が問われる。ここでは，手段が目的と合理的に関連しているか，手段の権利・自由への侵害は最小限か，手段が生む効果が目的に比例しているかが審査される。実体判断でもアメリカとの顕著な差異がみられる。まず表現価値の高低は柔軟に考慮され，価値が低い場合はテストの通過が容易になる。また，表現の害悪については，長期的に蓄積するタイプの抽象的な害悪をも規制の根拠にできる。

　世界の多くの国はアメリカよりもカナダに近い手法を採用しており，II. で扱うイギリスの手法もカナダに近い。比較法的にはアメリカの特殊性が際立っているといえよう。ただ，アメリカ最高裁の裁判官にも他国のような比例テストを指向し，価値や害悪をより柔軟に判断する者がいる。逆にカナダのような柔軟な比例テストを用いる国々でも，名誉毀損・わいせつ等の表現類型ごとに判例の蓄積がみられ，一定の定義づけがなされているし，内容規制・内容中立規制二分論等のアメリカで発展した定型的な法理の展開もみられる。そのため，両者の差はあくまで相対的である。

## 4. 日　本

　日本の最高裁は，目的手段審査（上記①・②の審査）において様々な要素を総合的に衡量する態度を示してきたので，明らかに(B)を指向している。ただ，最高裁は保護領域に関する明確な定式化を行わず，比較衡量の審査プロセスもカナダのように段階化されていないため，審査の過程が不透明である。また，最高裁は表現の価値・害悪についてアメリカやカナダの最高裁のように明確な方針を打ち出していない。最高裁による定義づけの試みもみられるが，ここでもやはり一貫した方針はない。たとえば名誉毀損やわいせつでは一定の表現価値の考慮はみられるが，煽動や営利的表現に関してはそうした考慮はほとんどみられない。

　ところで，(A)・(B)の型の選択はあくまで違憲審査における柔軟性の強弱の問題で，表現の自由の保護の強弱は別問題である。ただ，(A)を指向するアメリカ最高裁がこれまで生み出してきた基準やテストの多くは，かなり強く表現の自由を保護するもので，違憲判決も数多く下されている。他方，(B)を指向するカナダ最高裁は多くの違憲判決を出してきたものの，表現の価値の低さや表現の害悪を柔軟に考慮することもあり，アメリカ最高裁ほど表現の自由保護に熱心ではない。同じく(B)の側に分類できる日本は，表現の自由を規制する法令を違憲としたことが一度もなく，学説からは表現の自由保護を軽視していると批判されてきた。日本の例は比較法的にみてきわめて珍しいが，仮に日本が(A)の方法論を採用しても，それで違憲判決が増えるとは限らない。

## II. 性表現

### 1. 概　説

　有害表現の類型の中でも，性表現はその害悪の抽象度が比較的高いため，規制の正当化が特に難しい。ここではアメリカ・カナダ・

イギリスの3か国の法理を検討する。いずれの国も性表現の分野において I. で述べた違憲審査の手法を用いており、アメリカの法理の特殊性が際立っている。これらの比較法的検討を通じて、日本の性表現に関する法理を改めて考えてみる。

## 2. アメリカ

アメリカでは連邦・州の様々な法令で、わいせつな文書などの販売・郵送などが広く規制されている。最高裁は50年代の判例（Roth v. United States〔1957年〕）で、わいせつ表現を保護領域外に位置づけた。その後、最高裁は多くの判例の蓄積を通じて、現在も維持されているミラー・テストと呼ばれる定式を示した（Miller v. California〔1973年〕）。ここでは、(a)平均人にとって、今日の共同体の基準に照らし、当該作品が全体としてみて好色的な興味に訴えるものであるか、(b)作品が明白に不快な方法で、各州法が具体的に定義する性的行為を描写するものであるか、(c)作品が全体的にみて、重大な文学的、芸術的、政治的または科学的価値を欠いているかが判断される。

このテストを軸に、次のような法理が形成されている。❶ミラー・テストにいう共同体は、インターネットが普及した今も地域共同体と解されている。❷わいせつ概念の相対性が認められている。わいせつ性判断において宣伝方法など作品外の事柄を考慮でき（Ginzburg v. United States〔1966年〕）、表現の受け手に応じて（たとえば成人か未成年かによって）わいせつ概念は変化する（Ginsberg v. New York〔1968年〕）。❸以前は表現に少しでも価値があれば規制を違憲とするテストが使われていたが、ミラー・テストでは表現に重大な価値があるときにだけ違憲とされる。❹最高裁は、わいせつ規制の根拠として社会環境の保全など様々なものを列挙したが、規制根拠を厳密には論じず、その合理性をいうにとどまる。表現と害悪の因

果関係の明確な証明も求めない（Paris Adult Theatre I v. Slaton〔1973年〕）。最高裁がわいせつ表現を保護領域外に置くためである。❺わいせつに満たない品位を欠く（indecent）表現には，原則として第1修正の保護が及ぶ（Reno v. ACLU〔1997年〕）。❻アメリカのフェミニストはわいせつ概念から距離を置き，ポルノ規制論を唱える。フェミニストは，伝統的な性道徳を基礎にしたわいせつ概念では一部の性表現の有害性を語り尽くせないとして，「ポルノグラフィ」の概念を用いる。フェミニズムにおいては，ポルノが女性の従属的地位を反映し，それを維持・助長すること，ポルノが制作・消費過程で害悪を生むことが問題にされる。この思想を具体化した規制条例が，連邦控訴裁判所において，女性の従属性といった特定の観点を差別的に扱っている等の理由で違憲とされたため（American Booksellers Ass'n, Inc. v. Hudnut〔1985年〕），フェミニズムの実務への影響は限定的である。

### 3. カナダ

カナダの法理はアメリカとは大きく異なる。カナダ最高裁は保護領域を広く捉えるため，アメリカと違ってわいせつ表現も保護領域内に置かれる。さらに注目されるアメリカとの違いは，フェミニズム思想の実務への反映である。刑法163条8項は，性を不当に利用することを主たる性格とする文書などを「わいせつ」と定義する。この条項は，もともとは伝統的な性道徳の観念に基づいた規定であった。しかし，最高裁はある判決において，この定義の該当性は国レベルの共同体の基準で判断されるとしたうえ，「品位を落としめる，または人間性を奪う」内容のポルノが原則としてこの基準に反すると論じた（R. v. Butler〔1992年〕）。最高裁は訴訟過程でなされたフェミニストの主張を受容し，本件規定の規制目的を読み替えたのである。最高裁はポルノを，❶暴力を伴う露骨なポルノ，❷暴力

を伴わないが出演者の品位を落としめる，またはその人間性を奪う内容の露骨なポルノ，❸これらいずれの特徴ももたないポルノに類型化したうえで，刑法に反しうるのは主に❶・❷であると論じた。この最高裁の法解釈は大胆でラディカルだが，共同体の基準という多数派の観点に基づく保守的基準を維持したことには批判がある。

### 4. イギリス

　イギリス（ここではイングランドとウェールズを指す）はカナダに近い立場に立つ。イギリスの主な法律（Obscene Publications Act 1959）は，ある物件が受け手を「堕落または腐敗させる」場合に違法とする（1条1項）。物件の効果は全体として判断される。これには，受け手の堕落・腐敗を規制根拠にするのは不当なパターナリズムだという批判がある。4条には被告人が援用できる抗弁規定があり，科学・文芸等の公益に資すると証明されれば罪に問われない。同条は公益について専門家の証言を認めるが，わいせつ性判断には専門家証人を認めない。アメリカと対照的に，イギリスではわいせつに加えて品位を欠く表現がコモン・ローや制定法で広く規制されており，学説から強く批判されている。

　ポルノ規制に関してイギリスはカナダと歩調を合わせるが，最高裁の解釈を通じてフェミニストの主張を具現化したカナダと異なり，イギリスでは立法という手段が用いられた。具体的には，「過激なポルノ（extreme pornography）」の所持が法律（Criminal Justice and Immigration Act 2008）により刑事規制の対象とされた。過激なポルノは，性的興奮の喚起のために制作されたとみなされる，生命を脅かす行為，身体の一部に深刻な危害をもたらす行為，死姦・獣姦を露骨かつ現実的に描いたもので，甚だしく不快でわいせつなものとされる。死姦などの描写を規制し，不快・わいせつを要件にするのは，女性への害悪の防止ではなく多数派の道徳感情の保護に傾いて

いると批判されている。フェミニズムの主張を取り入れながら保守的な道徳観念でそれを希薄化した点は，カナダと類似している。

## 5. 日　本

　日本にはどのような示唆が得られるだろうか。まず伝統的なわいせつ表現について考えてみたい。本章で検討した3か国の法は，わいせつ表現と日本国憲法21条の保護領域の関係を再検討するのに役立つ。わが国の最高裁がわいせつ表現を保護領域外に置くのかは明確でない。チャタレイ事件判決（最大判昭和32・3・13）では，最高裁はわいせつ表現が性行為非公然性原則という人類普遍の原則を侵害するとしたことから，わいせつを保護領域外に置いたようにみえるが，憲法21条が保障する表現の自由を公共の福祉によって制約できると論じる箇所は，わいせつが保護領域内にあることを前提としたように読める。これに対し，後述の伊藤正己補足意見と団藤重光補足意見は，いわゆる「ハード・コア・ポルノ」を明確に保護領域外に位置づけたが，こうした意見が最高裁の多数派を形成するには至っていない。

　わいせつ物の頒布などを禁じる刑法175条の規定を限定解釈することで，処罰されるわいせつの範囲を狭く絞り込み，わいせつ表現を保護領域の外に追い出すことも考えられる。しかし，保護領域外に収まるようにわいせつを定義づけることは難しく，アメリカ最高裁もこれに成功していない。日本の最高裁は，❶いたずらに性欲を興奮または刺激せしめ，❷普通人の正常な性的羞恥心を害し，❸善良な性的道義観念に反するもののみをわいせつ表現とみなす「わいせつ3要件」を用いるが，これだけでは抽象的にすぎ，芸術作品まで規制されかねない。ハード・コア・ポルノの概念も，その定義はやはり難しい（それを保護領域外とした最判昭和58・3・8の伊藤補足意見の定義も，活字の文書や一定の表現価値をもちうるものまで含めてしま

う点で妥当でない)。結局，わいせつ表現を保護領域外に置くアメリカのようなアプローチは妥当ではないだろう。

　3か国の法は，わいせつの規制根拠を再考する素材にもなる。日本の最高裁は，性道徳や性秩序の維持を規制根拠に挙げてきた。わいせつ表現を保護領域外に放逐できるなら，アメリカのように抽象的根拠を援用するだけで足りるが，上記のようにそれは難しい。わいせつ表現を保護領域内のものとみなすなら，規制根拠としての害悪を明らかにする必要がある。判例のいう性道徳，最判昭和58・10・27の団藤補足意見のいう（精神的なものを含めた）社会環境の維持，イギリス法にいう受け手の堕落はあまりに抽象的である。憲法学の支配的な公共の福祉論の下で，それらを規制根拠として認めるのはどうみても難しい。

　結局のところ，今日の日本のような道徳的に多元的な社会では，わいせつ表現を狭く定義づけて保護領域外に置くことも，それを保護領域内に位置づけつつその害悪を明確化することも困難である。著名な憲法学者の多くが，現行の規制を大幅に緩和して，見たくない成人の権利と未成年者の保護に的を絞るべきだと論じるのには，比較法的にも正当な理由がある。

　このように，伝統的なわいせつ表現の規制の余地があまりないといっても，主に女性に害悪をもたらす性表現を規制できないわけではない。ここでは本章で扱ったカナダ・イギリスなどの法を参照し，フェミニストのポルノ規制論の実務への応用を模索することが有用だろう。その際には，両国においてポルノの害悪の認定に保守的な道徳観念が混入した点に留意すべきである。また，ポルノの発する女性の従属性等のメッセージを標的にした規制を行うと，アメリカの裁判所のいう観点差別の問題が生じることも念頭に置かなければならない。ポルノ規制にあたっては，あくまで害悪を客観的に把握するよう努める必要があろう。

以上において，有害表現規制の違憲審査のあり方を比較法的に検討した。上記のように，日本の最高裁は他国に比べて違憲審査の手法を明確に定式化していないため，審査のプロセスが不透明である。そのことは性表現の領域で如実に現れている。こうした状況では，フェイクニュース，テロ行為の煽動などの新しい類型の有害表現を規制できる範囲や程度が明らかにならない。今後最高裁がもう少し明確な説明や定式化を行い，他の政府機関に指針を示すことが期待される。

## COLUMN　コロナ禍におけるデモの保障と限界

　コロナ禍において各国で様々な行動制限がなされ，憲法上の議論を呼んだ。デモ行為の制限も深刻な憲法問題を提起した。罰則を伴うロックダウンを行ったイギリスでは，集会・デモの自由も制約された。コロナ禍のイギリスでは法律(Public Health (Control of Disease) Act 1984)の委任により複数の規則が設けられ，その中で集会規制が行われた。最初の規則では，一定の例外を除いて「何人も公共の場における3人以上の集会に参加してはならない」とされ，この規則が後に感染状況に応じて緩和されたり厳格化されたりした。学説からは様々な批判がなされた。たとえば規則が目まぐるしく変更され国民への周知が不十分だったことから，集会を行う側が多大なリスクを負ったこと，当初「集会」の定義がなされなかったため，社会的距離を保った集会や政治的集会が許容されるのかが明らかでなかったことが指摘された。イギリスでは従来政府による抗議活動の規制が恣意的で過剰であると指摘されてきたが，今回のコロナ禍でも集会の権利に十分な配慮が払われなかったようである。

**BOOK GUIDE**

□エリック・バレント（比較言論法研究会訳）『言論の自由』（雄松堂出版・2010）
□奥平康弘ほか『性表現の自由』（有斐閣・1986）
□三島聡『性表現の刑事規制──アメリカ合衆国における規制の歴史的考察』（有斐閣・2008）
□大林啓吾編『コロナの憲法学』（弘文堂・2021）

［奈須祐治］

## CHAPTER 19

# 宗教と諸個人

## INTRODUCTION

コロナ禍のなか，マスクを着用し祈りを捧げるイスラム教徒（日本，2020年。時事）

　1948年の世界人権宣言は，言論及び信仰の自由が受けられる世界の到来を「一般の人々の最高の願望」と形容した前文に続いて，「宗教の自由に対する権利」（18条）を規定した。時代や地域を超える，人間存在に普遍的な価値として，宗教または信教の自由は位置づけられた。もっとも，自由に信仰を選び，それを諸個人が実践する段階になったら，宗教の勧誘，生活習慣，死者の埋葬など，様々な面で他者との間に衝突が生じることがある。公共空間において，国が，あるいは個人が，どこまで宗教性を表出してよいかについて，その自由度は各国でも異なっている。そこで本章は，津地鎮祭事件（最大判昭和52・7・13）にいう「国の社会的・文化的な諸条件」の文脈に照らして理解される各国の政教関係，政教分離のルール，信教の自由をめぐる憲法問題について，その政治的・歴史的背景を踏まえつつ，取り上げるものである。

　**KEYWORDS**　信教の自由　公的空間における宗教的表現　政教分離制度　国家の宗教的中立性

## I. 信教の自由の保障とその制約

### 1. 「信じる」ことを保障するとは，どういうことか

　観光名所でもあるような宗教施設や聖地で，そこを訪れる観光客と信者とを分けるのは，基本的に信仰の有無である。信仰は，本来的には思想・理念によって捉えられる，人間の内面にかかわる事柄といいうる。しかし，「信教の自由」は，個人の意思が自由であることの確認にはとどまらない。信じることから始まって，内なる信仰を公に表明し，表現し，祝祭を行い，同じ信仰をもつ者が共に集い祈ることの自由まで確保されなければ，信じるという営みは完成しない。このような理解から，わが国の代表的な教科書でも，信仰の自由，宗教的活動・実践の自由，宗教的結社の自由からなる「信教の自由」が説明されている。そして，現代国家では，同じ社会に同居する人々が，それぞれの異なる宗教的対象や宗教的作用に価値を認めて許容し合うことと引き替えに，信教の自由は保障されている。例えば，わが国の礼拝所不敬罪・説教等妨害罪（刑法188条）は，人が参拝・礼拝する場所や，宗教儀式等への侵害行為を禁止する。そうすることで，宗教的施設，宗教的行為に重要な価値を認め，公衆一般の宗教的感情が害されないための保護として，社会内の平和に一定程度寄与している。なお，もう少し広い射程をもった規定として，ドイツには，宗教または世界観の告白の内容，また，教会・宗教団体・世界観団体等を，公共の平穏を乱しうる態様により公然と冒瀆した者に対する罪（ドイツ刑法166条）があり，オーストリアには，崇敬の対象であるもの等を，正当な憤激（Ärgernis）を惹起させうる状況において公然と誹謗・嘲笑した者に対する罪（オーストリア刑法188条）がある。また，スイスには，信仰心の問題，特に神（Gott）への信仰に対する信念を，公然とかつ低劣な態様により侮辱・嘲笑等した者に対する罪（スイス刑法261条）がある。

他方で，このような保護規定を不要とする議論は，根強く存在する。国際社会には，国内の多数派や政治と密接に関連する宗教のみを手厚く保護し，その神の冒瀆罪に対して懲役刑または禁錮刑，死刑などの厳格な刑罰を加え，国民の内心に向けた統制を行う国々がある。信教の自由が確立している国にも冒瀆罪があることは，まだ十分に確立していない国において厳格な冒瀆罪が維持される方便となりうるのではないか。さらに，冒瀆的と疑われる表現に対し，いささかも妥協せず攻撃しようとする過激な行動を私人間で促進する効果をもち，基本的自由の抑圧にもつながるのではないか。かかる理解から，冒瀆罪の廃止が主張されている。EU 諸国では，中東やアフリカからの移民・難民の受け入れに伴う財政負担，文化的軋轢などが社会問題化するなかで，移民・難民への排斥感情が，その信仰するイスラム教に向かう，いわゆるイスラモフォビア（イスラム嫌悪）が台頭した。宗教に対する侮辱，嘲笑であり，同時に移民・難民に対する差別の表明でもあるという表現に，言語的困難のある移民・難民に言論での対抗を求めることは，偏見の放置，憎悪の助長にもなりかねず，難しい。宗教的対立を防ぐとともに，いかに自由な言論，多様な信仰空間を守り抜くかは，イスラム教に関する様々な取扱いに直面する EU 諸国にとって，重い課題である。

## 2. 宗教的な活動・実践の自由とその限界

形式上，信教の自由を規定する憲法は非常に多い。しかし，宗教を信じると選択することは，大体において，行動面での実践を伴う。そのため，信仰にかかわる個人の幸福追求を尊重することは，信仰の核心部分と密接に関連する宗教的表現，集会等の諸活動を行うことへの保護も含むものと解される。ただし，宗教的な行為は，宗教と暴力との関連が典型であるが，法の規制の適用が免除されるという意味での配慮が困難な場合もありえ，その保障のあり方には，国

の歴史なり社会・政治動向があらわれる。信じることの延長線上にある行動面への制約に関して，直接的であれ間接的であれ，どのようなものが具体的に問題とされてきたか，個別にみてみたい。

### (1)　カナダ・アメリカ

かつて日本の最高裁は，剣道実技拒否事件（最判平成 8・3・8）で，公立高専での剣道実技の履修を信仰上の真摯な理由から拒否した学生につき，単位不修得を理由としてされた留年や退学処分は，学生に信仰上の教義に反する行動を採ることを余儀なくさせる性質を有すると指摘したことがある。しかし，そこから進んで信教の自由に対する公的機関の配慮として，代替措置が講じられるべきであったかについては，特段の判示はなかった。一方，カナダ最高裁判所の判例には，公立学校のシク教徒の生徒が短刀型の宗教用具（キルパン）を身につけて通学することを，武器等の持ち込みを禁じる校則を理由に一律制限した教育委員会の決定に対し，信教の自由の侵害を認めた判決（Multani v. Commission scolaire Marguerite-Bourgeoys〔2006年〕）がある。カナダの信教の自由は，1982 年憲法法律の 2 条(a)で保障され，それは「自由で民主的な社会において正当化されるものと証明されるような合理的な制限にのみ服する」（1 条）とされる。カナダ最高裁は，信仰上の理由に基づくキルパンの携行が一定の条件下で許可されることを，教育委員会の「合理的配慮」によって説明した。すなわち，過度の負担（undue hardship）に至らない範囲にとどまる限りでは，宗教的事情への配慮の要請に応じ，キルパンの校内への持ち込みを許す特例的な措置を学校側が講ずることは，信教の自由を保護し少数派を尊重することの重要性を確かなものにすると認めたのである。かかる個別的調整のアプローチは，社会の多文化化にあわせて，既知ではない宗教的要請への配慮を新たに検討していく観点から，注目されよう。

なお，宗教的な実践は，カナダにおいて信教の自由の保障を受け

るばかりではなく，特例がある。1850年代から1970年頃まで，連邦政府は先住民のカナダ化を図って，政府が運営する寄宿学校での子どもの同化教育制度を推進した。便宜的に洗礼を受けた者も含まれるとはいえ，多くの先住民は教化の影響からキリスト教徒となり，精霊信仰やシャーマニズムの伝統的信仰は衰退した。この過去を受けて，ファースト・ネーションズ（First Nations）と現在形容される先住民らに，言語や伝統儀式等の継承の断絶をもたらしたことに対する公式謝罪が，2008年に行われた。1982年憲法法律の1つの特徴は，先住民の権利が別枠で保障される点にあり（35条），先住民が伝統的に行ってきたとされる宗教的な実践の保護は，信教の自由ではなく，この先住民の権利に基礎づけられている。

　アメリカは，歴史的にキリスト教の影響力が強い国ではあるが，移民の増加とともに信教の自由が確立され，現在宗教的にはきわめて多様である。しかし，かつては連邦政府により先住民の同化政策が行われ，その伝統的な宗教儀式・ダンス等は一時期，違法とされていた。そこから制定されたのが，アメリカインディアン信教自由法（American Indian Religious Freedom Act of 1978）である。同法は，抑圧されてきた先住民の宗教的・部族文化的実践に対して，過去の政策を否定し，伝統儀式の尊重等を認める意義をもったが，聖地の土地開発や，ネイティブ・アメリカン・チャーチ（NAC）の集会で共食されるペヨーテ（幻覚性サボテン）の麻薬指定など，先住民の宗教的実践への負担（制約）は存在していた。そこで，先住民の信教の自由を再強化するネイティブアメリカン宗教自由法（Native American Free Exercise of Religion Act of 1993）による個別解消が図られ，ペヨーテは，NACの教会員について，宗教儀式での使用に限って認められるようになった。もっとも，自然・精霊信仰のありように照らした，従来的な「信教の自由」の文脈というより，個別限定的な立法的救済に委ねられるにとどまる。

### (2)　中　国

　中華人民共和国憲法は，宗教を信仰する自由（36条1項）を保障し，「中国の宗教信仰の自由を保障する政策と実践」白書（2018年）によれば，中国の各宗教の信者数は2億人近くまで増加したという。宗教的な実践の自由に関しては，「正常な宗教活動」（36条3項）の保護が定められているが，問題は，何をもって正常な活動の範疇とされうるかである。同項では，宗教を利用した社会秩序の破壊，市民の健康・身体への損害，国の教育活動への妨害活動の禁止を，同4項では宗教団体を通じた外国勢力の支配の排除を掲げるなど，ある程度の方向性は示されている。しかし，「中国共産党による指導」（1条2項）を最も本質的な特徴とする社会主義体制に基礎づけられる憲法には，政教分離規定がなく，国の宗教に対する関与には憲法上の明確な限界がない。他者に対する信仰・不信仰の強制が禁止されること（36条2項）から，宗教の伝導・布教といった基本的で日常的な活動にも，正常化のための「指導」は及びうる。

　国家公認宗教である5大宗教（道教，仏教，イスラム教，カトリック，プロテスタント諸派）は，それぞれを代表する「愛国宗教団体」を設立し（例えば，カトリックだと中国天主教愛国会と中国天主教主教団であり，ローマ法王庁から独立した組織である），宗教団体はこれらに所属し，宗教活動場所を登録することで，国内での宗教活動を合法的に行う地位を確保する。さらに国務院が公布した，国の宗教管理の法的根拠となる「宗教事務条例」（2017年改訂）では，宗教活動場所の設置を申請する条件を具備しない，非公認のグループが集う日常的な宗教活動に対する臨時の活動拠点の指定（35条）や，インターネットを利用した宗教活動を行う者に対する許可制（47条），政府公認の宗教学校以外の教育機関における宗教活動等の禁止（70条）など，「宗教中国化」を志向した管理制度の整備強化が図られた。「国家は，法に従って正常な宗教活動を保護し，宗教の社会主義社

会への適応を積極的に指導……する」(4条) 方針の下, 省・自治区の政府, 市・県・郷鎮レベルの基層政府により, 各地で宗教管理が実施されている。特に, 「宗教間, 宗教内部, 信教公民と不信教公民との間に矛盾や衝突を生じさせたり, 宗教的過激主義を宣伝, 指示, 援助したり, 宗教を利用して民族の団結を破壊したり, 国家分裂およびテロ活動を行うこと」(同条) は許されない。2009年のウルムチ騒乱以降, 新疆ウイグル自治区における「テロ活動」に対する取締りは, 現地での宗教活動場所 (モスク) の厳しい制限にもあらわれている。また, 2008年の僧侶のデモ行進から拡大したラサ暴動など, 動乱が断続的に発生したチベット自治区のチベット仏教には, 前出の愛国宗教団体である中国仏教協会への所属を通じ, 法的保護が与えられている。その反面, 活仏 (宗教指導者) の選定に国の許可を必要とする「チベット仏教活仏転生管理弁法」(2007年), 「チベット仏教寺院管理弁法」(2010年) 等の制限もなされてきた。

　市民が確保するはずの「正常な宗教活動」の自由は, 憲法より下位の法律や国務院の発する行政法規, 地方各級人民政府の運用等を反映しながら具体化され, 「宗教を信仰する自由」において選択・保持できる宗教は, 国の基準を充たしたものでなければならない。信仰の対象, 宗教の求心力などに由来する取扱いの差異を踏まえると, 無宗教者への保護に比して, 宗教者への保護に欠ける面があるのは否めない。中国の市民は, 「社会主義核心的価値観」(憲法24条2項) を実践すべき, 憲法遵守義務を負った公民とまず位置づけられている。しかし, かかる公民としての信教の自由であれ, これを憲法で保障したことの意義や, 保障の平等性は問われよう。

## Ⅱ. 国家はどのように宗教の自律性を保障するか

### 1. 政教分離のバリエーション

　政教分離の制度は, 国の宗教に対するかかわり合い方を明確に定

める必要性が認識されたところで，基本的には信仰の共同性，宗教の自律性を尊重し，国家の原則的不干渉を保障する文脈におかれる。国家と宗教そのものとの厳格な分離，緩やかな分離，教会・宗教団体に対する分離など，制度には一定のバリエーションがある。

アメリカは，合衆国憲法第1修正で，信教の自由とともに国教樹立の禁止を定める。しかし，例えば大統領就任式という国家行事に際して，新大統領が聖書に手を置いて宣誓し，「So help me God」と結ぶ慣例があるように，連邦でも各州でも，キリスト教の神（God）と関連する慣行・制度については，建国以来の伝統等を根拠に正当化する傾向が顕著であった。その意味では，アメリカの政教分離は，特定の宗派との分離に焦点があったといえる。しかし，近年では非有神論的観点に立つ，無神論あるいは非宗教的なヒューマニズムを選択する層が増加しており，それぞれの活動の重要な目標として，キリスト教的色彩の払拭によって動機づけられた政教分離訴訟の提起がある。公有地上にあるラテン十字架型の巨大追悼碑とその州による維持管理が合憲とされた事例（American Legion v. American Humanist Association〔2019年〕）では，アメリカ連邦最高裁は，確立された宗教性を表出する追悼碑，シンボル，および慣行を保持することと，新しいものを建てたり，採用することとはまったく異なり，時間の経過は合憲性の強い推定を生じさせると判示した。合衆国の歴史や伝統に照らした十字架の使用の普遍性とかではなく，長年平穏に存在し続けた事実の意義から合憲性を引き出そうとする非本質主義的な判断は，無宗教者，ひいては反宗教者を含んだ妥協のない宗教的対立へと突入しつつあるアメリカの現在地を反映したものといいうる。

### 2. 公共的空間における宗教的表出の抑制

フランス第5共和制憲法は，「ライック（laïque）な……共和国」

（1条）を掲げる。教会の構成員ではあるが聖職者ではない，平信徒の呼称に用いられたライックから派生したのが「ライシテ」（laicite）である。ライシテの原則は，国家と特定の教会（主にカトリック）との分離の原則であると同時に，宗教を否定することなく，いかなる宗教にも拠らずに市民の自由と平等を保障する原理として，1905年12月9日法（政教分離法）に取り入れられた。しかし，イスラム教徒の女子生徒の頭を覆うヴェールの公立学校での着用をめぐる論争が生じた1989年頃から，特定の宗教的メッセージの表出に対する警戒感が強まり，ライシテは宗教的表出の抑制・統制を含意した，厳格な非宗教性を意味する原則にも理解されるようになってきた。非宗教的であることを求められる公共的空間は，それに適合しうる市民にとって自由なものであっても，そうでない信仰を有する市民にとっては不自由である。それでも，「これ見よがし」（ostentsible）とされる宗教的標章を公立学校で着用することを禁止する2004年3月15日法，事実上イスラム教の各種のヴェールを想定すると考えられた，顔を隠すための衣服を公共の空間で着用することを禁止する2010年10月11日法が制定された。最近はさらに進んで，フランス社会との関係における「分離主義」に対抗し，ライシテ原則をはじめとした共和国原理の尊重を強化するとして，宗教団体に対する国の権限強化等を図った2021年8月24日法が制定された。国内でのテロ事件の続発を背景に，《公共的空間における宗教からの自由》への尊重というよりも，義務を一部で課すような緊張をはらんだライシテ理解が強まっている。

### 3. 日本における政教分離，そして信教の自由

　日本では，国家神道（神社神道）への信仰の強制から国民を解放するなどとしてGHQにより発された，1945年のいわゆる神道指令を背景に，国自体は宗教性をもたずに信教の自由を保障しようと

いう厳格な政教分離原則が，1946年の日本国憲法において定められた。特定の宗教団体による政府への介入の禁止，特定の宗教団体に対する特権付与の禁止，公的機関の宗教的活動等の禁止といった内容の原則である。しかし，最高裁では，国民に信教の自由を認める以上，教育，福祉，文化などの面で，国が宗教とどこかでかかわりをもつことは不可避と考えられてきた（津地鎮祭事件）。つまり，相対的分離によって，宗教との「相当とされる限度」を超えたかかわり合いが禁止されると解されてきている。なお，国公有地上に孔子等を祀った施設を所有する一般社団法人に対し，当該施設の敷地の使用料の全額免除を行った市の行為について，事案の事情に照らし，特定の宗教に対する特別の便益を提供したものとして違憲と判断された例（最大判令和3・2・24）があるように，問題は必ずしも宗教法人，宗教団体との関係に限定されるわけではない。

　日本では，各種の宗教が多元的，重層的に発達，併存してきたとされるが，やはり移動の時代の進展を反映して，国民の信仰生活は，宗教者，無神論者，非宗教者等も含めて一層多様になっている。その意味では，近年の判例が，目的・効果基準（津地鎮祭事件）が使われる場面を狭めているのは，社会の「共通」認識に依拠しながら「宗教的意義がある・ない」と，公的機関の行為の目的に線を引くことが，難しくなってきたからとも考えられる。

　それでも，剣道実技拒否事件で高専側が当初とったように，宗教とのかかわり合いに警戒し，宗教にまったく関与しない立場を国が貫けば，信教の自由の保障は制限的となりうる。様々な信仰・世界観を有する者が同居する社会では，自らには理解不能な，異なる神を崇める宗教を，他者が信じることを容認するという精神的負荷を分け合わなければならない。特に，市民間の宗教的対立が深まる状況では，宗教に動機づけられた差別や暴力が顕著なものになることは，他国の例からも理解されうる。それゆえに，あらゆる個人や集

団に対して信教の自由の保障が可能な状態というのは，無用な宗教的衝突を回避し宗教的多様性を維持するための，ある程度の国の積極的・形成的な作用を必要とするのである。

## COLUMN　COVID-19 対策と信仰生活との両立

　2020 年から 21 年にかけて，COVID-19 の流行が深刻であった各国では，感染抑制を目的とした外出禁止政策がとられ，宗教施設での共同礼拝（宗教集会）も例外ではないという事態が生じた。EU の場合，欧州人権条約 9 条 2 項は，「宗教または信念を表明する自由については，法律で定める制限であって，公共の安全のため，または公の秩序，健康もしくは道徳の保護のため，または他の者の権利および自由の保護のため，民主的社会において必要なもののみを課す」と定め，公共の安全等を理由とした制約が正当化されうることを明らかにする。それでも，自分や家族や友人の死，経済的・精神的な不安にも直面した状況にあって，信仰生活を送ることの意義は，決して軽く評価されるべきではないであろう。インターネット礼拝の普及によっても，情報の格差，共同性の実感の問題は容易にクリアしがたい。共同礼拝の禁止命令に関して，例えば，ドイツ連邦憲法裁判所は，2020 年 4 月 10 日決定において，生命・身体の保護の観点から当時の時限的な法的規制を正当化しつつ，期限が到来した後は，パンデミックの展開を踏まえ，条件付であれ，緩和する余地が継続的に検討されるべき旨を判示した。さらに同年 4 月 29 日決定では，個別特定のモスクの感染対策と礼拝の態様を踏まえ，暫定的・例外的にラマダン中の金曜礼拝が許可される余地を認めた。その開催及び信徒による参加が禁止されることは，宗教の自由及び告白の自由（連邦共和国基本法 4 条）に対するきわめて大きな制約と，認められたためである。

## BOOK GUIDE

□岡田典夫ほか『はじめて学ぶ宗教──自分で考えたい人のために』（有斐閣・2011）

□伊達聖伸編『ヨーロッパの世俗と宗教』（勁草書房・2020）

□渡辺康行『「内心の自由」の法理』（岩波書店・2019）

［西山千絵］

**CHAPTER 20**

# 自由国家と社会国家

## INTRODUCTION

　20世紀以降の現代型憲法の特徴の1つとして、「自由国家から社会国家・福祉国家へ」、「自由権から社会権へ」という変遷が挙げられる。近代国家は、市民社会への国家の介入を阻止する自由権の保障を通じ、あるいは封建的な身分制や各種の特権的団体による独占の排除を通じ、個人の自由の領域を確保することを目的とする（自由国家）。他方で現代は、日本がモデルの1つとしてきた西欧型憲法をもつ多くの国で、この自由国家思想を基軸にしつつも、その矛盾といわれる現象、たとえば自由主義経済・契約自由等がもたらす貧富の差などを克服し、経済的弱者・労働者等を保護するため、一定の社会保障給付を国が行うことや経済・労働市場に国が介入す

現代型の社会保障制度を構想した W. H. ベヴァリッジ（1897 ～ 1963）（dpa/時事通信フォト）

ることも、国家の任務だと考えられるに至っている（福祉国家・社会国家）。もっとも、そうした給付・介入を、国が具体的にどこまで実施すべきなのかは、各国がその都度抱える課題に応じて各様であり、この点の判断は各国の民主的決定に左右される面もある。ここでは、福祉国家に関するこうした普遍性や多様性が憲法の規定とどのように関係するのかという点や、運用面の民主的決定に対し、裁判所がどこまで踏み込んで審査できるかという点を確認する。

**┃ KEYWORDS**　自由国家　福祉国家　社会国家　社会保障受給権の裁判的実現　┃

# I. 福祉国家・社会国家の意義

## 1. 日本の判例

　日本国憲法は，一方で自由国家思想のあらわれとして，私的自治・契約自由・私有財産制を保障する（13条・22条・29条）。他方で日本の判例は以前から「福祉国家」の語を用い，その典型例として，①社会保障（25条）の実施や（堀木訴訟〔最大判昭和57・7・7〕），②営業の自由（22条1項）に対する競争制限などの経済・労働市場への国家的介入を想定してきた（小売市場事件判決〔最大判昭和47・11・22〕）。

　そのほかにも福祉国家が関わる分野には，教育，文化，環境，公衆衛生など様々ありうるが（☞ **BOOK GUIDE**），ここでは自由権との相克や衝突が明確に現れる①と②をみる。

## 2. 福祉国家・社会国家の比較法的・歴史的淵源

### (1)　ベヴァリッジ報告書：イギリス

　現代型の福祉国家，特に社会保障の淵源の1つはイギリスの「ベヴァリッジ報告書」（1942年）である。戦後の日本の社会保障制度の基本的な方向性を示した1950（昭和25）年の社会保障制度審議会勧告も，この報告書の影響を受けている。産業革命・自由放任主義の発祥地であるイギリスでは，19世紀後半に自由放任主義の帰結とされる独占が生じ，また労働党の台頭等も背景に，20世紀に積極国家化が進んだ。それ以前にもイギリスには，特に生活困窮者への公的扶助の萌芽として，恩恵的な色彩が強い1601年のエリザベス救貧法があった。だが，第二次大戦中に発表されたベヴァリッジ報告書により，社会保険を中心とし公的扶助がこれを補完するという構想の下，全国民を対象とする社会保障制度の基盤が確立した。そしてこれが戦後イギリスの「ゆりかごから墓場まで」の福祉国家

（welfare state）や，各国の社会保障制度の基礎となった。

**(2) ビスマルク立法：ドイツ**

　このベヴァリッジ報告書は，それまでに欧州諸国で実施されていた社会保障制度を体系化した面もあり，先行する制度として1880年代のドイツのビスマルク立法がある。これは「飴と鞭」の政策の下，労働者・被用者の貧困等の問題に対応するため，一方で労働運動を取り締まりつつ，他方で労働者の所得保障・防貧を目指し，職域ごとに区分された社会保険を整備するものであった。欧州や日本の社会保険で，自営業者と被用者とで制度が異なることの一背景はここにあるとされる。なおドイツで「福祉国家（Wohlfahrtsstaat）」という語は，国家の後見的な介入による幸福実現という18世紀以前の専制主義を意味することもある。そのため現行のドイツ連邦共和国基本法は福祉国家の語を用いず，「社会国家（Sozialstaat）」（20条1項）という語を用いる。ビスマルクの政策には，新しい社会国家の祖型と，旧来の福祉国家のなごりという両面がある。

**(3) 福祉国家の今日的な意義・役割**

　このように社会保障が国家の任務とされた背景には，当時勃興しつつあった労働運動や社会主義革命（ロシア）への懐柔策という面や，これに関連する治安維持という面，あるいは戦時における国力維持のための国民の健康保持という面も，歴史的にはあった。他方，今日の社会保障の主眼は，疾病・障害・老齢・失業など，個人だけでは対処できない生活上のリスクに国家が対処する点にあるとされる。近代以前は，こうしたリスク対応は，職業・身分集団や教会，家族等により恩恵的・相互扶助的・自発的に実施されてきた。産業革命・市民革命を経た近代以降，この集団的な相互扶助の意義や役割は変貌を遂げたが，完全に消失したわけではなく，また市場が提供する生活保障のサービスもある。すなわち個人の生活保障を国の責任とする際にも，国が保障すべき個人のニーズに何が含まれ，い

かなる方法・限度で国が関与すべきなのかは，各国がその都度抱える課題に応じて多様であり，各国の民主的決定による面もある（笠木映里ほか『社会保障法』〔有斐閣・2018〕第1章［笠木］参照）。

こうした各国の福祉国家の運用の分類として，①市場を重視する自由主義（アメリカ等），②労働運動のイニシアティブと国家による再配分を重視する社会民主主義（北欧等），③家族共同体での稼ぎ主が加入する職業的団体を通じた社会保険を重視する保守主義（かつてのドイツ・フランス等）の3つに分ける考え方がよく知られている（G. エスピン・アンデルセン〔岡沢憲芙＝宮本太郎監訳〕『福祉資本主義の三つの世界』〔ミネルヴァ書房・2001〕）。どの国も実態としてはこれらの混合形態をとることが多いが，アメリカと欧州諸国との相違は傾向的に見て取れる。こうした各国の運用が，憲法の規定とどのように関連するのかを次にみる。

## Ⅱ. 福祉国家・社会国家の実現と憲法規定との連関

### 1. 世界に先駆けた憲法上の「社会権」規定：ドイツ

世界に先駆けて社会権の理念を憲法典で明文化したのは，1919年のワイマール憲法である。もっともこの憲法は，社会保障や経済政策について，厳密には個人の「権利」ではなく，「経済生活の秩序は，すべての人に，人間の尊厳に値する生存の保障を目的とする，正義の諸原則に適合するものでなければならない」（151条1項）という国家の責務・義務を定めていた。プログラム規定説（☞用語解説⑪）という考えが提唱されたのもこの時期である。また「所有権は義務を伴う」（153条3項）という規定は，日本の財産権規定の解釈にも影響を与えた。

他方，ワイマール憲法上の社会権規定の多くは実現されない空約束となった。その要因として，第一次大戦の敗戦や世界恐慌等に起因する困難な社会経済情勢のほか，社会権の実現に対応する国家の

作為義務の不特定性など，様々挙げられうる。そのため現行のドイツ連邦共和国基本法は，基本権を裁判で直接に執行できる実効的なものとするため（1条3項），若干の例外を除き自由権を保障するしくみとなっており，社会国家については権利規定ではなく国家目標として定めている（20条1項）。もっとも，後述の「社会的市場経済」という目標の下での好調な経済を背景に，法律レベルでの福祉の実現は国際比較で高い水準を保ってきた。なお，判例における「権利」性の承認は後述する（☞ **III.2.**）。

経済規制の分野では，東西統一前の暫定憲法という特性にも照らし，基本法自体は「経済政策中立的」だとドイツ連邦憲法裁判所は述べる（1954年7月20日判決）。この点は，日本の小売市場事件判決が，競争制限等の保護政策を憲法上の要請だと明言したこととの対比でも注目される。その上で西ドイツでは，社会国家原理に基づき国家が経済を導きつつも，計画経済とは異なり市場での自由競争を基調とする「社会的市場経済」という方針が，東西分裂もその一背景に採用されてきた。そして同裁判所は，職業の自由（12条1項）の内容に競争の自由も含まれるとする（1972年2月8日決定）。一方で，適正な自由競争を確保するために，国家が市場に介入すべきかという古典的な論点がある（独占の排除等）。この点に関し近時は，政府による情報提供活動というソフトな方式での市場介入が職業の自由への制約にならないとした判例などが注目されている（2002年6月26日判決。判例動向は鈴木秀美＝三宅雄彦編『〈ガイドブック〉ドイツの憲法判例』〔信山社・2021〕176頁以下［栗島智明］）。

## 2. 近代立憲主義の典型モデルの現代化：フランス

近代立憲主義のモデルの1つであるフランスは，日本国憲法29条1項の由来としても著名な人権宣言（1789年）2条・17条が定める財産権の不可侵性を，現在も継承する。他方，社会権をめぐって

は長い曲折ののち，第4共和制憲法（1946年）の前文に社会権規定が置かれ，これを現行の第5共和制憲法（1958年）の前文も援用する。第4共和制憲法の前文は，勤労・労働者保護等に関する諸規定のほか，国の任務として「個人および家族の発達に必要な条件の確保」や「すべての人，特に子ども，母親，高齢の労働者に対して，健康の保護，物質的な安全，休息および余暇を保障する」ことを挙げる。さらに「年齢，肉体的・精神的・経済的状態のために労働できない人はすべて，生存にふさわしい手段を公共体から受け取る権利」があるとする。また第5共和制憲法も「民主的かつ社会的な共和国」である旨を宣言し（1条），社会保障財政法律に関する規定を置く（34条5項・39条2項・47条等）。具体的運用として，少子高齢化・人口減少に伴う社会保障制度改革を通じ，税制，保育，家族手当，育児休業，女性の社会進出等に力を入れる家族政策が充実している点が特徴的である（平成24年度厚生労働白書83頁）。

経済規制の分野では，近年は後退しつつあるが，第4共和制憲法の導入前後に運輸・金融部門の国有化が行われた（ディリシズム）。第5共和制憲法第11章が定める経済社会環境評議会の存在も，国家による経済への関与の例として挙げられうる。

フランスでは立法等による福祉の実施は充実しているが，裁判所・憲法院による統制となると基本的には立法裁量を認める傾向がみられる（詳細は☞ **BOOK GUIDE**：多田（2017））。

### 3. 現代型福祉国家の祖型と市場経済とのあいだ：イギリス

上記ベヴァリッジ報告書以来，福祉国家思想を法律やコモン・ローのレベルで制度化してきたイギリスでは，しかし社会権は憲法上の人権として一般に把握されていないとされる。上記報告書が示された当初のイギリス福祉国家の構想は，全国民を対象とする普遍主義的ないし北欧的な社会民主主義に近い部分もあり，主に税財源

で実施される医療保険（NHS：National Health Service）は今日でも重要な意義を有している。他方で経済規制の分野では自由主義・資本主義の伝統があることとの関係で，市場を重視する構想に接近しているともいわれる（1980年代の新保守主義との関係も含め，デイヴィッド・ガーランド〔小田透訳〕『福祉国家』〔白水社・2021〕114頁）。

### 4. 憲法典に社会権規定をもたない国：アメリカ合衆国

　アメリカ合衆国憲法は，社会権規定をもたない。かつて合衆国最高裁は，労働時間の短縮を定める労働者保護立法が，契約自由（合衆国憲法第14修正）に違反すると判断するなど（Lochner v. New York〔1905年〕），自由放任主義的な観点から，社会経済政策立法の合憲性を厳格に審査していた。その後，1930年代に世界恐慌による不況・失業等に対応するため，国が経済規制等を行うニューディール政策がルーズベルト大統領の下で実施された。社会保障法（Social Security Act）という名の法律も世界で初めて登場した（1935年）。だが企業の経済活動への規制立法が，上記最高裁の厳格な姿勢により違憲とされることもあり，ルーズベルトは同最高裁に自身の政策に好意的な裁判官を送りこむため裁判官の増員計画を発表した。こうした対立状況の中，1937年に同最高裁は社会経済政策立法の合憲性判断に際し政治部門の判断を尊重する方向へと姿勢を変化させ（West Coast Hotel Co. v. Parrish〔1937年〕），以降はこの姿勢が維持されている（☞Ⅲ.1.）。「憲法革命」といわれるこの方針転換は，日本での二重の基準論（☞用語解説⑫）の一背景でもある。

### 5. 高福祉の国々：北欧諸国

　高福祉の国とされる北欧諸国の憲法は，社会保障規定をもたないノルウェー，公的扶助の受給を法定の義務の条件下で認めるデンマーク（憲法75条2項），社会保障の促進を国の義務と定めるス

ウェーデン（統治章典 1 章 2 条），疾病・障害・高齢・失業の際の援助や子どもの福祉・ケアにつき法律での保障を定めるアイスランド（憲法 76 条），詳細で包括的な社会保障の規定を置くフィンランド（憲法 19 条）など，多様である。経済規制の分野でも，これらの諸国の権利章典は自由権が中心であり，営業の自由への公共の福祉に基づかない制限（参入規制等）を法律で排除すべき旨の規定を置く国もある（デンマーク憲法 74 条）。

　また，高福祉の実施や財源確保と表裏の関係にあるものとして，スウェーデンのような特有の市場・雇用政策があることも指摘される。すなわち，業績の悪化した低生産部門の企業等を国が救済するよりも，高生産部門への労働者の移動・流動化を促す等の政策である（宮本太郎『福祉政治』〔有斐閣・2008〕23 頁）。

## III. 福祉国家・社会国家と司法審査

　司法の実践として，日本では，堀木訴訟が広範な立法裁量を認め，朝日訴訟（最大判昭和 42・5・24）・老齢加算廃止訴訟（最判平成 24・2・28）が行政裁量を認める。この政治部門の裁量に対する司法的統制という問題に際し，日本と対比されることの多いアメリカとドイツの判例をここでは見る。

### 1. アメリカ合衆国

　憲法革命（☞ II.4.）を経た後は，経済的自由への規制立法は緩やかな審査の下で合憲とされることが通例となる。他方で社会保障受給権については平等（アメリカ合衆国憲法第 14 条修正）の問題として扱い，州内での一定期間の居住を受給要件にすることは，移動の自由という「基本的権利」の制限を伴うという理由から，平等違反を厳格に審査し違憲とした判例もある（Shapiro v. Thompson〔1969 年〕）。日本で社会保障受給権を平等の問題と構成する学説の一背景はここ

にある。ただし合衆国最高裁は，社会保障受給権自体をその制約の合憲性判断に厳格審査が必要な基本的権利だとは解しておらず，また困窮を厳格審査が必要な「疑わしい区分」だとも解していない。この点は，日本とは異なり社会権規定が合衆国憲法にないことのあらわれともいえる。他方で日本でも，社会権の内容が憲法自体から直接には導かれず民主的決定・法律による具体化が必要な部分があるという観点からすると，平等の問題にした場合でも直ちに裁判所の厳格な審査が期待できるわけではない。だが上記アメリカ判例のように，自由権の制約という問題が同時に含まれる時には，裁判所の審査になじむ面が生じるともいえる（☞ **2.**）。

また近時は，オバマケア（Patient Protection and Affordable Care Act）の導入に対し，市場・私的保険を重視する同国の伝統も影響し，この制度の違憲性を主張する訴訟が提起され，注目されている。この制度は，民間の保険への加入を個人に義務づけ，その義務違反に対し制裁金を科すものであった。合衆国最高裁は，この保険加入の義務づけが課税権（合衆国憲法1条8節1項）の行使としては合憲だとした（National Federation of Independent Business v. Sebelius〔2012年〕）。後に再度オバマケアの合憲性が争われた事件で，2021年6月23日に同最高裁は原告に損害がないとして訴えを退け憲法判断は示さなかったため，現在もオバマケアは議論を呼びつつ存続している。こうした訴訟や議論が提起される状況は，国民皆保険が概ね受容されている日本とは大きく異なる。ちなみに，政教分離の分野で有名なレモン・テストを提示した判例（Lemon v. Kurtzman〔1971年〕）は，日本では福祉国家の実現として合憲とされやすい宗教系私学への公的助成を違憲としたものである。

## **2.** ドイツ

社会国家規定を憲法に置くドイツでも，社会保障受給権は，憲法

上の権利としては明文化されていないが（☞ II.1.），連邦憲法裁判所は解釈によって一定の権利を認めてきた。たとえば社会保険の受給権は，一定の要件の下で所有権（ドイツ連邦共和国基本法14条）の保障を受ける（1980年2月28日判決）。また生活困窮者の最低生活が関わる公的扶助の場面では，同裁判所が「人間の尊厳に値する最低限度の生存保障を求める基本権」（20条1項と結びついた1条1項）を導いた（2010年2月9日判決）。その際，同裁判所は，①給付額の合憲性については，明らかに不十分かという立法裁量を尊重した緩やかな審査を行い，違憲とはいえないとした。この点は日本の判例とも類似する。だが，②その給付額がでたらめに算出されている等の立法過程・手続の部分に着目し，違憲判断を示した。この②の審査は，政治部門の裁量が認められやすい分野で，裁判所が踏み込んで審査できる方法を示したものとして，日本でも注目されている。たとえば，日本の生活保護が問題となった老齢加算廃止訴訟では，給付額を決める行政の判断の過程・手続が審査されたが，この審査を立法の場面にも及ぼせる可能性があるといわれることもある。他面，日本でも立法手続には議院自律権が認められ裁判所の審査が及ばないといわれることもある通り（警察法事件〔最大判昭和37・3・7〕），上記②の審査の是非をめぐってはドイツでも類似の問題が提起されることがある。そのためか最近のドイツ判例は，この②の審査は，①給付額が客観的な根拠等で基礎づけられているかどうかという立法の内容に関わる審査であり，純粋な手続の審査ではないとしている（2012年7月18日連邦憲法裁判所判決，同2014年7月23日決定，同2016年7月27日決定）。

　さらに公的扶助を就労支援と結びつけるという目的の下，①被扶助者に一定の労働を義務づけ，②義務違反に対し受給額の減額・廃止等の制裁を科す旨の規定が，上記の「人間の尊厳に値する最低限度の生存保障を求める基本権」との関係で問題となった事案がある。

判決は，①が「行動の自由」の制約になるという観点も交え，②について一部違憲判断を示した（2019年11月5日連邦憲法裁判所判決）。日本の生活保護受給者に対しても，自動車使用を禁止したり就労を義務づけたりするなど，一定の行為を禁止・強制し，その義務違反に対する制裁として給付を減額・廃止する制度・運用があり，裁判に持ち込まれることもある。日本の裁判例はこれを憲法の問題として扱わない傾向にあるが，生活保護受給権という憲法に由来する権利を享受できるかどうかが，行動の自由という重要な権利と引き換えになるという観点から，この問題を憲法の問題として扱う可能性を示すものとして，上記のドイツ判例は参考になる。

## Ⅳ. まとめ

以上のように見てくると，憲法レベルでの福祉国家・社会権既定の有無が，福祉政策の実現の程度や司法的救済の強度に直結するわけではないという見方もありうる。特に福祉国家の実現には国家の作為が必要となり，また時代に応じた柔軟な対応が必要となるという特性に照らすと，憲法規定の詳細さが法的拘束力の強さにつながるわけでもないとみることもできる。

他方，福祉国家・社会権規定を憲法にもたないアメリカと，これをもつ諸国との間に見られる傾向の違いは，福祉の実施を国家の主要任務だと考える国民の意識の有無・程度の相違の反映だという見方もありうる。

また，資本主義か社会主義かという体制選択のレベルでは，もとより憲法規定の在り方が意味をもちうる。なお，旧ソ連が崩壊した後，社会主義を憲法で定める代表国たる中華人民共和国憲法には，累次の憲法改正を通じて「社会主義的市場経済」（15条）が導入された。現在は，それによる格差の拡大や少子化の対策のための社会保障の整備が課題となっている。

用語解説

⑪**プログラム規定説**：その憲法規定は将来の政治・立法に対する基本的方向・指針を示した規定であって，個人の具体的権利を直接保障した規定ではないという考え方。

⑫**二重の基準**：経済的自由権を制約する法律の合憲性を裁判所が審査する際，立法府の判断を尊重して緩やかに審査し，精神的自由権やその他の重要な権利を制約する法律の合憲性を審査する際には厳格に審査すべきだという考え方。

## BOOK GUIDE

□「社会国家の現代的課題」比較憲法学研究 33 号（2021 年）1 頁［尾形健］〔総論〕，19 頁［大林啓吾］〔公衆衛生〕，45 頁［石塚壮太郎］〔ドイツ〕，73 頁［植木淳］〔アメリカ〕，95 頁［片桐由喜］〔韓国〕

□多田一路「経済的社会的権利のフランス的観念」辻村みよ子編集代表『社会変動と人権の現代的保障』（信山社・2017）191 頁〔フランス〕

□遠藤美奈ほか編著『人権と社会的排除──排除過程の法的分析』（成文堂・2021）〔社会保障・経済政策のほか教育・文化・労働も〕

［柴田憲司］

**CHAPTER 21**

# 新しい人権

## INTRODUCTION

　新しい人権とは，日本国憲法の教科書の一般的説明によれば，憲法典に列挙されていないけれども，社会の変革にともない憲法上の権利として保護するに値すると考えられる法的利益のことである。それは主に日本国憲法13条の幸福追求権（包括的基本権）から生じるものとされている。日本国憲法という閉じた体系の中にあって，新しい空気を取り込むことができる開放条項から，世界でその瞬間重要と考えられている「法的利益」を参考にして，人権の実体的価値を実定憲法内に取り込むことができる。

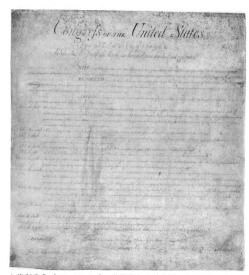

権利章典（Bill of Rights）：世界最古の（現行）成文憲法であるアメリカ合衆国憲法における最初の人権条項。1789年に提案された12条のうち3条～12条が批准され，第1修正～第10修正となった。（出所：アメリカ国立公文書記録管理局）

例えば，アメリカで判例上認められたプライバシー権の一部は，日本でも憲法13条を根拠として，学説上は異論なく承認されている。

　では，新しい人権にはどのようなものがあり，実際にどのような形で導出されたり，規定されたりしているのだろうか。

**KEYWORDS**　新しい人権　国家目標規定　プライバシー権　環境権

# I. 新しい人権論とは何か

**INTRODUCTION** で示した新しい人権論は，日本国憲法という実定憲法を解釈する際の議論である（新しい人権解釈論）。この種の議論においては，ある権利が憲法典に列挙されているどうかが，「新しい」人権論に入るかどうかの固有の境界線を形成する。

それでは，そのような憲法に書かれていない新しい人権の解釈は，どのようにして生み出される（解釈選択肢が与えられる）のだろうか。もちろん，日本独自の憲法解釈によって新しい人権が生まれることが排除されているわけではない。しかしこれまで多くの場合には，不文の権利を導出してきた他国の新しい人権解釈，とりわけ最上級裁判所の判例が，日本国憲法を解釈する際に参考にされてきた（新しい人権理論 I ）。

また，比較憲法という観点から考える際には，憲法解釈だけでなく，他国の憲法典を視野に入れることも有用である（新しい人権理論 II ）。なぜなら，近代立憲主義憲法ができてこの間，様々な人権が主張・展開され，それを吸収してたくさんの憲法典が新たに制定されたり改正されたりしているからである。日本では判例が広い意味でのプライバシー権を承認しない間に，少なくない国ではプライバシー権が憲法に明記され，さらに派生して個人情報保護を求める権利（例えばEU基本権憲章8条）すら登場するようになっている。その意味で，他国の憲法典もまた，日本国憲法を解釈したり，改正したりする際に参考になるのである。さらに国際法上何らかの形で認められた新しい人権も参照リストに含まれる（☞ **COLUMN**）。このような憲法典比較の観点からは，「新しい」人権かどうかは，もっぱら，ある権利が世界的にみて相対的に新しい権利かどうかにより判断される。したがって，多くの国の憲法に定着し，実定化されて久しい諸権利は，この意味での「新しい」人権とはいえないことにな

る（この新しさの指標は，もちろん日本および他国において憲法解釈で導かれた不文の諸権利にも当てはまるが，本章ではひとまず議論の整理のために，それらの権利が時代的に「新しい」かどうかは考慮しない）。

本章では，他国の憲法実践において，何らかの形で承認されている新しい人権について検討する。そこでの新しい人権には，憲法解釈によって承認されたもの（新しい人権理論Ⅰ）もあれば，憲法制定・改正により憲法自体に取り込まれているもの（新しい人権理論Ⅱ）もある。前者についてはプライバシー権を中心に（☞Ⅱ.），後者については環境権を例に（☞Ⅲ.）みていくことにする。

## Ⅱ. 解釈による新しい人権の承認

アメリカとドイツにおける新しい人権解釈として，不文の諸権利がどのように生み出されてきたか，またどのような権利が生み出されてきたかについて，プライバシー権を中心に解説したい。なおプライバシー権という言葉は，アメリカ憲法の文脈では，広く私的領域における様々な自己決定を行う権利を意味する場合が多く，ドイツ憲法の文脈では，一般的人格権に含まれる。

### 1. アメリカ

アメリカ合衆国憲法には，「法の適正な手続によらずに，生命，自由または財産を奪ってはならない」（第5修正・第14修正）とする，いわゆるデュープロセス条項がある。この条項は，判例上，生命，自由または財産を奪う際に法の適正な手続を求める（手続的デュープロセス）条項としてのみならず，──権利章典に列挙されてはいないが──当該手続によって保護される様々な権利・自由それ自体を生み出す（実体的デュープロセス）条項としても機能している（以下の判例については，樋口範雄『アメリカ憲法〔第2版〕』〔弘文堂・2021〕270頁以下参照）。

実体的デュープロセスが用いられた初期の代表的判例として，ニューヨーク州におけるパン工場の労働時間規制が違憲とされたLochner 判決（1905 年）がある。最高裁の多数意見は，「自らの事業との関係で契約を結ぶ一般的権利は，第 14 修正で保護された個人の自由の一部」であり，この権利は「労務を売買する権利を含む」とした。これを皮切りに，判例上，デュープロセス条項により保護される不文の権利・自由として，様々なものが認められてきた。例えば，子どもに外国語を学ばせる権利（Meyer 判決〔1923 年〕），子どもを私立学校に通わせる権利（Pierce 判決〔1925 年〕）がある。

プライバシー保護との関連では，まず生殖に関する自己決定が問題となる。夫婦間で避妊具を用いる権利（Griswold 判決〔1965 年〕）が認められ，その後，この権利の主体は夫婦だけでなく，未婚者（Eisenstadt 判決〔1972 年〕）や未成年者（Carey 判決〔1977 年〕）にも拡張された。Eisenstadt 判決では，「プライバシーの権利に意味があるとすれば，それは既婚だろうが未婚だろうが，子供を産むか産まないかという人に根本的な影響を与える問題に対する，政府の不当な介入を受けない個人の権利である」として，権利内容が広くとらえられた。そのようにとらえると，この権利は，妊娠中絶を禁じる法律によっても制限されることになる。母体を救うのに必要な場合以外は一切の中絶を禁ずるテキサス州法を違憲とした Roe v. Wade 判決（1973 年）では，妊娠中絶の自由が認められた。

医療に関する自己決定も問題となる。天然痘の強制予防接種が合憲とされた事件では，自らが望まない治療を拒否する権利が認められている（Jacobson 判決〔1905 年〕）。なお，医師による自殺幇助を犯罪とするワシントン州法が争われた事件で，「自殺の補助を受ける権利は，デュープロセス条項によって保護された基本的自由の利益ではない」とされた（Glucksberg 判決〔1997 年〕）。アメリカでは，この意味での「死ぬ権利」は認められていない。

　このほかにも，異人種間での婚姻の禁止が争われた事件で，婚姻の自由が認められている（Loving 判決〔1967 年〕）。婚姻の権利は，後に同性カップルにも認められた（☞ **CHAP. 15**）。同性カップルの権利としては，それ以前にも，同性愛行為を犯罪とするテキサス州法が争われた事件で，親密な関係を持つ権利が認められている（Lawrence 判決〔2003 年〕）。

　アメリカでは，実体的デュープロセス条項により，契約の自由などの基本的権利や，結婚，生殖，避妊，家族関係，育児，教育に関する個人的な決定が保護されている。これらの問題は，人が生涯のうちになすであろう最も親密で個人的な選択と関係し，個人の尊厳や自律に関わる選択は，デュープロセス条項で保護される自由の中心であると考えられている（Casey 判決〔1992 年〕参照）。アメリカの不文の権利の導き方の特徴は，ケース・ロー的判断を一歩一歩積み重ねながら，憲法で保障される基本的権利を拡張し，結果的に新しい権利を生み出している点にあるといえる。日本の判例のアプローチも，「個人の私生活上の自由」の全貌を示さず，事案ごとに小出しにして保護を図っていると整理されることがある（☞ **BOOK GUIDE**：横大道（2021））。しかし，今のところアメリカほど豊かなプライバシー権的内容を導くものとは全くなっていない。

## 2.　ドイツ

　ドイツでは，連邦共和国基本法 2 条 1 項で，人格の自由な発展への権利を保障している（以下の判例については，☞ **BOOK GUIDE**：石塚（2021））。この条項からは，2 つの基本権が導かれる。一般的行為の自由と一般的人格権である。

　一般的行為の自由では，他の基本権で保障されないすべての行為が保障されると考えられており，受け皿基本権などと呼ばれている。これまでも判例上様々な行為がこの基本権のもとで認められてきた。

例えば，国外旅行，森林での乗馬，鷹狩り，自動車運転，大麻による酩酊などである。また，そのような自然的自由だけでなく，「自由に法律行為をなす法的力」として，契約の自由も一般的行為自由の下で認められている。もっともこれらの行為は個別の基本権として認められているのではなく，あくまで基本法で保障された「一般的行為」の内容に該当するものにすぎない。

　一般的人格権は，基本法1条1項（人間の尊厳）と結びついた基本法2条1項から生じる。エップラー決定（1980年）によれば，「一般的人格権は『無名の』自由権として，……人格の構成要素をも保護する個別の（「名のある」）自由権を補完する。人格権の任務は，……伝統的具体的な自由の保障によっては完全には把握されえない，より狭い人格的生活領域およびその基本的諸条件の維持を保障することにある」。一般的人格権のもとでは，他の列挙された基本権と同様に，個別の基本権が承認される。個別に保障された基本権は，一般的行為自由よりも憲法上保護の度合いが高いと考えられている。

　連邦憲法裁判所の判例では，情報プライバシー権（☞ **CHAP. 17**）以外にも，一般的人格権から様々な（不文の）派生的権利が認められている。例えば，一般的人格権によって保護される私的（プライバシー）領域には，パートナーとの性的関係の構築が含まれたり，子どもにも「性的なものへの立場を自ら決める権利」が認められたりしている。また，アイデンティティの権利として，性別についての自己認識の承認を求める権利が認められた。身分法上の性別の選択肢が男性と女性しかないことが違憲とされた「第三の性」決定（2017年）で，「『男性』にも『女性』にも帰属しない人々の性的アイデンティティもまた保護されている」とされた。夫婦同氏決定（1988年）では，「人の出生氏は，一般的人格権に含まれる。それは，区別・分類メルクマールとして役に立つだけではなく，それを超えてアイデンティティや個性の表現であ」り，したがって「各人は，

法秩序がその名を尊重し保護することを要求しうる」とされている。自己や子の出自を知る権利なども認められている。さらに2020年には,「自殺する権利」(2020年2月26日判決) が認められたとして話題になった (☞ **BOOK GUIDE**:玉蟲 (2021))。

　ドイツの特徴は,一般的行為自由という受け皿基本権があることのほかに,まず一定の内容的基準を含む「一般的人格権」という権利が予め設定され,何がそこに含まれるかが裁判の中で判断され,新しい人権が増えていくという点にあるといえよう。日本の憲法13条の解釈として,人格的利益説と一般的自由説の対立があるが,ドイツの判例はどちらも憲法で保障されたものと解している。ドイツで一般的人格権の内容として認められているもの(例えば,名前や性自認など)は,日本でいう「人格的利益」の候補として参照に値しよう。

## III. 新しい人権条項

　ここでは,日本における環境権の議論に対して,世界ですでに憲法典に導入されている(環境権を含む)環境保護条項が持つ先進性と幅広さを示したい。日本では,環境権が憲法13条や25条から解釈上導かれるとする説も有力だが,比較憲法的には,いわゆる「環境 (environment)」問題に対応するためには,「世代更新型」の新たな憲法規定が必要だと考えられる傾向にある。それらは20世紀末頃から憲法に導入され始めた比較的新しいものである。

### 1. 権利規定か国家目標規定か

　一般に憲法上の権利は,①権利主体,②名宛人,③権利内容から構成される(原則として,①は国民,②は国,③は様々な内容)が,新しい人権として主張されるものは,この意味での「(法的)権利」として成立するとは限らない。

　例えば，環境権という場合に，それが人を権利主体として想定しているのか，山や川などを権利主体として想定しているのかによって話は大きく異なる。動物の権利の場合も同様だが，何らかの形で意思表示が行える特定の個人や集団以外のものを権利主体に据える場合には，法体系そのものに影響を及ぼす問題となるため，受け入れられづらい。保護すべき利益（自然環境や動物）は明確にあるが，権利主体が設定しづらい場合には，「国は，……自然的生存基盤および動物を保護する」（ドイツ基本法 20a 条）というように，国家目標規定（☞用語解説⑬, **CHAP. 1**）という形式で憲法に規定されることが多い。日本の学説では，環境権は「人が良好な環境を享受する権利」などとされているが，比較憲法的には，その規範内容はエコ・システムとしての「環境」そのもの（主に自然環境）に設定されることが多く，その場合には権利主体を設定できないために，国家目標規定として規定される傾向にある。環境権が併記される場合もあるが，人の権利として設定する場合には，「清潔な環境で生活を営む権利」（大韓民国憲法 35 条 1 項），「人格の発展にふさわしい環境を享受する権利」（1978 年スペイン憲法 45 条 1 項）といったように，規範内容が人間という観点から公衆衛生・公害・景観などの問題に限定されて「環境保護」の中心的観点からは離れてしまい，問題の本質が見えづらくなることが懸念される（なお，環境権のみが規定されている例は極めて稀である）。

　ある事項を権利として把握し，主張するということは，発見的・政治的意味において非常に重要である（☞**COLUMN**）。他方で，法的権利として実定憲法に組み込む際には，権利主体，名宛人，権利内容をある程度明確にする必要がある（☞**BOOK GUIDE**：内野（1991））。事項の性質や内容次第では権利としての把握が難しい，法的に整合性が取れない，あるいは政治的に妥協が得られない場合もある。したがって，国家目標規定のように客観法的に把握したり規定したりす

ることも視野に入れて，広く新しい人権（条項）をとらえる必要があろう。

## 2. 環境保護に関する憲法条項

憲法上の環境保護条項については，国家目標規定／国民の義務／環境権およびその組み合わせを基本的オプションとし，さらに環境保護の原理・原則や重要な保護対象に言及するもの等によって，「環境」を法的にとらえようとしている（各国の諸規定につき☞ **BOOK GUIDE**：衆議院憲法審査会事務局（2017））。以下の諸規定は，環境保護が国家にとって憲法ランクの任務であることを示し，環境政策に一定の内容や方向性を与えるものである。

### (1) 環境国家目標とその諸原則

国家目標規定としては，すでに挙げたドイツ基本法 20a 条（1994年導入）の環境国家目標がある。同法ではこのほかに詳細な定めはなく，事前配慮原則，持続性原則，協働原則，原因者負担原則が，同条の解釈上，憲法上の原則として主張されている。

これに対して，フランス第 5 共和制憲法に 2004 年改正で加えられた環境憲章は，各人が「健康を尊重する均衡のとれた環境の中で生存する権利」だけではなく，国民の義務や，責任原則，予防原則，統合原則，防止原則，参加原則を定めている（☞ **BOOK GUIDE**：江原（2003））。ほかにもスイス連邦憲法 74 条 2 項は事前配慮原則と原因者負担原則を，ギリシャ憲法 24 条 1 項は事前配慮原則と持続性原則を明文で規定している。

### (2) 自然および景観の保護

保護されるべき環境の内容を詳述する規定には，様々なものがある。自然や景観の保護は，環境保護の出発点である。憲法レベルでは，単に「自然」と表現されることが多いが，土壌，水，大気などに言及するカンボジア憲法 59 条や，森林の保護を規定したギリ

シャ憲法 24 条 1 項，インド憲法 48A 条，中華人民共和国憲法 26
条 2 項などもある。

また，文化保護と一緒に規定されることが多いが，イタリア共和
国憲法 9 条 2 項は「共和国は，国の風景……を保護する」とし，ス
イス憲法 78 条 2 項は「連邦は，……地域景観……を愛護する」と
規定している。

### (3) 天然・自然資源の維持

自然・天然資源の利用についても規定が存する。スペイン憲法
45 条 2 項は，「公権力は，……環境を保護，回復するために，あら
ゆる自然資源の合理的利用に留意する」とし，チェコ共和国憲法 7
条は，「国は，自然資源の効率的な利用及び自然資産の保護につい
て配慮する」と規定する。

### (4) 動植物種の保護

動植物種も，エコ・システムの一部を構成しているため，環境保
護の対象となる（これは動物保護〔☞**用語解説⑭**〕を含むものではない）。
スイス憲法 78 条 4 項は，「連邦は，動物界・植物界の保護のために，
また，自然的多様性の中で動・植物の生存域を維持するために規則
を制定する。連邦は，根絶の危機に瀕している種を保存する」と規
定する。このほかにも，「国家は，天然資源の経済的利用と，生態
系のバランス及び環境政策の成果を監視し，一定の植物及び野生動
物を保護しなければならない」とするスロバキア共和国憲法 44 条
4 項がある。

### (5) 集団訴訟

環境保護を促進するために，一定の集団に訴権などの手続的権利
を付与する場合もある。ポルトガル憲法 52 条 3 項は，「環境……の
保全に対する侵害の防止，中止又は司法的な追及を促進する」（a
号）ために，「問題となっている利益を保護する団体を通じて，
……民衆訴訟の権利が付与される」ことを規定している。ドイツの

州レベルだが，ブランデンブルク州憲法39条8項は，環境保護団体に行政手続への参加権を認め，ザクセン州憲法はさらに訴権も承認している。

新しい人権

---

**COLUMN** 国際社会における，新しい人権の展開

---

2020年に『ケンブリッジハンドブック 新しい人権』という，新しい人権を国際法の観点から広く扱う書籍が刊行された（☞ **BOOK GUIDE**：Arnauld, von der Decken & Susi (2020)）。そこでは，①公共財に関する権利として，水への権利，住居および土地への権利，健康への権利，清潔な環境への権利および環境の権利，②地位に関する権利として，高齢者の権利，ジェンダー・アイデンティティへの権利，先住民の人々の権利，動物の権利，③新技術に関する権利として，インターネット・アクセスへの権利，忘れられる権利，リプロダクティブ・ライツ，遺伝学的権利，④自律と尊厳に関する権利として，身体的および精神的インテグリティへの権利，強制失踪に関する諸権利，外交的保護および領事保護への権利，⑤統治に関する権利として，民主政への権利，良き行政への権利，汚職からの自由への権利，法へのアクセスの権利が，各論的に検討されている。

この中には，すでに条約や一部の国の憲法で実定化されていたり，判例で承認されていたりするものから，単に法的・政治的に主張・検討されているにすぎないものまで様々なものが含まれている。どれが新しい人権として国際社会や各国で問題になるかは，その地域や国の憲法および政治的・社会的状況に依存している。

---

用語解説

⑬**国家目標規定**：客観法的に（法的義務として）国家の目指すべき目標を定めた憲法上の規定であり，原則として主観的権利を含んでいない。

⑭**動物保護**：ここでは動物の個体保護を意味し，生態系の一部として環境保護の対象となる動植物種の保護とは別である。これについては2002年のドイツ基本法改正で，動物の個体保護が国家目標として20a条に追加されたのが世界で最初の例だと考えられている。ちなみに，細分化された動物保護の規定としては，放血前の麻酔なき屠殺を禁じたスイス連邦憲法旧25条の2が有名である。

237

## BOOK GUIDE

□横大道聡「幸福追求権」新井誠ほか『憲法Ⅱ 人権〔第2版〕』（日本評論社・2021）48頁

□石塚壮太郎「人格の自由な発展の権利」鈴木秀美＝三宅雄彦編『〈ガイドブック〉ドイツの憲法判例』（信山社・2021）22頁以下

□衆議院憲法審査会事務局「『新しい人権等』に関する資料」衆憲資94号（2017）

□玉蟲由樹「業務上の自殺援助の禁止と自己決定にもとづく死の権利」自治研究97巻7号（2021）147頁以下

□内野正幸『憲法解釈の論理と体系』（日本評論社・1991）108頁以下

□江原勝行「フランスの環境憲章制定をめぐる憲法改正について——環境権と集団の人権享有主体権との関連に関する一考察」早稲田法学80巻3号（2003）325頁以下

□ Andreas von Arnauld, Kerstin von der Decken & Mart Susi, *The Cambridge Handbook of New Human Rights* (Cambridge University Press, 2020).

［石塚壮太郎］

# CHAPTER 22

# 違憲審査制度

## INTRODUCTION

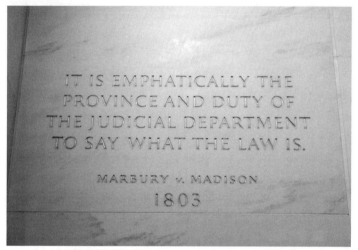

IT IS EMPHATICALLY THE
PROVINCE AND DUTY OF
THE JUDICIAL DEPARTMENT
TO SAY WHAT THE LAW IS.

MARBURY v. MADISON
1803

アメリカ連邦最高裁の壁に刻まれた，マーベリー対マディソン事件判決（1803 年）の一節
（出所：Wikimedia Commons／撮影：User:NuclearWarfare）

　日本国憲法に親しんできた者にとって，違憲審査制度はごく当たり前の存在で，憲法イコール違憲審査というイメージすらあるかもしれない。しかし，歴史的・世界的に見れば，ことはそれほど単純ではない。アメリカでは 1803 年に下された 1 つの判決を機に違憲審査権が確立されたが，それは極めて例外的なもので，20 世紀半ばには，違憲審査という仕組みを憲法に盛り込もうというアイデアを持っていた国は，数か国にすぎなかった。それが世界中に広がったこんにちでも，その仕組みは極めて多様であり，また，それが現実に果たす機能も異なっている。

　日本は，第二次世界大戦後に，アメリカをモデルとした違憲審査制度を導入した。75 年を経て，様々な困難や期待が見えてくるなかで，制度改革を求める声も聞こえる。日本に必要なものは何なのか，他の国々の制度や運用から，改めて考えてみよう。

**KEYWORDS**　違憲審査　憲法裁判所　憲法保障　司法積極主義・消極主義

# I. 普遍化する違憲審査

## 1. 違憲審査の歴史

### (1) 違憲審査前史

　特定の機関が法律や行政活動の憲法適合性を審査する，いわゆる違憲審査が，こんにち人権保障や公権力の統御にあたって極めて重要な役割を担っていることは，言うまでもない。だが，人権保障や権力分立といった近代憲法が共通して持つ構成要素に違憲審査は含まれるかと問われれば，答えは否である。近代憲法の母国イギリスは，不文憲法であることに加え，17世紀に確立した「国会が定立する法を無効とするいかなる個人・団体もありえない」とする国会主権の原理ゆえに，国会の立法機能を制約する違憲審査を導入することは法理論上想定しえなかった。フランスもまた，伝統的に統治原理として議会中心主義を採用してきたため，違憲審査との親和性は決して高くなかった。19世紀後半から20世紀前半にかけての第3共和制期に違憲審査に関する議論が提起されたものの，否定論が大勢を占め，実現には至らなかった。近代初期において，違憲審査はむしろ，議会や民主主義との関係で消極的に受け止められていたと言える（☞ **CHAP. 1**）。

　唯一の例外が19世紀の初めに違憲審査権を確立したアメリカである。しかし，そのアメリカですら，違憲審査の仕組みは統治原理として建国当初から憲法に組み込まれていたわけではなく，国務長官による裁判官への辞令交付の拒否というややトリッキーな事件（マーベリー対マディソン事件〔1803年〕）に際し，連邦最高裁によって案出されたものである。そのため，こんにちに至るまで，アメリカ合衆国憲法に違憲審査に関する規定はない。具体的な制度は法律および判例により構築されている。

　1920年に制定されたチェコスロバキア憲法およびオーストリア

憲法が，憲法に違憲審査に関する規定を盛り込んだ最初の例とされる。なかでもオーストリアで設置された憲法裁判所は，活動開始以来，州法・連邦法をあわせて約10の法律を廃止するなど積極的な姿勢を見せたが，ファシズムの台頭もあり1932年に幕を下ろした。

## (2) 違憲審査の広がり

こうした状況が大きく転換したのは，第二次世界大戦後のことである。ナチス政権を生み出した民主主義の失敗を教訓に，西ドイツ（当時）では1949年に制定された基本法のもとで，戦前のオーストリアを模範として憲法裁判所が設置された。日本やイタリアが違憲審査を導入したのもこの時期である。

1920年代を第1の波，第二次世界大戦後を第2の波とすると，違憲審査の第3の波は1970年代に訪れる。フランコ政権やエスタド・ノヴォ体制といった権威主義体制から脱却する過程で，スペイン・ポルトガルは相次いで新憲法を制定し，やはり憲法裁判所を導入した。第4の波の到来は冷戦後で，旧ソ連・東ヨーロッパ諸国が社会主義からの体制移行に際し，違憲審査制度を備える憲法を制定したことによる。

また，世界的に違憲審査の必要性が認知されてくるのと軌を一にして，フランスの憲法院のように，当初は法令の憲法適合性を確保し人権を保障するという意味での違憲審査機関と位置付けられていなかった機関が，違憲審査の機能を果たすようになるケースも現れた。その結果，こんにちでは，違憲審査のグローバル化とも呼ばれる状況を呈する。1951年には38％にすぎなかった違憲審査を備える憲法体制は，2011年時点では83％に広がったと推計されている。

## 2. 違憲審査の地図

次に，違憲審査の広がりを地理的に見ていこう。

**(1) 南北アメリカ**

アメリカで考案された違憲審査の仕組みは，特別に設置された専門の裁判所ではなく，通常裁判所が通常の紛争解決の過程で必要な限りにおいて憲法判断を行うもの（付随的違憲審査）である。同じく北米に位置するカナダもこの型の違憲審査制度を採用しているが，コモンウェルスの一員でもあることから1867年憲法法律でイギリス流の議会主権を統治原理とし，1982年憲法法律の第1編として人権憲章が定められるまで憲法上に人権保障規定を持たなかったため，審査対象や判断手法においてアメリカと異なる独自の発展を遂げている（☞ **CHAP. 8**）。

中南米でもアメリカの影響は大きく，ブラジルやアルゼンチンなどがアメリカ型の違憲審査制度を採っている。ただし，これらの国には旧宗主国であるポルトガルやスペインの法制度の影響も残っており，ブラジルでは，違憲審査権を行使できるのは最高裁判所に限定されている上に，同裁判所には付随的審査権のみならずヨーロッパにしばしばみられる抽象的審査権も同時に付与されているなど，アメリカ型とヨーロッパ型の両者の性格を併せ持った制度となっている。

**(2) ヨーロッパ**

イギリスという例外はあるものの，西欧は，アメリカと並ぶ違憲審査の発信地であり，比較的早い時期にこの制度を取り入れた国が多い。1920年オーストリア憲法以来の伝統を受け継いで，憲法裁判所，すなわち具体的紛争とは切り離された法令の合憲性審査（抽象的違憲審査）を行う特別裁判所を設置している国がほとんどである。なお，イギリスはこんにちまで違憲審査制度を採用していない数少ない国の1つである。1998年に制定された人権法によって初めて法律と欧州人権条約との適合性について裁判所が判断する仕組みが設けられたものの，適合性が問われるのはあくまで人権条約と

であり，また，条約に適合しない法律の効力に影響を与える権限を付与するものでもない。

他方，ソ連に代表されるように，権力集中を統治原理の1つとする社会主義体制のもとでは，違憲審査なるものを構想することは困難だった。1988年，ソ連末期に行われた司法改革のなかで，最高国家機関である人民代議員大会に従属する機関として憲法監督委員会が設置されたが，その程度である。しかし，体制転換後，ロシア・東欧諸国はいずれも何らかの違憲審査の仕組みを採用した。ロシアをはじめ，そのほとんどが通常裁判所ではなく，憲法裁判所に違憲審査権を集中させている。

### (3) アジア

アジアに位置する国々で違憲審査制度が導入されるのは，多くは「第4の波」以降のことである。しかし，アジアは広く，法的バックグラウンドも多岐にわたるため，例外も多い。中央アジアの旧社会主義諸国では，トルクメニスタンを除く全てで体制転換後に違憲審査制度が導入された。ほとんどが憲法裁判所による。東アジアでは，韓国と台湾とがそれぞれ独特な違憲審査制度を持ち，近年活動の上でも存在感を示している。ただし，台湾で違憲審査の機能を果たしている大法官は1949年以来存在している機関であり，韓国でも1948年憲法以降，新憲法が制定される毎に異なる違憲審査制度が打ち出されてきた。いずれも，1980年代末から90年代初頭の民主化以降それが機能し始めた点が特徴的である。

民主化を契機とした違憲審査の活性化・導入は，東南アジアにも見られる。フィリピンは，アメリカの影響を強く受けて1946年の独立直後から通常裁判所が違憲審査権を有する制度を採用していたが，権威主義体制のもとで機能不全に陥っていたところ，1986年の民主化で息を吹き返した。タイは議会主義が強く，1946年憲法以降，議会内に憲法裁判委員会という憲法裁判機関を置くもほとん

ど機能していなかったところ，1997年憲法で憲法裁判所が創設された。インドネシアも，2003年の憲法改正で憲法裁判所を設置した。

　他方，民主集中制を採用する中国では，憲法保障や憲法解釈の権限は全国人民代表大会または全国人民代表大会常務委員会に付与されており，いわゆる違憲審査制度は導入されていない。ベトナム・ラオスでも同様の仕組みが取られている。

### (4)　その他の地域

　違憲審査はアフリカ諸国にも広がっている。なかでも有名なのは南アフリカ共和国である。イギリスの影響による議会主義や人種隔離政策のため長らく違憲審査を否定してきた同国は，アパルトヘイトを克服した1995年に憲法裁判所を設置した。同性婚や受刑者の選挙権（Minister of Home Affairs v. National Institute for Crime Prevention and the Re-integration of Offenders [NICRO]）など，マイノリティの権利を積極的に保障する判決を下していることで知られる。憲法裁判所を設けている国が多いが，仏領だったモロッコやアルジェリアでは，フランスと類似した制度が採用されていた。

　中東では，トルコやクウェート，エジプトなどが1960年代から70年代にかけて，比較的早い時期に憲法裁判所を設置している。アラブの春（2011年頃）後に違憲審査制度を採用した国としてはチュニジアが挙げられる。これらの国では「政治の司法化」が言われ，司法のプレゼンスが高まる一方で，それが民主化や社会の安定につながっていないとの指摘もある。他方で，サウジアラビアなど違憲審査の仕組みを持たない国も見られる。

## II. 多様化する違憲審査

### 1. 違憲審査の型

#### (1)　ドイツとアメリカ──違憲審査の2つの型

　I.2. で見てきたように，こんにち世界に広がる違憲審査には，ア

| 通常裁判所型 〔例〕アメリカ | | 憲法裁判所型 〔例〕ドイツ |
|---|---|---|
| 通常裁判所（下級裁判所を含む） 分散型（非集中型） | 違憲審査権の行使主体 | 憲法裁判所 集中型 |
| 付随的違憲審査制 | 制度の特徴 | 抽象的違憲審査制 |
| 個別的効力 | 判決の効力 | 一般的効力 |
| 私権保障 | 違憲審査の主たる目的 | 憲法保障 |

メリカに端を発した通常裁判所が審査を行うタイプとドイツを典型とする憲法裁判所型という2つの潮流がある。これらは違憲審査の「2つの型」と呼ばれ，対照的な特徴を有する。

すでに述べたように，アメリカでは全ての通常裁判所が，訴訟として提起された具体的紛争を解決するに際し，必要な限りにおいて違憲審査を行いうる。違憲審査権の行使主体が限定されていないため，分散型（非集中型）と呼ばれる。対するドイツは，違憲審査権の行使主体を憲法裁判所に限定する集中型である。憲法裁判所は，連邦・州の政府または下院議員の4分の1以上による申立て（連邦共和国基本法93条1項2号）に基づいて法令が憲法に適合するかしないかを審査する。審査の対象は全ての連邦法・州法に及ぶ。

判決の効力にも違いがある。アメリカでは判決の効力は当該事件に関してのみ及ぶもので，仮に法令違憲の判断が下されたとしてもそれによって当該法令の効力が一般的に失われるわけではない。他方，ドイツでは，憲法裁判所の判決は，訴訟関係人に限らず，連邦および州の憲法機関ならびに全ての裁判所および行政庁を拘束し（連邦憲法裁判所法31条1項），法律が違憲または無効であると宣言する判決は法律としての効力を有するとされる（同条2項1段）。つまり，その法律の効力は一般的に失われることになる。

こうした制度設計の相違は，制度の主たる目的の相違と結びついている。通常裁判所型の場合は，憲法上の権利を侵害されたと訴える訴訟当事者の具体的な権利を保障すること（私権保障）を第一義とするのに対し，憲法裁判所型の場合は憲法保障，すなわち，憲法

が下位規範によって歪められたり憲法に反する公権力の行使が行われたりしないよう，憲法を最高法規とする法秩序そのものを維持し「憲法が守られることを確保する」ことが主たる目的とされる。

ただし，この対照はあくまで理念型であり，現実の制度はこの双方の特質を併せ持ったものが多い。憲法裁判所型の典型とされるドイツでも，通常裁判所が係属中の訴訟に適用されるべき法律が違憲であると思料するときに憲法裁判所に決定を求める手続が用意されているが（基本法100条），これは具体的訴訟を契機として憲法判断が行われるため，具体的規範統制の一種である。これまでに扱われた件数も抽象的規範統制よりはるかに多く，20倍程度にも及ぶ。だが，こんにち憲法裁判所が扱う事件で最も多いのは，憲法異議の申立てによるものである。憲法異議の申立てとは，公権力により自己の基本権等を侵害されていると主張する個人が直接憲法裁判所に提起するもので（基本法93条1項4a号），その他の訴えによることができない場合に限られているとはいえ，私権保障において重要な機能を果たしている。逆に，私権保障を主たる目的とするアメリカにおいても，特に1950年代から70年代前半にかけて司法による社会的正義の実現の機運が高まり，人種差別是正のため裁判所の裁量によって幅広い救済策が示されたり（ブラウン対教育委員会Ⅱ判決〔1955年〕），原告適格を広く認めることで環境保護などある種の公益の実現を目的とした訴訟の提起が認められたりした（合衆国対SCRAP事件〔1973年〕など）。こうした動向を指して，2つの型の合一化傾向とも呼ばれる。

### (2) フランス──裁判所以外の機関による審査

ところで，違憲審査にはもう1つ別の潮流もある。フランスに代表される，裁判所とは別個に，独立した審査機関を設ける型である。

フランスの憲法院は，こんにちでこそ違憲審査機関としての地位を確固たるものにしているが，1958年に第5共和制憲法のもとで

創設された当初は政治機関としての性格をより強く持っていた。憲法院は，事前審査，すなわち議会が法律を可決してから大統領が認証するまでの間に，議会が憲法に定められている法律事項を逸脱した立法を行っていないかを審査する権限のみを有しており，ド・ゴール政権によって作り出された執行権優位の憲法体制を維持する役割を付与されていると考えられていた。しかし，「結社の自由」判決（フランス憲法院 1971 年 7 月 16 日判決）において初めて人権侵害を理由に法律を違憲とし，また，1974 年にそれまで大統領・首相・上下院議長に限定されていた合憲性審査の付託権が国会議員（60 名以上）にも拡大され，議会内少数派による異議申立ての場として使われるようになると，憲法院は活性化し，人権保障機関としての役割を果たし始める。1970 年以前に必要的審査の対象である組織法律や議院規則以外の通常法律が審査されたのはわずか 6 件だったところ，その数は急速に増え，70 年代半ば以降は毎年 5 〜 15 件程度を数えるに至った。さらに，2008 年には QPC（憲法適合性の優先問題）と呼ばれる，ドイツの具体的規範統制に相当する事後審査の手続が導入され，憲法院はさらなる変化を遂げる。こんにちでは憲法院による憲法統制にかかる事案の判決のうち，8 割近くを QPC によるものが占めている。

　フランスの憲法院は，元大統領が当然に終身の裁判官となると定められていたり，裁判官の資格要件がないなど，その出自に由来する組織規定を有しつつも，運用と権限の拡大とを通じて，こんにちでは憲法裁判所に類する違憲審査機能を果たしている。I.2. で触れたように，フランスに類似した仕組みを採用する国も少なくないが，それらの国の機関が違憲審査機関として十全に機能するか否かは，社会的・政治的諸条件に大きく左右される点は見落とすべきでない。

## 2. 違憲審査の多様性

違憲審査の広がりは，同時に多様性も生んでおり，上述のモデルに当てはまらないケースも増えている。例えば，韓国で1987年憲法に基づいて設立された憲法裁判所は，法律に関する違憲審査権を独占的に付与されているが，一般に憲法裁判所の特徴とされる抽象的審査権は有さず，通常裁判所からの付託を契機とした具体的審査（111条1項1号）と個人が直接権利救済を求める憲法訴願（同項5号）とを行う。イタリアの憲法裁判所も，前提問題型審査と呼ばれる具体的審査（憲法裁判所法23条）と主要問題型審査と称される抽象的審査（31条〜35条）を行うとされているが，主要問題型審査は連邦制のもとでの州と国または州と州の権限紛争の処理を想定したものであって，いわゆる抽象的審査権とは性質を異にする（☞ CHAP. 10）。

判決効について独特な仕組みを設けた例もある。ポーランドやルーマニアが体制転換前後に設置した違憲審査機関は，違憲審査権を有するもののその判決は終局的なものではなく，議会の特別多数により覆すことができるとされていた（ポーランドでは1997年憲法による制度改革の結果，この仕組みは廃止された）。これは，議会中心主義といった他の統治原理や違憲審査機関の正統性を考慮したものと言われる。同様の仕組みはモンゴルにも存在する。

違憲審査の多様性は，違憲審査機関の管轄や構成，裁判官の任免の仕組みなど多岐にわたり，各国の統治機構や歴史・社会を反映している。日本以外の国がどのような仕組みを・なぜ設けているのか，学ぶべきものは多い。

---

**COLUMN 司法積極主義の功罪**

---

日本の最高裁はしばしば司法消極主義だと批判される。75年間で下され

た法令違憲判決が11件という数字を見れば，そうした評価もやむをえないだろう。無論，最高裁の役割は憲法判断をするだけではなく，判例違反やその他の法令解釈の重要事項を含む事件も扱っている。内閣法制局による事前審査が機能している面もある。法令違憲判決の少なさだけをもって消極主義と評するのは片面的にすぎるが，それでも，アメリカやドイツと比較した場合，日本の最高裁が積極的に違憲審査権を行使してきたとはやはり言い難い。

　他方で，違憲審査機関が積極的に違憲審査権を行使することが，常にポジティブに評価されるわけでもない。アジアを例にとろう。カンボジアは1993年憲法によって憲法院と呼ばれる独立型の違憲審査機関を設けたが，公表されている判決・決定の件数は過去10年間で36件にとどまり，その消極性がしばしば指摘されている。他方で，1997年に新憲法を採択するとともに憲法裁判所を設立したタイでは，政変のあった2006年以降，司法による積極的な政治介入が顕著になったと言われる。しかし，積極度において対照的なこの両国の違憲審査機関は，ある研究によれば，違憲審査制度を有するアジア諸国のうち，いずれも信頼度が低い群に位置づけられる。逆に，信頼度の高い群に分類されている韓国・インドネシア・台湾は，司法の積極性では中程度と評価される（Albert H. Y. Chen & Andrew Harding eds., *Constitutional Courts in Asia* (Cambridge University Press, 2018), p.28）。司法の独立や政治状況，歴史に紐付いた人々の意識など，多様な要素が絡みあう社会や統治の仕組みの中で，違憲審査機関はどのように振る舞うべきか，難しい問題である。

## BOOK GUIDE

□曽我部真裕＝田近肇編『憲法裁判所の比較研究──フランス・イタリア・スペイン・ベルギーの憲法裁判』（信山社・2016）

□大沢秀介＝小山剛編『東アジアにおけるアメリカ憲法──憲法裁判の影響を中心に』（慶應義塾大学出版会・2006）

□小森田秋夫「旧ソ連・東欧諸国における違憲審査制の制度設計」レファレンス2005年7月号79頁以下

□ Arne Mavcic, *The Constitutional Review*, 2nd ed. (Vandeplas Publishing, 2013)

［大河内美紀］

**CHAPTER 23**

# 緊急事態制度

## INTRODUCTION

　自由民主党は,「憲法改正に関する議論の状況について」(2018 年 3 月 26 日)で, 次のように述べ, 下の条文案を提示している。

＊

　わが国では有史以来, 巨大地震や津波が発生しており, 南海トラフ地震や首都直下型地震などについても, 想定される最大規模の地震や津波等へ迅速に対応することが求められている。

　このため, 憲法に「緊急事態対応」の規定を設けることにより,「国民の生命と財産の保護」の観点から, ①緊急事態においても国会の機能を可能な限り維持すること, ②国会の機能が確保できない場合に行政権限を一時的に強化し迅速に対処する仕組みを設けることが, 適当であると考える。具体的には, ①選挙実施が困難な場合における国会議員の任期延長等, ②個別法に基づく緊急政令の制定の規定を設けることができる旨規定しておくことが, 立憲主義の精神にもかなうと考えられる。

第七十三条の三　大地震その他の異常かつ大規模な災害により, 国会による法律の制定を待ついとまがないと認める特別の事情があるときは, 内閣は, 法律で定めるところにより, 国民の生命, 身体及び財産を保護するため, 政令を制定することができる。

②　内閣は, 前項の政令を制定したときは, 法律の定めるところにより, 速やかに国会の承認を求めなければならない。

(※内閣の事務を定める第 73 条の次に追加)

第六十四条の二　大地震その他の異常かつ大規模な災害により, 衆議院議員の総選挙又は参議院議員の通常選挙の適正な実施が困難であると認めるときは, 国会は, 法律で定めるところにより, 各議院の出席議員の三分の二以上の多数で, その任期の特例を定めることができる。

(※国会の章の末尾に特例規定として追加)

**┃ KEYWORDS** 国家緊急権　マーシャル・ロー（戒厳）　緊急命令　委任命令 **┃**

## I. 非常事態と国家緊急権

　国家緊急権とは「戦争・内乱・恐慌・大規模な自然災害など，平時の統治機構をもっては対処できない非常事態において，国家の存立を維持するために，国家権力が，立憲的な憲法秩序を一時停止して非常措置をとる権限」をいう（芦部信喜〔高橋和之補訂〕『憲法〔第7版〕』〔岩波書店・2019〕388 頁）。非常措置は，通常，行政府への権力の集中と人権の強い制限を伴うものであり，一歩間違えれば立憲的な憲法秩序そのものの破壊に繋がりかねない。それゆえ，非常事態にどう対応するかは難問である。そのアプローチは，大雑把に言って，英米法の国と大陸法の国とで異なる。

## II. 不文の法原理や法律を中心に対応するアプローチ

### 1. イギリス

　イギリスでは，非常事態への窮極の対応方法として，マーシャル・ローが知られる。マーシャル・ローとは，内戦や叛乱など非常事態の際に軍が国内で市民に対し規律を行うことができるという不文の法理である。ここでは，裁判所による手続を介さず，軍事法廷による簡略な手続で生命，自由，財産等の制限が可能になることに重点が置かれる。もっとも，この間の軍の行為の適法性については，事態終了後に裁判所の審査に服する。通常は，事後的に軍の行為を正当化するべく，免責法（Indemnity Act）が議会によって制定される。しかし裁判所はこの法律の解釈に当たり，状況によっても正当化できない残忍な行為を免責する意図は議会になかったと推定する。マーシャル・ローは，伝統的に国王大権に基づく権限と解されてきたが，1628 年の権利請願により平時におけるマーシャル・ローの発動が禁止され，それ以降，イギリス本国内でこれが発動されたことはない。18 〜 19 世紀に何度かカナダの植民地で発動されたほか，

1902 年，ボーア戦争時に南アフリカで発動された例，1920 年，アイルランドの騒擾の際に発動された例などがあるにすぎない。

そこで，実際には，各種の法律を定めて，大臣に財産の没収などを可能とする規則制定権を委ね，また人身保護令状（☞ **2.**）の停止を認める，というやり方がとられてきた。第一次世界大戦の時には国土防衛法（Defence of the Realm Act 1914-15），第二次世界大戦の時には緊急事態権限（防衛）法（Emergency Powers (Defence) Act 1939）が定められ，広範な委任立法が認められた。これは，議会が緊急事態を認定し行政府に権限を集中させるやり方である。行政府による規則制定に対してはその適法性を裁判所で争うことが可能であり，個別の処分を裁判所が違法だと判断した例もある。事態が終われば，これらの立法は廃止される。

自然災害などにおける対応としては，1920 年緊急事態権限法（Emergency Powers Act 1920）が制定され，緊急事態宣言により緊急命令の制定が認められた。実際にこの法律が適用されたのは，炭鉱や造船の労働者による大規模ストライキに対してであった。同法は，2004 年不測事態法（Civil Contingencies Act 2004）により置き換えられた。2004 年法は，緊急事態を，イギリスにおける人間の福祉・環境・安全保障に対する脅威の事態と定義し，自然災害からテロまで多様なものを想定する（19 条）。同法では，一定の要件を充足すれば緊急事態の宣言なしに行政による緊急規則の制定を認める（20 条・21 条）。緊急規則では，財産の収用，移動の制限，集会の禁止などが可能とされる（22 条 3 項）。もっとも，緊急規則による刑事手続の変更は許されない（23 条 4 項）。規則は制定後可能な限り早く議会に提出しなければならず，7 日以内に一院の同意が得られなければ失効する（27 条 1 項）。また規則の有効期間は最長 30 日間である（26 条 1 項。ただし，新たに規則を制定して実質的に延長することはできる）。規則の適法性は裁判所が審査できると考えられている。

このように，イギリスでは，非常事態に際し，窮極にはマーシャル・ローが用いられるが，近時は，議会によるそのつどの法律制定による授権，あるいは恒常的な法律に基づく，行政府の規則制定権の行使により対応する制度となっている。もっとも，規則制定権の範囲や有効期間は限定され，また規則やそれに基づく処分等の適法性は裁判所による審査に服する点は重要である。

## 2. アメリカ

アメリカでは，憲法典に，非常事態に関係する条文が断片的に存在する。まず，「叛乱または侵略に際し公共の安全上必要とされる場合」に人権保護令状を得る特権の停止を容認する規定がある（アメリカ合衆国憲法 1 条 9 節 2 項）。人身保護令状とは，逮捕などにより身柄を拘束されている者が裁判所に請求を行い，政府が理由を示せなければ身柄の釈放を命じるものである。ここでも，裁判所との関係に焦点が当てられている。非常事態の認定権者については，南北戦争（1861 〜 1865 年）の際にリンカーン大統領がこの特権を独断で停止したところ，連邦最高裁は，特権停止は連邦議会だけができると判断したことが知られる（Ex parte Merryman〔1861 年〕）。リンカーンは特権停止の承認を議会に求め，2 年半後にようやくこれが認められた。この間に叛乱への関与の疑いで逮捕され，軍の裁判所で死刑判決を受けた者が人身保護令状を求めた事件で，連邦最高裁は，非常事態のもとでも，司法裁判所が機能している限り，軍の裁判所による文民の処罰は違憲だと判断した（Ex parte Milligan〔1866 年〕）。この判決は，非常事態時に権力分立や人権保障に関する法的なモードが変わるという考え方に否定的である。

このほか，アメリカでも，法律によって，大統領が緊急事態の布告を発し，それにより軍隊派遣などの権限行使を認める例が多く存在する。この種の法律は，平時はいわば休眠状態で大統領の布告に

より作動することから，standby statute（権限発動法）と呼ばれる。1792 年にヴァージニア州での住民の叛乱に対応するために定められた法律が初めてとされる。その後，軍事，経済，労働争議に関わる緊急事態に対応するため多くの権限発動法が制定された。1917 年，ウィルソン大統領は，国家緊急事態宣言を行うことでこれらの権限発動法を初めて一斉に発動させた。同じ手法で，第二次世界大戦中にも，ルーズベルト大統領が 1939 年と 1941 年の 2 度，国家緊急事態宣言を行った。その後も，朝鮮戦争やベトナム戦争の際に緊急事態の布告が出されている。ところが，これらの緊急事態の終了後も布告が放置され，大統領の緊急事態権限が存続したままになっていた。1973 年の時点で 470 もの条項があったという。

　そこで，これら権限発動法の発動手続などを規律するべく 1976 年に国家緊急事態法（National Emergencies Act）が制定された。同法は，それまで存続していた緊急事態権限を原則として廃止するとともに，将来の緊急事態の布告につき，議会への報告を義務づけ，期限を定めた。期限は，大統領が公式に再度の宣言をしない限り 1 年間であり，それ以前でも両院合同決議（☞用語解説⑤〔136 頁〕）により廃止される。

　他方，1977 年には国際緊急経済権限法（International Emergency Economic Powers Act）が制定された。同法は，外国が原因で生じたアメリカの安全保障，外交政策，経済に対する脅威に対処するため，大統領が国家緊急事態を宣言すれば，大統領命令による関係者の資産凍結，取引禁止，財産没収等を認める。

　このように，アメリカでも，憲法に，非常事態対応の権限，手続等を網羅的にカバーする規定は置かれず，法律に基づく緊急事態宣言と各種の措置がとられることが多い。

## III. 憲法に規定を置いて対応するアプローチ

### 1. ドイツ

　これに対し，大陸法の諸国では，憲法典の中に非常事態に関する詳細な規定を置いて対応する傾向がある。ドイツでは，各種の法制度が，事態の性質と深刻度に応じて憲法（ドイツ連邦共和国基本法）で定められている。

　外国からの攻撃の場合は，防衛上の緊急事態（115a 条）で対応する。この事態は，武力で攻撃され，また攻撃が直前に差し迫っている場合に確定される。事態が確定すると，第 1 に，連邦に権限が集中される。連邦議会はラント（州）の所管事項でも立法でき，連邦政府はラントの官庁に指図する権限をもつ（115c 条・115f 条）。第 2 に，立法手続が簡略化される。法律案は連邦議会と連邦参議院に同時に提出され，合同で審査を行う。また連邦議会が開会できないときは合同委員会が代わって立法などを行う（115d 条・115e 条）。第 3 に，緊急事態時に適用される法律が多くあり，これらに基づいて行政府による委任立法が広範に認められる。第 4 に，職業選択の自由に対する強い制限，すなわち兵役義務者の非軍事的役務提供や女性の衛生・医療施設等での役務提供の義務づけ，職場放棄の自由の制限が許されるほか（12a 条），移転の自由及び住居の不可侵を法律により制限することが認められる（17a 条）。第 5 に，緊急事態中に連邦議会の任期が満了する場合には事態終了後 6 か月まで，連邦大統領の任期満了の場合には事態終了後 9 か月まで，任期が延長される（115h 条）。

　他方，防衛上の緊急事態における権力濫用を防ぐ仕組みも整えられている。まず，事態の確定には，連邦参議院の同意を得て，連邦議会の投票の 3 分の 2 以上の多数かつ議員の過半数の賛成と，大統領による確定の公布が必要となる。そして，連邦議会は，連邦参議

院の同意を得て，いつでも事態の終了を宣言できる（115l条）。また，合同委員会が議決した法律やそれに基づく命令は，事態終了後遅くとも6か月で失効する（115k条）。緊急事態中も連邦憲法裁判所及びその裁判官の地位や任務の遂行は侵害されないので（115g条），法律等の合憲性を争う途も残されている。

　次に，緊迫事態が，防衛上の緊急事態の前段階として設定されている（80a条）。緊迫事態になれば，緊急事態に適用される法律の多くに基づき行政府の委任立法が認められるのに加え，職業選択の自由に対する制限や（12a条），民間物件保護と交通規制のための軍の投入が可能となる（87a条3項）。緊迫事態の確定には連邦議会の投票の3分の2以上の多数決が必要であり，事態における措置は連邦議会が要求すれば廃止されるといった濫用防止の仕組みがある（80a条1項・2項）。このほか，連邦議会が特別に同意した場合，または，国際機関が連邦政府の同意を得て同盟条約の枠内で行う決定がある場合にも，緊迫事態に適用される法律の適用が可能とされる（前者は「同意事態」〔80a条1項〕，後者は「同盟事態」〔同条3項〕と呼ばれる）。

　このほか，国内における自然災害や重大事故に関わる規定がある。ラントの警察だけでは対処できない場合に，他のラントに警察を出動させることを指示でき，これを支援するため連邦国境警備隊，軍隊の出動が可能とされる（35条）。また，法律に基づき，必要な限度で移転の自由を制限することが認められている（11条2項）。

### 2. フランス

　フランス第5共和制憲法には，①非常事態措置権（16条），②戒厳（合囲状態。36条）の規定がある。①は，ⓐ「共和国の制度，国の独立，その領土の保全あるいは国際協約の履行が重大かつ直接に脅かされ」ること，ⓑ「憲法上の公権力の適正な運営が中断され

る」ことという2つの要件を充足する場合に，大統領が，首相・両院議長・憲法院に諮問した後，「状況により必要な措置をとる」ことを認める。非常事態措置から30日経過後に，両院いずれかの議長または60名以上の議員は，上記の要件を充足しているかの判断を憲法院に付託することができ，60日経過後はいつでも憲法院が職権でこの判断を行うことができる。非常事態措置がとられたのは，1961年，アルジェリア戦争中の1度だけである。②は，外国からの攻撃または武装叛乱による急迫の危険がある場合に宣言できる。戒厳が発令されると，行政権が軍の指揮官に，また裁判権が軍の特別裁判所に移動する。戒厳は閣議で決定できるが，12日間を超える延長には議会の承認が必要となる（36条）。

　フランスには，これら憲法上の制度に加え，③法律に基づく緊急事態の制度がある。1955年4月3日法律385号（「緊急事態法」）に基づき，公共の秩序に対する重大な侵害による急迫の危険がある場合，災害の性格を帯びた事態がある場合に，大統領が閣議を経た政令で緊急事態を宣言すれば，居住地の指定，家宅捜索，集会の禁止等が認められる。2015年のパリ同時多発テロの際には，この法律に基づく緊急事態が宣言された。このほか，④行政裁判所の判例として，非常事態の法理がある。この法理は，非常事態時に行政がとった措置を，既存の法律の枠内では認められないにもかかわらず，明白な必要があった場合に適法とするものである。第一次世界大戦時の措置の適法性を行政裁判所が審査した際に確立した法理である。

## Ⅳ. 新型コロナウイルスに対する対応

　2020年以降，新型コロナウイルスに対応するため，各国で「緊急事態」宣言が出された。しかし，多くの国では法律に基づくものである。アメリカでは，感染症対策の権限をもつのは州であり，州知事が緊急事態を宣言して外出禁止や休業の命令を行った。大統領

も緊急事態の布告を行ったが，これにより行われた措置は，社会保障関係のもの（保険適用の要件の免除等の保険長官への授権）である。ドイツでは，連邦とラントが協議し，感染症法に基づき，連邦議会が公衆衛生上の緊急事態を認定したうえで，ラント政府が政令で接触禁止などの措置を講じた。連邦は，通常の手続で法律を制定して，操業短縮による収入減に対する補償や，自営業者・高齢者・失業者等に対する基礎保障の手続・要件の緩和，病院に対する経済的支援など，社会保障や経済面での対応を行った。イギリスでも，公衆衛生法に基づく規則を定め，これによりロックダウンを実施する一方，2020 年コロナウイルス法が，2 年間に限って，医療従事者の行政事務の負担軽減，法定症病手当の受給要件の緩和，集会やイベントの制限，テナント立退きの停止，選挙の延期などを定めた。フランスでも，「対処のための緊急の法律」が制定され，衛生上の緊急事態を認定し（期間は 1 か月で延長には議会の同意が必要），外出・集会の禁止，商品価格の統制，企業活動の制限などの規制，また企業等への財政上の支援，借家人の保護などを行った。

　他方，憲法に基づく緊急事態の措置がとられた国もある。イタリアでは，緊急の必要がある場合に政府が法律の効力を有する暫定措置をとることができる（イタリア共和国憲法 77 条。緊急法律命令と呼ばれ，60 日以内に法律により承認されなければ失効する）ところ，この規定に基づき，政府が命令を出し，移動禁止や商業活動の禁止等の措置を講じた。

## Ⅴ. その他の国，そして日本

　以上，英米法では，憲法で詳細な規定を置かず，法律の定めと不文の法理で対応をするのに対し，大陸法では，憲法で（段階を分けて）各種の規定を置く，という傾向がみられる。もっとも，英米法系の国でも，インドでは，大統領による緊急事態宣言，大統領への

立法権の広範な授権，裁判所の権限の停止等に関する詳細な規定が憲法で設けられ（352条〜360条），南アフリカでも，議会による非常事態の宣言，その期限と延長の仕方，人権制限の範囲や程度に関する，1か条ではあるが大変詳細な規定が憲法に置かれている（37条）。

とはいえ，緊急事態だからといって行政府に無限定の権限行使や基本権制限を許容するものではなく，可能な限り限定を加えようとしている点はすべての国に共通している。事態の期限を明記したり，事態の認定・延長に議会の関与を要求したりといった仕組みが共通して存在する。また，裁判所が，緊急事態宣言そのもの，あるいは緊急事態宣言下の立法や個別措置の合憲性，適法性を（遅くとも事態終了後に）審査する点も重要である。

翻って日本はどうだろうか。明治憲法には，緊急事態への対応に関わる規定がいくつかあった。緊急命令（8条），緊急財政処分（70条）などである。しかし，議会や裁判所による統制の仕組みは無きに等しかった。日本国憲法では，この種の権限は消えており，罰則つき委任命令（73条6号）を用いて緊急事態対応の仕組みを法律であらかじめ定め，国会が開会できないときは参議院の緊急集会（54条2項・3項）を開くことで緊急事態に対応することが想定されているともいえる。そうならば，英米に近い仕組みにみえるが，国会や裁判所によるコントロールという意識はなお弱い。**INTRODUCTION** の「条文案」は，これがなければ法律による定めでは対応できないという意味で必要な規定だろうか。あるいは，これらの規定で緊急事態対応として十分といえるだろうか，考えてみて欲しい。

## COLUMN　ワイマール憲法 48 条の非常事態権限とナチス

　憲法上の緊急事態権限としてよく知られるのが，1919 年のワイマール憲法 48 条である。同条は，国内で公共の安全及び秩序に著しい障害が生じ，またはそのおそれがあるとき，大統領に，公共の安全及び秩序の回復のため必要な措置をとり，必要な場合には武装兵力により介入することを認め，また表現の自由や通信の秘密など 7 つの基本権の停止を認める。この非常措置権は，憲法制定直後，いくつかのラントでの社会主義政権の樹立，右翼による反革命の暴動という状況のもと，何度も発動され，大統領命令で執行権の大臣への委任や基本権の制限などが行われた。その後，状況はいったん落ち着くが，1929 年の世界恐慌以降，再び非常措置権が発動されるようになる。

　ナチスはその中で勢力を拡大させ，1932 年 7 月の総選挙で第一党となった。もっとも，この時点でナチスの議席数は過半数に達していなかった。1933 年 1 月 30 日に首相となったヒトラーは，2 月 1 日，議会を解散し，直後に非常措置権に基づく大統領命令を制定する。集会・行進の禁止権限や出版物の発行停止権限を内務大臣に授権し，内務大臣は選挙戦のライバルであった共産党や社会民主党の活動をほぼ全面的に禁止した。さらに，2 月 27 日の国会議事堂放火事件をうけ，翌日再び大統領命令を制定し，共産党を非合法化，多くの共産党員を逮捕した。それでも，3 月 5 日の総選挙で共産党と社会民主党は善戦し，立法権をすべて行政府に委任する全権委任法の制定（3 分の 2 の特別多数決が必要であった）を阻止しうる議席を確保した。しかし，ナチスは，議会の招集直前に先の大統領命令に基づき共産党の全議員を逮捕し，3 月 24 日，全権委任法が制定されて，ナチスの独裁が確立した。

### BOOK GUIDE

□国立国会図書館調査及び立法考査局「米国・フランス・ドイツ各国憲法の軍関係規定及び緊急事態条項」（2019）

□岩間昭道『憲法破毀の概念』（尚学社・2002）

□富井幸雄『憲法と緊急事態法制──カナダの緊急権』（日本評論社・2006）

□「〈特集〉テロと非常事態を考える」論究ジュリスト 21 号（2017）

□「〈小特集〉新型コロナウイルス感染症対策(1)〜(16・継続中)」外国の立法 283-2 号（2020）以下

□大林啓吾編『コロナの憲法学』（弘文堂・2021）

［上田健介］

## CHAPTER 24

# 「憲法改正」とその条件

## INTRODUCTION

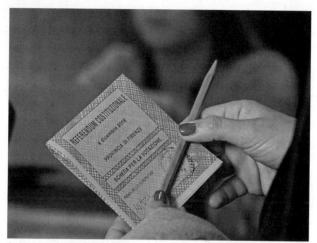

イタリアでは 2016 年に元老院改革や地方自治制度改革を主眼とした憲法改正案の国民投票が行われたが，反対多数で否決された。（AA/時事通信フォト）

　日本国憲法は，1947 年 5 月 3 日の施行後，一度も改正されていない。近代立憲主義の考え方を標準装備した日本国憲法の定着ぶりを評価する声がある一方，「時代に応じた」憲法典の改正の必要性を説く声も根強い。また，日本の特殊事情として，日本国憲法の改正を「党是」とする自由民主党がほぼ一貫して政権を担ってきたにもかかわらず，憲法典の改正にはいまだ成功していない，という点をどう理解・評価するかも見逃せない。これに対して，1949 年の発効後 60 回以上憲法典（連邦共和国基本法）の改正を繰り返してきたドイツをはじめ，憲法典の改正を何度も経験している他国の例は枚挙にいとまがない。このように，憲法典の改正を繰り返している国とそうではない日本との違いは，一体何に由来するのであろうか。日本における「憲法改正」は，この先どのように展開してゆくのであろうか。

**KEYWORDS**　硬性憲法典　規律密度　憲法解釈の限界　違憲審査制

# I. 憲法典の改正手続の比較

## 1. 硬性憲法典としての日本国憲法

日本国憲法がこれまで改正されなかった理由として良く挙げられるのは，その改正手続（96条）の厳格さである。同憲法の改正の第1段階として，まず，その改正案を主権者国民に提案する「発議<sup>ほつぎ</sup>」が求められる。「発議」は，衆議院・参議院の「総議員」（法定議員数）の3分の2以上の賛成を要する。これに対して，民法等の通常法律の改廃は，原則として両議院の「出席議員の過半数」の賛成があれば成立する（日本国憲法56条2項）。両議院の意思決定の段階で，すでに憲法典の改正へのハードルは高められている。仮に上記「発議」が成立したとしても，第2段階として，国民投票において有効投票の過半数の承認が必要である（日本国憲法の改正手続に関する法律〔憲法改正手続法〕126条1項）。このように，日本国憲法は，通常法律に比べて，改正手続が困難な典型的な「硬性」憲法典である。なぜ，日本国憲法の「硬性」度は高いのか。日本国憲法のような，人権尊重・権力統制を中核とする立憲主義憲法典の改正には，改正過程における熟慮と少数派を含む広範な合意が不可欠だからだ，としばしば説明される（長谷部恭男『憲法〔第8版〕』〔新世社・2022〕21頁参照）。

## 2. 他の立憲主義憲法典の改正手続

確かに，日本以外の国の立憲主義憲法典にも「硬性」度が高いものが多い。以下，日本国憲法に比して憲法典の改正手続が特徴的な国々をみてみよう。

### (1) 韓 国

大韓民国憲法の改正は，日本国憲法の改正と同様に，主として2段階の手続を経る必要がある（日韓の憲法典ともに第3段階として成立

した改正憲法典の「公布」を要請しているが，本稿では改正憲法典の成立手続のみ扱う）。第 1 段階の国会の議決は，現在議員数の 3 分の 2 以上の賛成を要し（大韓民国憲法 130 条 1 項），第 2 段階の国民投票においては「有権者の過半数の投票および投票者の過半数の賛成」（同条 2 項〔髙橋和之編『新版世界憲法集〔第 2 版〕』（岩波書店・2012）［國分典子訳]〕）を得なければならない。日本国憲法の改正手続における国会発議に比べると，母数が法定議員数ではなく現在議員数とされている点で，ハードルは若干低くなっているが，国民投票が成立する最低投票率が「有権者の過半数」と設定されている点が目を引く。日本国憲法や同憲法改正手続法には，そのような最低投票率の定めはない。したがって，韓国と異なり，日本では，国民投票に参加する有権者がどんなに少数にとどまったとしても，有効投票の過半数が賛成すれば，日本国憲法の改正は成立する（☞ **BOOK GUIDE**：高見（2017）136 頁以下参照）。有効投票ではなく，「投票者」数を賛成票の母数とする点もあわせて，国民投票について大韓民国憲法は，日本国憲法より高いハードルを課している，といえる。

**(2) アメリカ**

アメリカ合衆国憲法は，改正手続の第 1 段階として上下両院の 3 分の 2 以上の賛成か，憲法会議（3 分の 2 以上の州が要求した場合）による発議を要求している（5 条）。上下両院の発議に 3 分の 2 以上の賛成を要している点は，日韓と同じである。しかし，その母数が定足数（総議員の過半数）である点で，日韓よりハードルはかなり低くなっている。ただ，上下両院の承認が得られても，さらに，4 分の 3 以上の州議会または州憲法会議の承認を得る必要がある。日韓と異なり，国民投票の定めはないが，連邦国家として，とりわけ第 2 段階で憲法典改正への州の合意を念入りに調達しようとしている。

**(3) フランス**

フランス第 5 共和制憲法は，①上下両院（現在議員数）・国民投票

（有効投票）の各々過半数の賛成（政府・議員提出の憲法改正案），②両院合同会議（現在議員数）で5分の3以上の賛成（国民投票は不要。政府提出の憲法改正案のみ）という2通りの改正手続を規定している（89条）。ただし，この89条とは別に，大統領が憲法典の改正案を「公権力の組織に関する法律案」等（11条1項）として，上下両院を通さず，直接国民投票に付託するという「裏技」も定着している。フランスでは，上記のいずれの手続を経るにしても，両院審議・議決や国民投票が選択的である点等，日韓よりは憲法典の改正のハードルは低いといえる（国民投票における最低投票率の定めもない）。

**(4)　ドイツ**

ドイツ連邦共和国基本法の改正は，下院（現在議員数）・上院（各州の人口規模に応じて配分された表決数全数）の各々3分の2以上の賛成により成立する（79条2項）。議会段階での手続のハードルが通常法律の議決数（過半数）よりは引き上げられているものの，上記の諸国と異なり，州議会の同意や国民投票の手続が全く選択されていないのが特徴である。上院がすでに各州の政府構成員から成っている点，ナチ時代，国民投票が独裁制の正当化に悪用された点がその理由と一般的に説明されている。

## Ⅱ. 硬性憲法典を改正する意味

以上みてきた諸国は，差異はあるけれども，憲法典の改正に通常法律より高いハードルを課している。しかし，どの国も日本国憲法と異なり，改正を複数回経験している。改正手続が困難であっても，憲法典の改正は可能である。各国は，それぞれが抱える諸事情から，「硬性」であっても憲法典を改正している，という当たり前の事実を確認することにしよう。

## 1. 韓　国

大韓民国憲法は，1948 年の制定から 9 回改正されている。ただし，同憲法は，その制定ならびに第 1 回から第 4 回の各改正までは，国民投票を経ず議会等の政治部門の議決により成立した。第 5 回改正から憲法改正に関わる国民投票手続が設けられたものの，1987 年に成立した第 9 回改正まで，韓国の憲法典改正は，軍部独裁制を含めた体制選択という色彩が強かった。この点は，自由民主党がほぼ一貫して政権を担ってきた日本など，体制が比較的安定してきた上記諸国とは異なる事情である。上記第 9 回改正から 30 年以上，大韓民国憲法は改正されていない。その理由として，確かに，前述した国民投票の厳格な成立要件の影響はあろう。しかし，何より「自由民主的基本秩序」（大韓民国憲法前文〔高橋編・前掲［國分訳］）が定着し，第 9 回改正により本格的に始動した憲法裁判所による活発な違憲審査等を通じて，韓国の憲法秩序は活性化しつつも全体的により安定するようになった点は無視できないだろう。

## 2. アメリカ

アメリカは，1788 年に成立した合衆国憲法（全 7 条）に，18 回の改正手続を経ながら今日まで，27 か条の修正条項を付加してきた。制定当初の合衆国憲法には人権条項が全くなかったので，1791 年に早速，人民の諸権利を保障する第 1 修正から第 10 修正が追加された。その後も，統治機構の構成方法を補充する定めや，人種差別を禁止する定め等の憲法修正が繰り返されたが，日本国憲法等他の立憲主義憲法典に比べると，網羅性や体系性に欠ける点は否めない。合衆国の憲法秩序が比較的安定しているのは，連邦最高裁判所を頂点とする司法部が積極的に司法審査権を行使して憲法秩序を形成したり，合衆国憲法の「穴」を各州の憲法典がそれぞれのやり方で埋めたりしているからだろう（山本龍彦「憲法典のデザイン──『簡潔・

厳格』モデルの意義と限界」法律時報90巻11号〔2018〕90頁以下）。その一方で，男女平等を保障する憲法修正が1972年に上下両院により発議されたが，4分の3以上の州議会の承認を得られず，同憲法修正は頓挫している。すでに，一般的な平等保護条項（第14修正）はおかれているものの，合衆国憲法の改正は必ずしも容易ではないことがうかがわれる。

### 3. フランス

　1958年に成立した第5共和制憲法は，今日まで24回改正されている。24回中22回が上記の両院合同会議による改正であり，そのうち8回がEU統合等国際法秩序との調整を図るものである。条約や国際協約を憲法院が違憲と判断すると，当該条約等の批准・承認は憲法典の改正なしにはできない，という定め（54条）を受けた改正である。それ以外の改正も主として統治機構に関わる改正であった。とりわけ，両院合同会議を1票差で通過した2008年改正は，憲法典の全条文のうち半数近くを対象とする大規模なものであり，大統領・議会権限の強化・統制や憲法院の事後審査制の導入，国民投票の機会拡充等が図られた。もっとも，通常法令で定めても構わない技術的・細目的規定が多く憲法典に盛り込まれた点については，憲法典の網羅性・通覧性は高まったと評価できる一方，憲法典全体の体系性・整合性が失われたという批判もあり得る（☞ **BOOK GUIDE**：井上（2014）20頁）。

### 4. ドイツ

　ドイツ連邦共和国基本法は，1949年の成立以来，60回以上改正されている。再軍備を定めた第7回改正（1956年），緊急事態規定を導入した第17回改正（1968年），環境保護規定を導入した第42回改正（1994年）など，日本国憲法の改正にも影響を与え得る憲法

典の改正をドイツはすでに経験している。それにしても，ドイツの基本法の改正回数は，上記の諸国に比べて突出している。この点は，同基本法が上記諸国の憲法典とは異なった性格を有している点に関わる。同基本法の改正は，「基本法の文言を明示的に変更または補充する法律」により行われる（79条1項〔高橋編・前掲［石川健治訳］〕，傍点筆者）。同基本法は，特別に成立要件が重くなった「法律」（議会制定法）と位置づけられる。だからこそ，連邦と州との関係規定等，日本では地方自治法等の通常法令に委ねられ得る事項が，ドイツでは基本法の改正によって定められるということがよく起こる。したがって，同基本法の規定は，上記諸国の憲法典に比べて詳細化する傾向がある。当該規定の意義をより明確に読み取り得る可能性が高まる反面，状況の変化に対応して当該規定を頻繁に改正する手間が生じ，憲法典としての安定性にはやや欠けるともいえる。

## III. 硬性憲法典を改正する条件

### 1. 規律密度に対する評価

　日本国憲法が，上記のフランス・ドイツの各憲法典と対照をなす点として，その規律密度が挙げられる（☞ **BOOK GUIDE**：井上（2014）19頁）。フランス第5共和制憲法の和訳（高橋編・前掲）は58頁，ドイツ連邦共和国基本法の和訳（同上）は111頁を費やすが，日本国憲法（同上）は28頁分しかない。フランス・ドイツの各憲法典に比べて，日本国憲法は，立憲主義憲法典としては国家権力を規律する密度が薄いので，より詳細な規定に改めるべきではないか，というわけである。

　例えば，1990年代以降，日本においても，選挙制度や中央省庁再編等の統治機構制度の諸改革が行われた。これら諸改革は日本国憲法の改正ではなく，すべて通常法令の改正によって行われた。憲法典は改正しなかったものの，国家の基本的ルールという意味での

267

「実質的意味の憲法」の改正に匹敵する改革であったとして、上記諸改革を「憲法改革」と呼ぶ論者もいる（☞ **BOOK GUIDE**：大石（2008）39頁以下）。しかし、別の言い方をすれば、日本国憲法は、「実質的意味の憲法」の多くを通常法令に委ねてしまっていることになる。フランスやドイツにならって、統治機構の重要事項を日本国憲法に格上げし、日本国憲法の規律密度を高める選択肢を検討する余地はある。

しかし、とりわけ統治機構に関する規定は、普遍性のある基本的人権に関する規定とは異なり、公共サービスへの需要等状況の変化に応じて、制度や意思決定のあり方を柔軟に見直す必要がある。日本国憲法のような硬性度の高い憲法典において、統治機構に関わる詳細な規定を固定化してしまう弊害にも目配りすべきであろう。また、統治機構の全体像は、必ずしも憲法典単独で概観できなければならないものではない。憲法典の網羅性・通覧性を重視して、憲法典に負担をかけるより、憲法典の体系性・整合性を維持しながら、統治機構の詳細は通常法令に委ねるという手もある。いちいち国民投票にかけるより、むしろ、政治部門の内部で精緻な制度設計をしながら、法令改正により適時に見直してゆくべきという見方もできる。

## 2. 違憲審査制の活性化

もっとも、成立から70年以上経過した日本国憲法の人権規定は、公権力に対して保障される古典的な権利・自由はかなり網羅しているものの、政党や金融・市場といった「社会的権力」に対する規律を欠いている（☞ **BOOK GUIDE**：井上（2014）14頁以下）。また、条約等の遵守を要求する日本国憲法98条2項はあるにせよ、国際人権規約等の国際法が要求する水準に比して、日本国憲法の人権規定は簡素に過ぎるという理解も不可能ではない。このように、日本国憲法

の人権規定もまた，その改正により規律密度を高める余地はある。

　他方で，現行の人権規定の方向性自体に問題がなければ，国会・内閣が立法やその執行を通じて，あるいは裁判所が具体的事件の解決を通じて，人権規定のより豊かな解釈を展開し得る。日本国憲法の人権体系と矛盾しない限りで，国際人権の考え方を同憲法の人権規定の解釈・適用に取り込んでゆくということも，その一例である（齊藤正彰『国法体系における憲法と条約』〔信山社・2002〕357頁以下）。もっとも，日本の裁判所は，具体的事件の解決に不要な憲法判断を避ける，司法消極主義を志向する傾向にある。そこで，裁判所により積極的に違憲審査権を行使させるため種々の提案がなされている。とりわけ，現在の最高裁判所の上告審機能を「特別高等裁判所」に委ね，最高裁判所は憲法・判例変更に関する各判断に集中するという制度構想（笹田栄司「違憲審査活性化の複眼的検討」同ほか『統治構造において司法権が果たすべき役割 第1部』〔判例時報社・2021〕11頁以下）は，通常法令の改正により実現可能である点で注目に値する。

　もちろん，現行憲法下で染みついた「司法権の呪縛」から違憲審査制を解き放つためには，端的に憲法典の改正が必要不可欠だという評価も成り立つ（☞ BOOK GUIDE：井上（2014）17頁）。上記の国々の中では，韓国・ドイツは憲法裁判所，フランスは憲法院を有し，それぞれある程度積極的・抽象的な違憲審査権を行使している。積極的・抽象的な違憲審査権の行使により，憲法典の有権解釈がより豊富になり得るし，違憲の通常法令が法秩序からより速やかに排除され得る。また，憲法典の解釈の限界もより明確になり得るので，憲法典の改正の必要性を政治部門や一般国民が気づきやすくなる。ただし，アメリカのように，日本と同様に，裁判所が具体的事件の解決を任務としながら，日本より積極的に違憲審査権を行使している国もある。違憲審査制の活性化のために，通常法令レベルでの制度改革を飛び越して，いきなり日本国憲法の改正をすべきか，慎重な

## 3. 必要性・合理性のある憲法典の改正

　日本でほぼ一貫して政権を担ってきた自由民主党は，日本国憲法の改正を「党是」としてきたが，これまで一度も憲法典の改正に成功していない。同党は，2005年に「新憲法草案」，2012年に「日本国憲法改正草案」を公表している。しかし，特に2012年案に対しては「近代立憲主義の核心を否定するもの」（駒村圭吾「近代との決別，物語への回帰」奥平康弘ほか編『改憲の何が問題か』〔岩波書店・2013〕42頁）という批判が強く，両議院による発議に至っていない。

　そこで，2018年，自由民主党は，2012年案を棚上げし，あらたに「条文イメージ（たたき台素案）」と題する新たな改正案を発表した（自由民主党ウェブサイト）。①自衛隊を明文化する条項，②災害時に，立法権に替わる内閣の政令制定権や両議院議員の任期延長を認める条項，③参議院都道府県選挙区の合区解消を要請する条項，④国に教育環境整備義務を課す条項をそれぞれ設けようとするものである。しかし，①④については，現行の日本国憲法の下，合憲と解釈し得る事柄をあえて明文化する意味があるのか，②については，災害時に内閣に暫定的であれ立法権を付与する必要があるのか，参議院の緊急集会制度（日本国憲法54条2項）を活用する余地はないのか，③については，合区解消により，参議院議員選挙について一票の価値の格差がより拡大する恐れがあるが，これを肯定すべき十分な根拠があるか等，いずれも憲法典を改正すべき必要性・合理性が問われる。「憲法改正」を自己目的化すべきではない。「憲法」とはそもそも何なのか，共通了解を構築するところから始めるべきではないか。

## COLUMN　政府解釈変更の是非

　2014 年，日本政府は，同盟国の個別的自衛権の行使を助ける集団的自衛権の行使を違憲としてきた従来の政府解釈を変更した。日本国憲法 9 条の下，自国への武力攻撃が生じた場合（「武力攻撃事態」）のほか，同盟国に対する武力攻撃により，日本国民の人権が根底から覆され日本国の存立が脅かされる「明白な危険」が生じた場合（「存立危機事態」）であれば，日本は武力を行使できると解釈するようになった。この政府解釈の変更に対しては，十分な理由がないまま，長年続けてきた政府解釈を変更するのは法的安定性を侵害する，他国への攻撃が日本国民の人権を「根底から」否定することなどそもそもあり得るのか，逆に，日本から遠く離れた外国への攻撃も，日本を脅かす「明白な危険」があると安易に判断されるのではないか，との厳しい批判があった。これに対して，長年続けてきた政府解釈であっても，状況の変化により，見直す余地はある，従来の政府解釈がそうであったように，新しい政府解釈もまた同じ日本国憲法の運用の一環ではないか，「存立危機事態」は，「武力攻撃事態」の一部として，従来の政府解釈の延長線上に位置づけることも不可能ではない，との反論がなされた。解釈の余地が必ずしも小さくない日本国憲法に関する有権解釈の限界とは何か，ひいては「正しい」憲法解釈方法論とは何か，をめぐる論争に発展した（参照，山崎友也『憲法の最高法規性と基本権』〔信山社・2019〕第 6 章）。

**BOOK GUIDE**

□井上武史「日本国憲法と立憲主義──何を考えるべきか」法律時報 86 巻 5 号（2014）12 頁以下
□大石眞『憲法秩序への展望』（有斐閣・2008）
□高見勝利『憲法改正とは何だろうか』（岩波書店・2017）
□辻村みよ子『比較のなかの改憲論──日本国憲法の位置』（岩波書店・2014）

［山崎友也］

# 参考文献

　比較憲法の全体像を知るために参考となる 2000 年以前の日本語による主要文献として，①樋口陽一『比較憲法〔全訂第 3 版〕』（青林書院・1992），②阿部照哉編『比較憲法入門』（有斐閣・1994），③吉田善明『現代比較憲法論〔改訂版〕』（敬文堂・1996）のみを挙げておく。以下は，これらの出版以降の主な文献（著書のみ。国・地域によっては憲法以外の法を含む文献も挙げておく）を紹介する（年代の古い主要文献については，上記② 269 頁などを参照いただきたい）。

## I. 各国憲法集（和訳）

□初宿正典 = 辻村みよ子編『新解説世界憲法集〔第 5 版〕』（三省堂・2020）
□畑博行 = 小森田秋夫編『世界の憲法集〔第 5 版〕』（有信堂・2018）
□高橋和之編『新版世界憲法集〔第 2 版〕』（岩波書店・2012）

## II. 比較憲法（総論）

□辻村みよ子『比較憲法〔第 3 版〕』（岩波書店・2018）
□初宿正典編『レクチャー比較憲法』（法律文化社・2014）
□君塚正臣編著『比較憲法』（ミネルヴァ書房・2012）
□東裕 = 玉蟲由樹編『比較憲法』（弘文堂・2019）
□塩津徹『比較憲法学〔第 2 版〕』（成文堂・2011）

## III. 各国憲法（総論）

**1. 北　米**

**(1)　アメリカ合衆国**

□松井茂記『アメリカ憲法入門〔第 8 版〕』（有斐閣・2018）
□樋口範雄『アメリカ憲法〔第 2 版〕』（弘文堂・2021）
□丸田隆『アメリカ憲法の考え方』（日本評論社・2019）
□ブルース・アッカマン（川岸令和ほか監訳）『アメリカ憲法理論史——その基底にあるもの』（北大路書房・2020）
□岩田太ほか『基礎から学べるアメリカ法』（弘文堂・2020 年）
□リチャード・H. ファロン・Jr.（平地秀哉ほか訳）『アメリカ憲法への招待』（三省堂・2010）
□阿部竹松『アメリカ憲法〔第 3 版〕』（成文堂・2013）
□大沢秀介『アメリカの司法と政治』（成文堂・2016）
□阿川尚之『憲法で読むアメリカ史(全)』（筑摩書房・2013）
□阿川尚之『憲法で読むアメリカ現代史』（NTT 出版・2017）

□芦部信喜＝憲法訴訟研究会編『アメリカ憲法判例』（有斐閣・1998）

□戸松秀典＝憲法訴訟研究会編『続・アメリカ憲法判例』（有斐閣・2014）

□樋口範雄ほか編『アメリカ法判例百選』（有斐閣・2012）

□藤倉皓一郎＝小杉丈夫編『衆議のかたち——アメリカ連邦最高裁判所判例研究（1993〜2005）』（東京大学出版会・2008）

□藤倉皓一郎＝小杉丈夫編『衆議のかたち2——アメリカ連邦最高裁判所判例研究（2005〜2013）』（羽鳥書店・2017）

**⑵　カナダ**

□松井茂記『カナダの憲法——多文化主義の国のかたち』（岩波書店・2012）

□加藤普章『カナダ連邦政治——多様性と統一への模索』（東京大学出版会・2002）

**2.　ヨーロッパ**

**⑴　イギリス（連合王国）**

□加藤紘捷『概説イギリス憲法——由来・展開そしてEU法との相克〔第2版〕』（勁草書房・2015）

□戒能通厚『イギリス憲法〔第2版〕』（信山社・2018）

□幡新大実『イギリス憲法I　憲政』（東信堂・2013）

□松井幸夫編著『変化するイギリス憲法——ニュー・レイバーとイギリス「憲法改革」』（敬文堂・2005）

□戒能通厚編『現代イギリス法事典』（新世社・2003）

□倉持孝司ほか編著『憲法の「現代化」——ウェストミンスター型憲法の変動』（敬文堂・2016）

□倉持孝司＝小松浩編著『憲法のいま——日本・イギリス〔補訂版〕』（敬文堂・2021）

□元山健＝倉持孝司編『新版　現代憲法——日本とイギリス』（敬文堂・2000）

**⑵　ドイツ**

□初宿正典訳『ドイツ連邦共和国基本法——全訳と第62回改正までの全経過』（信山社・2018）

□高田敏＝初宿正典編訳『ドイツ憲法集〔第8版〕』（信山社・2020）

□ボード・ピエロートほか（永田秀樹ほか訳）『現代ドイツ基本権〔第2版〕』（法律文化社・2019）

□名雪健二『ドイツ憲法入門』（八千代出版・2008）

□初宿正典＝須賀博志訳『原典対訳　連邦憲法裁判所法』（成文堂・2003）

□ドイツ憲法判例研究会編『ドイツの憲法判例〔第2版〕』『同II〔第2版〕〜IV』（信山社・2003, 2006, 2008, 2018）

□畑尻剛＝工藤達朗編『ドイツの憲法裁判——連邦憲法裁判所の組織・手続・権限〔第2版〕』（中央大学出版部・2013）

□鈴木秀美＝三宅雄彦編『〈ガイドブック〉ドイツの憲法判例』（信山社・2021）

□クラウス・シュテルン（赤坂正浩ほか編訳）『シュテルン ドイツ憲法Ⅰ 総論・統治編』（信山社・2009）

□クラウス・シュテルン（井上典之ほか編訳）『シュテルン ドイツ憲法Ⅱ 基本権編』（信山社・2009）

□コンラート・ヘッセ（初宿正典＝赤坂幸一訳）『ドイツ憲法の基本的特質』（成文堂・2006）

□初宿正典『日独比較憲法学研究の論点』（成文堂・2015）

□村上淳一ほか『ドイツ法入門〔改訂第 9 版〕』（有斐閣・2018）

□ドイツ憲法判例研究会編『憲法の規範力 1 ～ 5』（信山社・2013 ～ 2020）

### (3) フランス

□辻村みよ子＝糠塚康江『フランス憲法入門』（三省堂・2012）

□植野妙実子編著『フランス憲法と統治構造』（中央大学出版部・2011）

□山元一『現代フランス憲法理論』（信山社・2014）

□辻村みよ子編集代表『フランスの憲法判例』『同Ⅱ』（信山社・2002，2013）

□中村義孝編訳『フランス憲法史集成』（法律文化社・2003）

□植野妙実子『フランスにおける憲法裁判』（中央大学出版部・2015）

□大山礼子『フランスの政治制度〔改訂版〕』（東信堂・2013 年）

□辻村みよ子編集代表『講座 政治・社会の変動と憲法──フランス憲法からの展望Ⅰ・Ⅱ』（信山社・2017）

□中村睦男ほか編『欧州統合とフランス憲法の変容』（有斐閣・2003）

□山口俊夫『概説フランス法（下）』（東京大学出版会・2004）

□滝沢正『フランス法〔第 5 版〕』（三省堂・2018）

□村田尚紀『比較の眼でみる憲法』（北大路書房・2018）

□モーリス・デュヴェルジェ（時本義昭訳）『フランス憲法史』（みすず書房・1995）

□山元一＝只野雅人編訳『フランス憲政学の動向──法と政治の間』（慶應義塾大学出版会・2013）

### (4) イタリア・スペイン・ポルトガル

□井口文男『イタリア憲法史』（有信堂・1998）

□東史彦『イタリア憲法の基本権保障に対する EU 法の影響』（国際書院・2016）

□日本スペイン法研究会ほか編『現代スペイン法入門』（嵯峨野書院・2010）

□鈴木弥栄男＝大迫丈志訳『対訳ポルトガル憲法』（丸善プラネット・2008）

### (5) ロシア

□小田博『ロシア法』（東京大学出版会・2015）

□小森田秋夫編『現代ロシア法』（東京大学出版会・2003）

□森下敏男『現代ロシア憲法体制の展開』（信山社・2001）

□溝口修平『ロシア連邦憲法体制の成立──重層的転換と制度選択の意図せざる

帰結』（北海道大学出版会・2016）

□新美治一『全ロシア憲法制定会議論』（法律文化社・2011）

**(6) その他の欧州諸国**

□ワルター・ハラー（平松毅ほか訳）『スイス憲法——比較法的研究』（成文堂・2014 年）

□渡辺久丸『現代スイス憲法の研究』（信山社・1999）

□美根慶樹『スイス——歴史が生んだ異色の憲法』（ミネルヴァ書房・2003）

□交告尚史『スウェーデン行政法の研究』（有斐閣・2020）

□渡辺久丸『現代オーストリア憲法の研究 普及版』（信山社・2006）

□小森田秋夫『体制転換と法——ポーランドの道の検証』（有信堂高文社・2008）

**(7) 欧州人権法**

□戸波江二ほか編『ヨーロッパ人権裁判所の判例Ⅰ・Ⅱ』（信山社・2019）

**(8) EU 法**

□庄司克宏『はじめての EU 法』（有斐閣・2015）

□庄司克宏『新 EU 法 基礎篇』（岩波書店・2013）

□庄司克宏『新 EU 法 政策篇』（岩波書店・2014）

□中西優美子『EU 法』（新世社・2012）

□中村民雄＝須網隆夫編著『EU 法基本判例集〔第 3 版〕』（日本評論社・2019）


**3. アフリカ諸国**

□中原精一『アフリカの法と政治——付・旅と余話（憲法論集 4)』（成文堂・2001）


**4. アジア（日本を除く）・中東・イスラム法諸国**

**(1) アジア全般**

□稲正樹ほか編著『アジアの憲法入門』（日本評論社・2010）

□鮎京正訓編『アジア法ガイドブック』（名古屋大学出版会・2009）

□鮎京正訓ほか編『新版アジア憲法集』（明石書店・2021）

□高橋滋＝只野雅人編『東アジアにおける公法の過去，現在，そして未来』（国際書院・2012）

**(2) 中国語圏（中華人民共和国，台湾，香港など）**

□髙見澤磨ほか『現代中国法入門〔第 8 版〕』（有斐閣・2019）

□小口彦太『中国法——「依法治国」の公法と私法』（集英社・2020）

□田中信行編『入門 中国法〔第 2 版〕』（弘文堂・2019）

□髙見澤磨＝鈴木賢編『要説 中国法』（東京大学出版会・2017）

□文正邦ほか（野沢秀樹訳）『共和国憲政歴程——現代中国憲法史の視点から』（創英社／三省堂書店・2018）

□石塚迅『現代中国と立憲主義』（東方書店・2019）

□石塚迅ほか編著『憲政と近現代中国──国家，社会，個人』（現代人文社・2010）

□鈴木敬夫編訳『中国の人権論と相対主義』（成文堂・1997）

□蔡秀卿＝王泰升編著『台湾法入門』（法律文化社・2016）

□後藤武秀『台湾法の歴史と思想』（法律文化社・2009）

□廣江倫子『香港基本法解釈権の研究』（信山社・2018）

□廣江倫子『香港基本法の研究──「一国両制」における解釈権と裁判管轄を中心に』（成文堂・2005）

**(3) ハングル圏（韓国・北朝鮮）**

□尹龍澤ほか編著『コリアの法と社会』（日本評論社・2020）

□高翔龍『韓国法〔第3版〕』（信山社・2016）

**(4) その他のアジア諸国・中東・イスラム法諸国**

□孝忠延夫＝浅野宜之『インドの憲法〔新版〕──「国民国家」の困難性と可能性』（関西大学出版部・2018）

□孝忠延夫『インド憲法とマイノリティ』（法律文化社・2005）

□野畑健太郎『シンガポール憲法史』（一学舎・2016）

□外山文子『タイ民主化と憲法改革──立憲主義は民主主義を救ったか』（京都大学学術出版会・2020）

□北原仁『占領と憲法──カリブ海諸国，フィリピンそして日本』（成文堂・2011）

□知花いづみ＝今泉慎也『現代フィリピンの法と政治──再民主化後30年の軌跡』（アジア経済研究所・2019）

□鮎京正訓編集代表『アジア法整備支援叢書 インドネシア──民主化とグローバリゼーションへの挑戦』（旬報社・2020）

□趙勁松（R&G横浜法律事務所編）『モンゴル法制ガイドブック』（民事法研究会・2014）

□ザイヌル・リジャル・アブ・バカール＝ヌルヒダヤ・ムハンマド・ハシム（岡野俊介訳）『マレーシアとシャリア──憲法とイスラム法の現代的課題』（日本マレーシア協会・2019）

□孝忠延夫ほか編集代表『現代のイスラーム法』（成文堂・2016）

**5. 中南米諸国**

□阿部博友『ブラジル法概論』（大学教育出版・2020）

□佐藤美由紀『ブラジルにおける違憲審査制の展開』（東京大学出版会・2006）

□川畑博昭『共和制憲法原理のなかの大統領中心主義──ペルーにおけるその限界と可能性』（日本評論社・2013）

**6. オセアニア**
□平松紘ほか『現代オーストラリア法』（敬文堂・2005）

## Ⅳ. 国際化・グローバル化

**1. 国際人権（法）**
□国際人権法学会編『国際人権』（学会誌〔年刊〕・信山社）
□芹田健太郎ほか編集代表『講座国際人権法 1 ～ 4』（信山社・2007 ～ 2011）
□芹田健太郎ほか『ブリッジブック国際人権法〔第 2 版〕』（信山社・2017）
□申惠丰『国際人権法──国際基準のダイナミズムと国内法との協調〔第 2 版〕』（信山社・2016）
□申惠丰『国際人権入門──現場から考える』（岩波書店・2020）
□芹田健太郎『国際人権法』（信山社・2018）
□薬師寺公夫ほか『法科大学院ケースブック 国際人権法』（日本評論社・2006）
□森川章一ほか編『国際法判例百選〔第 3 版〕』（有斐閣・2021）
□薬師寺公夫ほか編集代表『判例国際法〔第 3 版〕』（東信堂・2019）
□ミネソタ大学人権図書館（日本語版）〈http://hrlibrary.umn.edu/japanese/Jindex.html〉

**2. グローバル（法）**
□山元一ほか編著『グローバル化と法の変容』（日本評論社・2018）
□浅野有紀ほか編著『グローバル化と公法・私法関係の再編』（弘文堂・2015）
□浅野有紀ほか編著『政策実現過程のグローバル化』（弘文堂・2019）
□横大道聡ほか編『グローバル化のなかで考える憲法』（弘文堂・2021）

## Ⅴ. 各国比較研究

□曽我部真裕 = 田近肇編『憲法裁判所の比較研究──フランス・イタリア・スペイン・ベルギーの憲法裁判』（信山社・2016）
□土井真一編著『憲法適合的解釈の比較研究』（有斐閣・2018）
□中村睦男ほか編著『世界の人権保障』（三省堂・2017）
□大林啓吾 = 白水隆編著『世界の選挙制度』（三省堂・2018）
□岡田信弘編著『議会審議の国際比較──【議会と時間】の諸相』（北海道大学出版会・2020）
□岡田信弘編『二院制の比較研究──英・仏・独・伊と日本の二院制』（日本評論社・2014）
□駒村圭吾 = 待鳥聡史編『「憲法改正」の比較政治学』（弘文堂・2016）
□佐々木毅編『比較議院内閣制論──政府立法・予算から見た先進民主国と日本』（岩波書店・2019）
□森英樹編『市民的公共圏形成の可能性──比較憲法的研究をふまえて』（日本

評論社・2003)

□大沢秀介ほか編著『変容するテロリズムと法——各国における〈自由と安全〉法制の動向』(弘文堂・2017)

□中西優美子編『人権法の現代的課題——ヨーロッパとアジア』(法律文化社・2019)

□参議院憲法調査会事務局「参憲資料」1号〜25号（2001〜2004）

□衆議院憲法調査会事務局「衆憲資」

□国立国会図書館調査及び立法考査局編「外国の立法」〈https://www.ndl.go.jp/jp/diet/publication/legis/index.html〉

□国立国会図書館調査及び立法考査局編「調査と情報——Issue Brief」〈https://www.ndl.go.jp/jp/diet/publication/issue/index.html〉

□国立国会図書館調査及び立法考査局編「レファレンス」〈https://www.ndl.go.jp/jp/diet/publication/refer/index.html〉

□ Constitute Project〈https://www.constituteproject.org/〉

# 事項索引

*特定の国に関連する項目には国名またはその略称を付した。
　英＝イギリス　加＝カナダ　日＝日本　独＝ドイツ　仏＝フランス
　米＝アメリカ

# 憲法条文索引

## アイルランド憲法

## アメリカ合衆国憲法

## イタリア共和国憲法

## オランダ王国基本法

# 判例索引

## アメリカ（事件名順）

### カナダ（事件名順）

### ドイツ（裁判日順）

## 日　本（裁判日順）

### フランス（裁判日順）

### EU（欧州司法裁判所）（事件名順）

### その他の諸国

世界の憲法・日本の憲法
――比較憲法入門

2022 年 6 月 30 日　初版第 1 刷発行

| 編　者 | 新　井　　　誠 |
| | 上　田　健　介 |
| | 大河内　美　紀 |
| | 山　田　哲　史 |
| 発 行 者 | 江　草　貞　治 |
| 発 行 所 | 株式会社　有　斐　閣 |

郵便番号　101-0051
東京都千代田区神田神保町 2-17
http://www.yuhikaku.co.jp/

印刷・萩原印刷株式会社／製本・牧製本印刷株式会社
©2022, M. Arai, K. Ueda, M. Okochi, S. Yamada. Printed in Japan
落丁・乱丁本はお取替えいたします。
★定価はカバーに表示してあります。

ISBN 978-4-641-22834-4